DAVID CANO MARTÍNEZ

Fundamentos de economía financiera

Gestión de carteras y finanzas
del comportamiento

℘

ALMUZARA

© David Cano Martínez, 2024
© AFI, 2024
© Editorial Almuzara, s.l., 2024

Primera edición: mayo de 2024

Editorial Almuzara • Manuales de Economía y Empresa
Edición al cuidado de María Crespo
Director editorial: Antonio Cuesta
Maquetación: Ostraca Servicios editoriales
© Imagen de la cubierta: Wise Ant

www.editorialalmuzara.com
pedidos@almuzaralibros.com - info@almuzaralibros.com

Editorial Almuzara
Parque Logístico de Córdoba. Ctra. Palma del Río, km 4
C/8, Nave L2, n° 3. 14005 - Córdoba

Imprime: Romanyà Valls
ISBN: 978-84-10521-97-1
Depósito legal: CO-639-2024
Hecho e impreso en España - *Made and printed in Spain*

ÍNDICE

9

INTRODUCCIÓN

Los mercados financieros son, cada vez más, una pieza clave de la arquitectura económica mundial. Es en los mercados donde se encuentran los oferentes de dinero con los agentes que necesitan financiación (esta es la acepción de «mercado primario»).

La función de intermediación de los mercados financieros se complementa con otra de generación de liquidez («mercado secundario»). Es decir, quienes prestaron dinero a una empresa o a un Estado, por ejemplo, mediante la compra de acciones o bonos, puede que lo necesiten de vuelta antes del vencimiento del instrumento (o porque éste no tiene vencimiento). Requieren, por lo tanto, la participación de otro agente que adquiera ese título. Porque, «al otro lado del mostrador», deberá haber alguien que desee adquirir un título (o comprometerse a ello). Los dos agentes saben que se podrán encontrar en los mercados financieros, donde acordarán un precio de compra y venta.

Esta función de generación de liquidez sirve también como mecanismo de valoración («mercado de valoración»). En determinados momentos (en la mayoría de los casos, a diario) necesitamos saber cuál es el valor de mercado de los activos, aunque no tengamos intención de deshacernos de ellos o de comprarlos. Los precios de los instrumentos financieros cambian a diario condicionados por diferentes factores. Surge así el riesgo que es, precisamente, la clave para poder obtener una rentabilidad.

La intención de este libro es explicar los principios fundamentales de los activos y de los mercados financieros desde una perspectiva matemática con un enfoque de aplicación en la gestión de carteras. Es decir, no pretende explicar cómo funcionan los mercados, ni tampoco describir los activos financieros, pero sí los elementos básicos para su valoración. Está escrito, además, para que sea una guía para entender los fundamentos de la gestión de carteras. Como se comenta a lo largo del libro, por su extensión, hay ciertos aspectos en los que no se puede profundizar tanto como sería necesario si se es un profesional de la gestión de carteras o un estudiante avanzado. Pero creemos, esa ha sido la intención, que sí puede aportar conocimientos relevantes para quien ya esté iniciado en los mercados financieros y en la gestión de carteras. Y, desde luego, para quien quiera comenzar a estudiar sobre ellos.

Los capítulos pueden leerse de forma independiente, si bien siguen una cierta lógica. El relativo a la «introducción a la gestión de carteras» bien podría ser con el que comenzara el libro, aunque he optado por ponerlo casi al final para que sea una especie de «resumen» y aplicación a un buen número de los conceptos explicados de forma previa. Este libro termina con un capítulo dedicado a la psicología financiera que sirve como contraste a las fórmulas y modelos matemáticos expuestos en las páginas anteriores. Por desgracia, poco antes de entregar mi trabajo moría Daniel Kahneman, galardonado con el Nobel de Economía en 2002. Que fuera psicólogo es toda una muestra del «contraste» al que nos referimos. Por último, los capítulos contienen Recuadros que pueden también leerse de forma independiente, si bien pretenden ser un complemento de cada uno de los capítulos.

Pero no quiero terminar sin hacer alguna advertencia adicional. Entre ellas, que en este libro no encontrarás indicaciones para anticipar la evolución de los mercados financieros. Y tampoco recomendaciones de compra y venta de activos. Sí hay reglas genéricas que son aceptadas por la mayoría de los gestores de carteras e inversores. Por ejemplo, que a mayor riesgo, más rentabilidad, que la diversificación reduce el riesgo de las carteras, que el componente dividendo es una fuente muy importante de rentabilidad en renta variable, que en ocasiones es mejor maximizar el ratio de Sharpe que la rentabilidad, que la volatilidad, las correlaciones y las betas son inestables en el tiempo o que las curvas de tipos de interés muestran pendiente positiva. Pero insisto en que, ni estas afirmaciones se pueden defender en todos los contextos de la economía y los mercados, ni es una invitación para asumir riesgos sin antes conocer bien el perfil de riesgo, el horizonte temporal o la posición del ciclo económico.

Ojalá que lo que explico a continuación sea de tu interés y te sea útil.

Muchas gracias por el tiempo dedicado.

David Cano Martínez
Socio de Afi y Director General de Afi,
Inversiones Globales, SGIIC
Madrid, mayo de 2024

1.
VALOR TEMPORAL DEL DINERO

Introducción

¡Te voy a regalar un millón de euros! No parece mal inicio para un libro como este, ¿verdad? El problema es que no te he dicho cuándo te voy a hacer entrega de esa cantidad ni si tengo solvencia suficiente para poder hacerlo. Con toda seguridad, este arranque prometedor se queda en nada si completo la información y te digo que el millón te lo voy a pagar dentro de 50 años. O, de forma alternativa, si te indico que mi intención es pagarte el millón dentro de 3 meses, pero que hoy no tengo, ni de lejos, esa cantidad de dinero. Y si te pregunto: ¿qué importe estarías dispuesto a darme hoy para que dentro de 1 año yo te entregue ese millón de euros? Y si es dentro de 5 años, ¿me pagarías ahora más o menos? ¿Y si en lugar de ser yo, es el Tesoro el que te va a hacer entrega de esa cantidad, pero dentro de 15 años? ¿Y dependerá tu respuesta de las expectativas que tengas para la inflación? ¿y de la rentabilidad esperada para un activo en el que puedes invertir, como la renta variable o un bono? Muchas preguntas que recogen conceptos básicos como el tipo de interés y su forma más elegante de expresión: el factor de descuento (en el que también se incluye el plazo hasta el momento del cobro o del pago). Conceptos básicos, pero imprescindibles para avanzar en el estudio de los fundamentos de economía financiera, por lo que la intención de este primer capítulo es dejarlos claros.

1.1. Valor temporal del dinero

El factor tiempo juega un papel decisivo a la hora de fijar el valor del dinero. No es lo mismo disponer de un millón de euros hoy que dentro de un año, ya que el dinero se va depreciando a causa de diferentes factores, entre ellos la inflación (ver recuadro 1). Pero, además, siempre es mejor tener disponible el dinero ahora por las alternativas que existen para invertirlo a cambio de obtener una rentabilidad. Por ejemplo, si recibo ahora un euro puedo usarlo para contratar un depósito a un año que me genere una rentabilidad de, pongamos por caso, el 2%. Así, después de trascurrido el año, tendré el euro más el rendimiento. Por cierto, ¿cuánto? Aquí va la primera fórmula, la del cálculo de los intereses devengados por un depósito, que más adelante desarrollaremos: «carrete», o «capital por rédito por tiempo» o 1 x 0,02 x 1 = 0,02 euros. Lo dicho, luego lo vemos con más calma (leyes de capitalización). Eso sí, otro apunte relevante: cuando expresamos el tipo de interés en porcentaje (que es lo habitual), hay que tener cuidado a la hora de hacer los cálculos, ya que un 5% es 0,05, igual que un 10% es 0,1 (y un 1% es 0,01).

Prestar una unidad monetaria supone para el prestamista (el que presta) dejar de ingresar una cantidad extra (coste de oportunidad de no hacer la inversión), así como asumir riesgos (que el prestatario no devuelva la unidad monetaria) y perder capacidad adquisitiva. Por todo ello, el prestatario debe pagar al prestamista un tipo de interés, que no es más que la cuantificación del valor temporal del dinero (en el que, insistimos, también está incorporado el plazo).

1.2. Determinación de los tipos de interés

Acabamos de señalar que el tipo de interés es la mejor representación del valor temporal del dinero. Pues ahora diremos que determinado, de forma principal, por tres factores:

- **Inflación:** Los prestamistas o inversores desean, como mínimo, mantener su poder adquisitivo a lo largo del tiempo. Para ello adecuan el tipo de interés nominal (i) al tipo de interés real (r) deseado, dada una tasa de inflación. La relación que une ambos tipos de interés viene reflejada en la ecuación 1 (la denominada ecuación de Fisher[1]), donde i es el tipo de interés nominal y r es el tipo de interés real).

Ecuación 1. Relación entre tipo de interés nominal, tipo de interés real e inflación

$$(1 + i) = (1 + r) \times (1 + \text{inflación})$$

Resulta obvio que un tipo de interés anual[2] del 4% tiene un significado muy diferente en un país con una tasa de inflación del 3%, que en otro con tasas del 8%, en el que prestar dinero a ese 4% en realidad provoca una pérdida del poder adquisitivo. Como es lógico, los tipos de interés suelen estar vinculados a la inflación.

- **Plazo:** Los inversores requieren tipos de interés distintos en función del plazo. Cada agente económico tiene unos objetivos de inversión o financiación propios que dependen de sus decisiones estratégicas. Esto determinará también los plazos a que demanden u ofrezcan fondos en el mercado. Por ejemplo, una em-

---

[1] Fue este economista (1867 – 1947) quien primero habló del concepto de tipo de interés real en su libro de 1930: «La teoría del interés».

[2] Nos referimos a un tipo de interés nominal anual. Cuando no se detalla, se entiende que se está hablando de tipo de interés nominal anual.

presa constructora de autopistas se enfrenta a unos plazos mucho más largos en su actividad que una empresa distribuidora de productos de alimentación, por lo que sus plazos objetivo serán bastante diferentes. Al mismo tiempo, un inversor exigirá, para un mismo prestamista, un mayor tipo de interés si el plazo de devolución es más largo. En este punto, aunque puede resultar obvio, conviene distinguir entre un tipo de interés a 2 años, 10 años y 30 años (no le vas a prestar al mismo tipo de interés a un mismo agente si la financiación es a 2 que a 10 que a 30 años) y el interés devengado por un préstamo, para un mismo tipo de interés, a diferentes plazos. Es decir, si presto a 2 años exijo un tipo de interés a 5%, mientras que si lo hago a 10 años pido un 6%. Así, cada año, cobraré, por un importe nominal de 1.000, 50 en el primer caso y 60 en el segundo (habré cobrado 100 en total al final de la financiación a 2 años, mientras que cuando venza el préstamo a 10 años, habré cobrado un total de 600).

- **Riesgo de crédito:** La calidad crediticia es vital a la hora de fijar el tipo de interés exigido. No es lo mismo prestar a una empresa de nueva creación de incierto futuro que a una consolidada y con importantes beneficios. Como es lógico, el mercado exige un mayor interés a la primera para intentar compensar el mayor riesgo de impago que asume al prestarle dinero (ver recuadro 2).

La combinación de todos estos factores, y algunos más, determinan la oferta y demanda de fondos y el resultado de las operaciones que se lleven a cabo será el tipo de interés de mercado que actúa como precio de esos fondos.

Existen diferentes enfoques para la determinación de los tipos de interés. En todos ellos partimos de que cada agente tiene un objetivo de inversión a un plazo determinado que denominaremos horizonte. Los enfoques más importantes en la determinación de los tipos de interés son:

- Enfoque de la segmentación.
- Enfoque de las expectativas puras
- Enfoque del hábitat preferido

Enfoque de la segmentación

Supone que los agentes tienen un grado de aversión al riesgo total y, por tanto, invierten siempre al plazo objetivo de su operación (horizonte) sin intentar realizar estrategias de reinversión o capitalización. Esto provoca que el tipo de interés no se determine en un ambiente de mercado único, sino que exista un mercado para cada hábitat temporal con precios y rentabilidades propias del mismo. Así, la forma de la curva de tipos de interés para los distintos plazos es el resultado de la agregación de los equilibrios particulares. Es decir, si todos los agentes se comportan como hemos expuesto, el tipo de interés a 2 años solo vendrá determinado por el subgrupo de agentes cuyo horizonte sea 2 años, el tipo a 5 años por el de 5 años, el de 10 por el de 10, etc.. Al ser completamente adversos al riesgo no quieren moverse de este plazo y solo intercambian fondos con la parte del mercado que tiene ese mismo horizonte.

Enfoque de las expectativas puras

Este enfoque es el caso opuesto al de la segmentación. Aquí el grado de aversión al riesgo de los agentes es nulo. Esto origina que exista un único mercado en el que los inversores, al no estar sujetos a la exigencia de un hábitat (derivado de su horizonte), determinan las distintas rentabilidades para cada uno de los plazos de un mismo emisor haciéndola depender sólo de la percepción que tengan sobre las rentabilidades que se podrían obtener a los distintos plazos. Es decir, nuestro inversor «comerciaría» entre los distintos plazos para obtener los mejores niveles de rentabilidad, teniendo en cuenta sólo sus «expectativas» de evolución de ese mercado único. Así, supongamos que cuentas con 100 unidades monetarias para invertir y que puede hacerlo a un plazo de 5 años. Te ofrecen una alternativa a 2 años al 3%, así como una a 5 años al 4%. Como es obvio, si inviertes a 5 años sabes que va a obtener una rentabilidad del 4%, mientras que, si lo haces a 2 años, el resultado dependerá del tipo de interés al que puedas reinvertir al cabo de los 2 primeros años. Si, por ejemplo, piensas que el tipo a 3 años dentro de esos 2 años va a ser del 5%, optarás, a partir de sus expectativas, por invertir a 2 años y luego reinvertir a 3. Si piensas que el tipo va a ser del 1%, está claro que elegirás invertir a 5 años (ver apartado 1.9. «Tipo de interés implícito»).

Enfoque del hábitat preferido

Un caso intermedio entre ambas posturas es el denominado enfoque de hábitat preferido, en el que tanto inversores como prestatarios presentan cierta (aunque no completa) aversión al riesgo. En este enfoque, teniendo siempre presente su horizonte de actuación, el agente opta por un plazo u otro en función de la prima por riesgo que se le ofrece/se le obligue a pagar. De acuerdo con ello, podría prestar o pedir prestado a un plazo no coincidente con su objetivo, pero a través del cual puede aprovecharse de las diferencias de rentabilidad. Ahora bien, la operación se cerrará en el momento temporal objetivo. El agente habrá asumido un cierto riesgo por desviarse del objetivo, pero se supone que la prima de rentabilidad le compensa por ello de acuerdo con sus características de aversión al riesgo. En conclusión, respeta su plazo horizonte inicial, aunque intenta aprovechar las diferencias existentes en el mercado para optimizar su gestión. Esto sería un ejemplo de estrategia activa de gestión, frente a una gestión pasiva que solamente trata de asegurarse una rentabilidad en un plazo, su plazo objetivo. Así, supongamos que el horizonte de inversión es de 5 años, pero existe la posibilidad de invertir en un bono con un vencimiento a 10 años que ofrece una rentabilidad atractiva (superior a la del bono a 5 años). Optaremos por invertir en ese bono asumiendo el riesgo de que, dentro de 5 años, cuando tengamos que venderlo, el precio haya caído por un importe superior al exceso de rentabilidad que hemos obtenido comprando el bono a 5 años. De hecho, puede suceder que nuestra expectativa sea que, dentro de 5 años, al vender el bono, tengamos una plusvalía (dado que esperamos una rebaja de los tipos de interés). En definitiva, frente a la inversión de invertir en un bono a 2 años (dado que esperamos una subida de tipos) o en uno a 5 años, optamos por comprar uno con vencimiento a 10 años.

1.3. Notación de los tipos de interés

Es necesario conocer algunas de las convenciones en los mercados financieros relativas a los tipos de interés. Entre ellas, que se suelen expresar en puntos porcentuales anuales (1%, 2%, 3%, etc.) independientemente del plazo de la inversión. Por ejemplo, si se dice que el tipo de interés para una inversión a 3 meses es el 4%, debe saberse que se supone, si no se indica nada en contra, que este tipo es anual y que la rentabilidad que se va a obtener al cabo de los 3 meses es del 1%. Pero no siempre es así, de tal forma que puede que

21

el tipo de interés se exprese al plazo (a 3 meses). En estos casos, puede ser necesario calcular el tipo anual coherente con ese tipo trimestral (en el capítulo 3 se vuelve al concepto de tipo de interés efectivo y se expone cómo se calcula). Se puede realizar un comentario similar respecto a una inversión a un plazo superior a un año: también se expresa en base anual. Así, por ejemplo, si nos ofrecen una inversión a 5 años a un 3% tenemos que entender que es un 3% anual esto es, cada año (en el próximo capítulo haremos mención al supuesto de reinversión).

También se debe saber que se denomina punto porcentual (p.p.) a una centésima del nominal. Por ejemplo, un título de renta fija que por cada 100 millones de euros paga 2 millones de intereses es un título cuya rentabilidad es de 2%, es decir, de 2 puntos porcentuales.

Derivado de ello, y con el objeto de tratar con más precisión los tipos de interés, se define el punto básico (p.b.) también llamado «pipo», que es una centésima de punto porcentual, es decir, una diezmilésima del nominal. De este modo, la equivalencia es 0,50 p.p.= 50 p.b. (o «pipos») = 0,0050% del nominal.

Existe una sustancial diferencia entre decir que «los tipos a un año han bajado un uno por ciento» a decir que «los tipos a un año han pasado del 6% al 5%». La frase correcta es «los tipos a un año han disminuido en un punto porcentual» ya que pasar del 6% al 5% supone una caída de un 16,6% respecto a su nivel inicial. Otra forma alternativa de expresión (más habitual en los mercados financieros) es: «los tipos de interés han caído 100 puntos básicos» o 100 pipos (o, incluso, 100 básicos)».

1.4. Factor de descuento

Confío que en este punto ya esté claro que una unidad monetaria del futuro no equivale a una unidad monetaria de hoy, sino a menos. Entremos ahora a hacer el cálculo exacto. La equivalencia entre el valor futuro y el valor actual nos la da el factor de descuento, que es aquel que, aplicado a un flujo financiero futuro, permite obtener su valor en el presente.

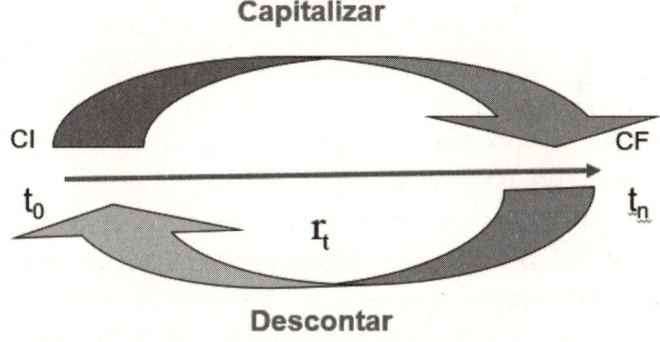

Figura 1. Actualizar vs capitalizar

El factor de descuento nos permite homogeneizar el valor de estos flujos en un momento de tiempo determinado para poder así tomar adecuadas decisiones de financiación, inversión o desinversión. No podemos comparar flujos pertenecientes a distintos momentos en el tiempo, sino que es necesario «traer al momento actual», un cálculo que se denominada «actualizar» o «descontar» (frente a «capitalizar», como comentaremos luego).

Este factor de descuento se calcula como el inverso de 1 más el tipo de interés (o tasa de descuento o tasa de rentabilidad) multiplicado por el plazo. Se recoge en la ecuación 2, donde r es el tipo de interés y el plazo es el número de períodos que trasncurren entre hoy y el momento del tiempo en el que se

23

encuentra la unidad monetaria que se quiere valorar, normalmente expresado en años porque, como ya hemos señalado, el tipo de interés se suele expresar en base anual.

Ecuación 2. Factor de descuento para plazos inferiores a 1 año

$$Fd = \frac{1}{1 + r \times plazo}$$

Ejemplo. Calcular el factor de descuento a 8 meses a un tipo de interés del 14%.

$$Fd = \frac{1}{1+r \times plazo} = \frac{1}{1+0,14 \times 0,666} = \frac{1}{1+0,093} = \frac{1}{1,093} = 0,914$$

donde 0,666 es el plazo equivalente anual de 8 meses (es decir, 8/12; ver recuadro 3).

Cuando el plazo es 0 o el tipo de interés es 0%, entonces el factor de descuento es máximo: 1. A partir de ahí, a medida que aumenta el plazo o lo hace el tipo de interés, menor es el factor de descuento (ver gráficos 1 y 2).

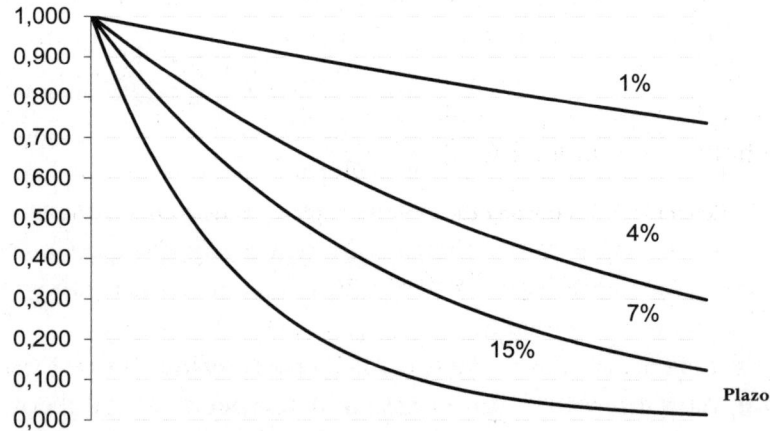

Gráfico 1. Factor de descuento en función del tipo de interés y del plazo

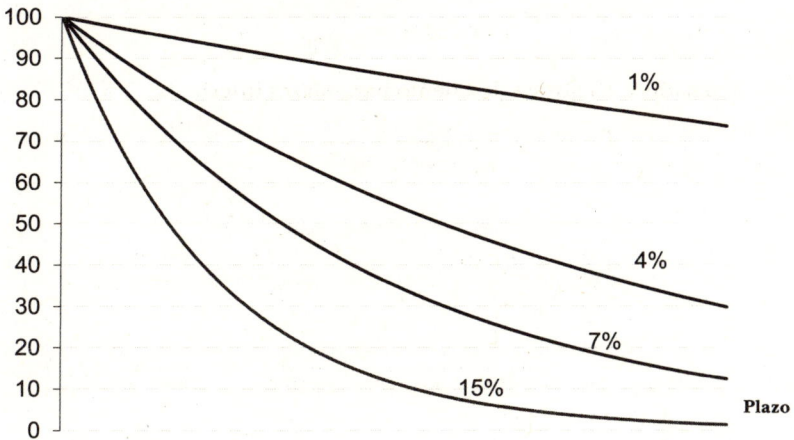

Gráfico 2. Valor actual de 100 u.m. en función
del tipo de interés y del plazo

La ecuación 2 se utiliza cuando el plazo es inferior a 1 año, mientras que, si es superior, se recurre a la ecuación 3, en la que «plazo» es el número de periodos (normalmente años) que trascurren entre hoy y el momento del tiempo en el que se encuentra la unidad monetaria que se quiere actualizar, y r es el tipo de interés (expresado en la misma unidad temporal que el plazo, siendo lo más habitual, como ya hemos señalado, anual).

Ecuación 3. Factor de descuento para plazos superiores a 1 año

$$Fd = \frac{1}{(1 + r)^{Plazo}}$$

Vamos a calcular el factor de descuento que se debe utilizar para actualizar 1.000 euros, a un plazo de un año y medio y a un tipo de interés del 12%.

$$Fd = \frac{1}{(1 + r)^{Plazo}} = \frac{1}{(1 + 0{,}12)^{1{,}5}} = \frac{1}{(1{,}12)^{1{,}5}} = \frac{1}{1{,}185} = 0{,}843$$

25

1.5. Valor actual

Ya hemos comentado en el apartado anterior que el valor actual de una cantidad de dinero se relaciona con su valor futuro a partir del factor de descuento. Avancemos y digamos ahora que esa relación es a través de una multiplicación, tal y como se recoge en la ecuación 4.

Ecuación 4. Valor actual

Valor actual (VA) = valor futuro (VF) x factor descuento (Fd)

Ejemplo. Vamos a calcular el valor actual de 1.000.000 de euros que se van a cobrar dentro de 5 años si se aplica una tasa de descuento del 10%.

Dado que el plazo es superior a un año, la fórmula del factor de descuento es la de la ecuación 3. Este factor de descuento habrá que aplicarlo al valor futuro (en este caso, el millón de euros), según se recoge en la ecuación 4. El resultado es 620.921,32 euros. Es decir, dado que la tasa de descuento es del 10%, para nosotros será equivalente cobrar hoy 620.921,32 euros a cobrar 1.000.000 de euros dentro de 5 años. O, dicho de otro modo, estaremos dispuestos a entregar 620.921,32 euros hoy para cobrar un millón dentro de 5 años. De esta forma, estaremos obteniendo una rentabilidad del 10%, que es la que exigimos para cubrir la inflación prevista, el coste de oportunidad de consumir o de invertir en otro producto y también para remunerar los riesgos que estamos asumiendo, entre ellos, el de crédito (es decir, la posibilidad de que no nos paguen el millón dentro de 5 años). Es decir, ¿cuánto estaría dispuesto a pagar hoy para obtener 1.000.000 de euros dentro de 5 años si quiere obtener una rentabilidad del 10%? La respuesta es 620.921,32 EUR.

$$\text{Valor actual} = \text{Valor futuro x Fd} = \text{Valor futuro x } \frac{1}{(1 + r)^{\text{Plazo}}} =$$

$$= 1.000.000 \text{ x } \frac{1}{(1 + 10\%)^5} = 1.000.000 \text{ x } 0{,}62092132 = 620.921{,}32$$

Como hemos visto, actualizar o descontar es una operación muy útil ya que permite homogeneizar temporalmente el valor de flujos de diferentes momentos del tiempo y comparar así entre alternativas para tomar decisiones de inversión o financiación.

Existen dos interpretaciones para el valor actual:

- El valor hoy de un flujo de fondos a recibir en el futuro.
- La cantidad de dinero que tengo que invertir hoy para tener una determinada cantidad en el futuro.

Ejemplo. Se desea adquirir un inmueble dentro de dos años y se estima que en dicha fecha habrá que pagar un importe de 35.000 euros. ¿Qué cantidad se debe invertir ahora en un depósito que rinde un 2,9% de interés anual?

Aplicando la ecuación 4, la respuesta es 33.055,01 euros

$$\text{Valor actual} = \text{Valor futuro x Fd} = \text{Valor futuro x } \frac{1}{(1+r)^{\text{Plazo}}} =$$

$$= 35.000 \text{ x } \frac{1}{(1+2,9\%)^2} = 35.000 \text{ x } 0{,}94442886 = 33.055{,}01$$

Comprobémoslo. ¿Cuál es el capital final, esto es, el valor futuro, de un capital de 33.055,01 euros invertidos durante 2 años al 2,9%?

$$\text{Valor futuro } = \text{Valor actual x } (1+r)^{\text{Plazo}} = 33.055{,}01 \text{ x } (1+2,9\%)^2 = 35.000$$

Exacto: 35.0000 euros (hemos aplicado la ecuación 10, que se verá posteriormente).

Ejemplo. Se obtiene un préstamo por 2.000 euros y después de 8 meses se pagan 2.400 euros. ¿Qué tasa de interés mensual simple se pagó?

27

En este caso sabemos que el valor actual es 2.000 euros, que el valor futuro es de 2.400 euros y que el número de períodos es 8 (nos piden calcular el tipo de interés mensual). La incógnita es el tipo de interés, que se obtiene despejando de la ecuación 4.

$$r = \frac{\frac{\text{Valor futuro}}{\text{Valor actual}}-1}{\text{Plazo}} = \frac{\frac{2.400}{2.000}-1}{8} = 0,025 = 2,5\%$$

Es decir, se ha aplicado un tipo de interés mensual del 2,5%.

Ejemplo. ¿En cuánto tiempo 2.000 euros se convierten en 2.500 euros al 54% de interés simple anual?

En este caso, la incógnita es el plazo que, despejando a partir de la ecuación 4, se obtiene de la siguiente forma.

$$\text{Plazo} = \frac{\frac{\text{Valor futuro}}{\text{Valor actual}}-1}{r} = \frac{\frac{2.500}{2.000}-1}{0,54} = 0,46$$

Es decir, 0,46 años, que equivale a 166 días.

1.6. Leyes financieras

Una ley financiera es una función matemática que permite realizar la proyección de un capital financiero (C_i, t_i) en otro momento temporal (V, p). Decimos que dos capitales (C, t) y (C', t') son equivalentes en p si las proyecciones de ambos capitales en p, siguiendo una ley financiera, son iguales. Las dos leyes financieras más importantes son la de descuento y la de capitalización. La primera ya la hemos comentado (aunque ahora pasaremos a estudiarla en más profundidad) y la ley de capitalización no es más que la operación inversa (ver figura 1).

1.7. Descuento

El descuento es la ley financiera que permite proyectar un capital financiero (C_i, t_i) en un momento temporal (p) anterior. Permite el cálculo del valor actual de un capital financiero situado en un momento temporal posterior. Con la operación financiera de descuento se calcula el capital equivalente en un momento anterior de un importe futuro (lo que ya hemos estudiado cuando «actualizábamos un determinado valor futuro»).

Mientras que la ley de capitalización calcula unos intereses que se añaden al importe inicial, compensando así el aplazamiento en el tiempo de su disposición, en las leyes de descuento se calculan los intereses que hay que pagar por adelantar la disposición del capital.

Existen 3 fórmulas para el cálculo del descuento

- Descuento simple o racional (D_r)
- Descuento comercial (D_s)
- Descuento compuesto (D_c)

1.7.1. Descuento simple o racional

Esta ley de descuento sólo se suele utilizar en operaciones a un plazo inferior a 1 año. Su fórmula se representa en la ecuación 5.

Ecuación 5. Descuento simple

$$\text{Descuento} = \frac{\text{Valor futuro x r x t}}{1 + \text{r x plazo}}$$

Ejemplo. Calcular los intereses de descuento por anticipar un capital de 1.200.000 euros, durante 8 meses, a un tipo de interés del 14%.

29

$$\text{Descuento} = \frac{1.200.000 \times 0,14 \times 0,666}{1 + 0,14 \times 0.666}$$

con 0,666 la equivalencia anual de 8 meses

$$\text{Descuento} = 102.345 \text{ euros}$$

Podemos calcular ahora el valor actual. Lo haremos de dos maneras:

1. Aplicando la fórmula Valor actual = Valor futuro – Descuento

$$\text{Valor actual} = 1.200.000 - 102.345 = 1.097.655 \text{ euros}$$

2. Aplicando la ecuación 4 y la ecuación 2.

$$\text{Valor actual} = \text{Valor futuro} \times \frac{1}{1 + r \times \text{plazo}}$$

$$\text{Valor actual} = \frac{1.200.000}{1,093}$$

$$\text{Valor actual} = 1.097.655 \text{ euros}$$

Ejemplo. Se ha descontado un capital de 1.000.000 de euros 3 meses y los intereses de descuento han ascendido a 40.000 euros. Calcular el tipo de interés aplicado.

Aplicando la ecuación 5:

$$40.000 = (1.000.000 \times r \times 0,25) / (1 + r \times 0,25)$$
$$40.000 = (250.000 \times r) / (1 + r \times 0,25)$$
$$40.000 + 10.000 \times r = 250.000 \times r$$
$$r = 40.000 / 240.000$$
$$r = 0,1666$$

Por lo tanto, el tipo de interés de descuento aplicado es el 16,66%.

Ejemplo. Se descuentan 200.000 euros al 12% y los intereses de descuento ascienden a 15.000 euros. Calcular el plazo del descuento.

Recurriendo a la ecuación 5:

$$15.000 = (200.000 \times 0,12 \times t) / (1 + 0,12 \times t)$$
$$15.000 = (24.000 \times t) / (1 + 0,12 \times t)$$
$$15.000 + 1.800 \times t = 24.000 \times t$$
$$t = 15.000 / 22.200$$
$$t = 0,6756$$

Por lo tanto, el plazo de descuento ha sido de 0,6756 años, es decir, 8,1 meses.

Ejemplo. Una empresa vende mercancía por un importe de 30.000 euros y otorga al cliente un crédito mediante un pago al contado del 20% y el resto a 30 y 60 días firmando dos pagarés por un mismo importe. A los 7 días de la venta, la empresa acude a un banco a descontar los 2 pagarés a una tasa simple anual de descuento de 5,2%. ¿Cuánto recibe la empresa en efectivo?

Si el pago al contado es del 20%, el importe de los dos pagarés es de 24.000 (80% x 30.000), por lo que cada uno tiene un nominal de 12.000 euros.

$$Descuento = \frac{Valor\ futuro \times r \times t}{1 + r \times plazo}$$

$$Descuento = \frac{12.000 \times 0,052 \times \frac{23}{365}}{1 + 0,052 \times \frac{23}{365}} = 39,18$$

El descuento del pagaré que vence dentro de 23 días (hay que recordar que han trascurrido 7 días) es de 39,19 euros, por lo que, al descontarlo, la empresa recibirá 11.960,81.

Por el segundo pagaré se cobrarán 11.910,07 euros. Es decir, un menor importe ya que el descuento es mayor (el cobró se producirá dentro de más días).

El cobro total en efectivo por el descuento de los pagarés será de 23.870,88 euros.

1.7.2. Descuento comercial

El concepto del descuento comercial es el mismo que del simple o racional, si bien la ecuación difiere (ver ecuación 6) y, con ello, los resultados.

Ecuación 6. Descuento comercial

Descuento = Valor futuro x r x t

El uso de una u otra ecuación depende del mercado, de la tipología de activo que se esté descontando, así como las condiciones que impongan las partes (normalmente quien adelanta el dinero).

Ejemplo. Calcular el descuento de un pagaré de 1.000.000 euros al 5% a 6 meses en función de si se aplica el descuento simple o el comercial.

Descuento simple (ecuación 5):
(1.000.000 x 0,05 x 0,5) / (1 + 0,05 x 0,5) = 24.390,24

Descuento comercial (ecuación 6): 1.000.000 x 5% x 0,5 = 25.000

Capital	1.000.000
Tipo de interés	5,0%
Plazo	0,5 años
Descuento racional	24.390,24
Descuento comercial	25.000,00

Como se observan, existen diferencias entre los dos resultados.

1.7.3. Descuento compuesto

Esta ley de descuento se suele utiliza en operaciones a un plazo superiores a 1 año. La fórmula del descuento compuesto se recoge en la ecuación 7.

Ecuación 7. Descuento compuesto

$$\text{Descuento} = \text{Valor futuro} \times \left(1 - \frac{1}{(1 + r)^{\text{Plazo}}}\right)$$

Ejemplo. Calcular los intereses de descuento por anticipar un capital de 900.000 euros, durante un año y medio a un tipo de interés del 14%.

$$\text{Descuento} = 900.000 \times \left(1 - \frac{1}{(1 + 0,14)^{1,5}}\right) = 160.590,14$$

Podemos calcular ahora el valor actual o capital inicial. Lo haremos de dos maneras:

1. Aplicando la fórmula Valor actual = Valor futuro – Descuento

$$\text{Valor actual} = 900.000 - 160.590 = 739.410 \text{ euros}$$

2. Aplicando la ecuación 4 y la ecuación 3:

$$\text{Valor actual} = \text{Valor futuro} \times \frac{1}{(1 + r)^{\text{Plazo}}}$$

$$\text{Valor actual} = \frac{900.000}{1,217} = 739.410$$

1.8. Capitalización

Se denomina capitalización al proceso de calcular el valor futuro, es decir, de «llevarse» los flujos presentes al futuro. Por lo tanto, una ley de capitalización es una función matemática que permite proyectar un capital financiero en un momento temporal posterior.

Los métodos de capitalización principales son dos:

- Capitalización simple
- Capitalización compuesta

La diferencia fundamental entre ambos radica en si se reinvierten (compuesta) o no (simple) los intereses obtenidos en cada momento.

1.8.1. Capitalización simple

Según este método, los intereses obtenidos en cada periodo de inversión / financiación no se unen al capital invertido / financiado en el periodo siguiente. Por tanto, el valor futuro (en el momento t) de una cantidad C_0 viene dado por:

Ecuación 8.. Capitalización simple

$$C_n = C_0 \times (1 + r \times t)$$

Donde r es el tipo de interés y t es el periodo de tiempo.

Como hemos mencionado en otras ocasiones, debe existir una coherencia entre el plazo al que se refiere el tipo de interés y las unidades de medida del tiempo. Así, si r es un tipo anual, t deberá estar expresado en años o fracciones de año.

Ejemplo. Calcular el capital final y los intereses a pagar durante 2 años por un préstamo de 100.000 euros con un tipo de interés simple anual del 5%.

Aplicando directamente la ecuación 8 tenemos:

$$C_2 = 100.000 \times (1 + 0,05 \times 2) = 110.000$$

34

Es decir, el capital final son 100.000 euros y, por lo tanto, los intereses a pagar son 10.000 EUR. En este sentido, el cálculo de los intereses se puede realizar tal y como se recoge en la ecuación 9.

Ecuación 9. Cálculo de intereses (capitalización simple)

$$\text{Intereses} = C_o \times r \times t$$
$$\text{Intereses} = 100.000 \times 0,05 \times 2 = 10.000 \text{ euros}$$

Ejemplo. ¿Cuál sería el valor dentro de 15 meses de un depósito de 100 um que remunera con un tipo de interés simple del 2,5% semestral?

Si queremos usar ese tipo semestral del 2,5% bastaría con convertir los 15 meses en semestres. Como cada semestre tiene 6 meses, entonces 15 meses son 2,5 semestres (15 / 6). Por lo tanto, para una inversión de 100 unidades monetarias, el valor futuro es de 106,25

$$C_{15\,meses} = 100 \times (1 + 0,025 \times 2,5) = 106,25$$

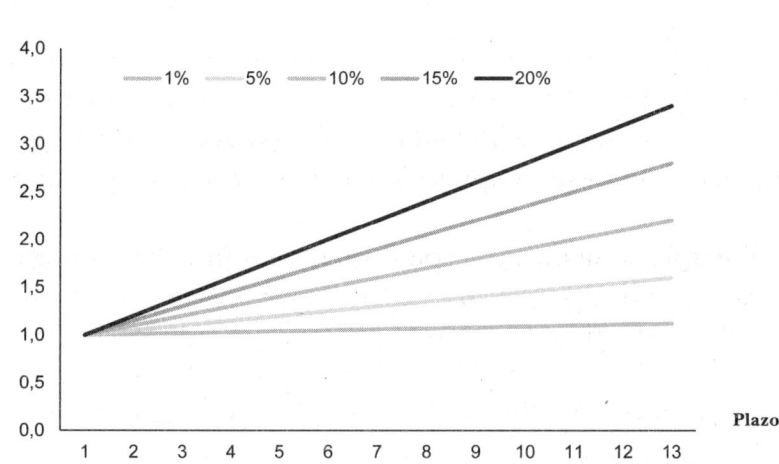

Gráfico 3. Relación entre valor presente y valor futuro mediante capitalización simple

35

Si tomamos una unidad monetaria y la llevamos hacia el futuro a través de capitalizaciones de tipo simple tendremos una relación lineal entre los rendimientos. Por ejemplo, con un tipo del 20% anual obtendremos 3 um al cabo de 10 años, mientras que con un tipo del 5% solo tendremos 1,5 um. En el gráfico 3 se puede observar la relación entre el valor presente y el valor futuro en función del tipo de interés.

1.8.2. Capitalización compuesta

La diferencia entre capitalización simple y compuesta radica en que en este segundo caso los intereses que se consiguen (o que se deben pagar) en cada periodo se añaden al capital y se invierten en el siguiente periodo (es decir, «se reinvierten los intereses» o «la deuda se incrementa en el valor de los intereses devengados y no pagados»). Al igual que suceden en la capitalización simple, se puede capitalizar diaria, mensual, semestral, anualmente, etc. dependiendo del periodo (real o teórico) de pago de intereses. Lo diferencial en este caso, insistimos, es que los intereses se añaden al capital. La expresión del valor futuro C_n de una cantidad actual C_0 mediante capitalización compuesta se recoge en la ecuación 10.

Ecuación 10. Capitalización compuesta

$$C_n = C_0 \times (1 + r)^t$$

Donde r es el tipo de interés y t es el periodo de tiempo.

Ejemplo. Calcular el capital final y los intereses a pagar dentro de 2 años de un préstamo de 100.000 euros a un tipo de interés compuesto del 5% anual.

$$C_2 = 100.000 \times (1 + 0,05)^2 = 110.250$$

Y, por lo tanto, los intereses son 10.250 euros.

La fórmula para calcular los intereses se recoge en la ecuación 11.

Ecuación 11. Cálculo de intereses (capitalización compuesta)

$$Intereses = C_0 \times [(1 + r)^2 - 1]$$
$$Intereses = 100.000 \times [(1 + 0,05)^2 - 1] = 10.250 \text{ euros}$$

Otra forma de expresar el cálculo del capital final se recoge en la ecuación 12.

Ecuación 12. Capitalización compuesta

$$C_n = C_o \times \left(1 + \frac{r}{n}\right)^{n \times p}$$

Donde r es el tipo de interés, n es el número de periodos de capitalización que hay en un año y p es el plazo en años. Este ajuste se hace para, como ya sabemos, convertir el tipo de interés anual en el del plazo correspondiente y aplicarle el número de periodos sobre el que se debe de capitalizar.

Ejemplo. Tenemos un activo que ofrece un 5% de interés anual que se devenga trimestralmente. Invertimos 1 millón de euros. Si queremos calcular su valor dentro de dos años (es decir, p es 2), lo primero que tenemos que hacer es convertir el tipo anual en trimestral. Como un año tiene 4 trimestres (es decir, n es 4), el tipo a usar será 1,25% (0,05 / 4). Aplicando la fórmula del valor futuro, suponiendo un valor inicial de un millón, el capital final será de 1.104.486,10.

$$C_n = 1.000.000 \times \left(1 + \frac{0,05}{4}\right)^{4 \times 2} = 1.104.486,10$$

Si en vez de 2 años fueran, por ejemplo, 8 meses, bastaría con hacer la fracción de año correspondiente (8/12). Es decir, el valor de «p» en la ecuación 12 sería, en este caso, 0,6666.

$$C_n = 1.000.000 \times \left(1 + \frac{0,05}{4}\right)^{4 \times \left(\frac{8}{12}\right)} = 1.033.681,50$$

En el gráfico 4, que representa el valor futuro de una unidad monetaria dependiendo del tipo de interés considerado, se observa que con este tipo de capitalización el crecimiento del valor futuro respecto al valor presente a lo largo del tiempo es de corte exponencial.

Valor futuro

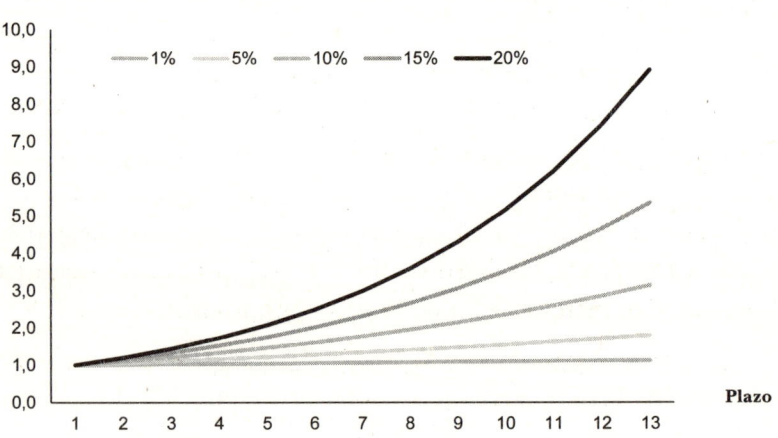

Gráfico 4. Relación entre valor presente y valor futuro mediante capitalización compuesta

De comparar el gráfico 3 y 4 se puede comprobar que las diferencias entre capitalización simple y compuesta pueden ser muy elevadas.

Ejemplo. Supongamos un depósito a plazo de 10.000 euros a 3 años que paga un 4% anual. En capitalización simple, al final de los tres años el capital final se elevaría a 11.200 euros.

$$C_3 = 10.000 \times (1 + 0,04 \times 3) = 11.200$$

En capitalización compuesta, el valor final sería de 11.248,64 euros

$$C_3 = 10.000 \times (1 + 0,04)^3 = 11.248,64$$

El valor futuro con capitalización compuesta siempre es mayor dado que tiene en cuenta el tipo de interés de forma exponencial.

1.8.3. Capitalización continua

Es un caso especial de capitalización compuesta en el que el periodo de capitalización es infinitesimalmente pequeño y, por tanto, su número infinitamente grande. Supone que se calculan los intereses y se añaden al capital cada instante, de forma continua. El resultado tiene forma exponencial y responde a la ecuación 13, en la que r es el tipo de interés, t es el plazo y e el número e, cuyo valor, redondeando, es 2,7183.

Ecuación 13. Capitalización continua

$$C_n = C_o \times e^{r \times t}$$

Se puede deducir esta fórmula a partir de la expresión de capitalización compuesta (ecuación 10) llevándola al límite de infinitos momentos de capitalización (es decir, los intereses se calculan y se reinvierten en cada momento infinitesimal en vez de cada mes o cada año). Todos los problemas que presentaban aquellos tipos de interés que no eran anuales se extienden a este caso, por lo que habrá que ajustar las unidades de tiempo al plazo necesario para aplicar el tipo de interés correspondiente.

Ejemplo. Calcule el valor futuro dentro de 18 meses de una deuda de 110.000 euros cuyos intereses se calculan en forma de capitalización continua a un tipo de interés anual del 4%.

$$C_n = 110.000 \text{ x } e^{0,04 \times (18/12)} = 116.801,809 \text{ euros}$$

1.9 Tipo de interés implícito

Llegados a este punto, se debe distinguir entre tipo de interés implícito y tipo de interés explícito. Por tipo de interés explícito se entiende el generado a partir de los flujos de caja que paga un activo. Así, por ejemplo, un bono con un cupón del 5% paga 5 unidades monetarias por cada 100 de nominal. Es decir, tiene un rendimiento explícito del 5%. Por su parte, existen dos acepciones de tipo de interés implícito.

1. Aquel que resulta de la diferencia entre el precio de compra (o emisión) y amortización (o venta o reembolso) de un activo que no paga flujos de caja intermedios. Es decir, igual que antes hemos comentado que hay instrumentos con rendimiento explícito (con cupones), también los hay que no pagan cupones. Son los denominados «cupón cero» o activos con rendimiento implícito. En estos casos, toda la rentabilidad procede de la diferencia entre el precio pagado y el importe que se recibe a vencimiento.

   Para el plazo inferior a un año, el cálculo del rendimiento implícito se realiza a partir de la ecuación 14 (que se deriva de la ecuación 8, despejando el tipo de interés: i).

Ecuación 14. Tipo de interés implícito (plazo inferior a 12 meses)

$$i = \left(\frac{VF}{VA} - 1\right) x \, t$$

Por ejemplo, una Letra del Tesoro o un pagaré con vencimiento 12 meses, con precio de compra de 9.500 euros y un nominal de 10.000 euros genera un tipo de interés implícito del 5,26%.

Si el plazo supera los 12 meses, entonces debemos usar la ecuación 15 (que se obtiene de la ecuación 10)

Ecuación 15. Tipo de interés implícito (plazo superior a 12 meses)

$$i = \left(\frac{VF}{VA}\right)^{\frac{1}{t}} - 1$$

Por ejemplo, un cupón cero con precio de compra 89,903 y vencimiento dentro de 3 años tiene un tipo de interés implícito del 3,61%.

$$i = \left(\frac{100}{89,903}\right)^{\frac{1}{3}} - 1 = 3,61\%$$

2. El concepto tipo de interés implícito también se utiliza para designar el tipo de interés a futuro que hace coherentes los niveles actuales de la curva de tipos. Así, por ejemplo, para un tipo de interés actual a 3 meses (i_{3m}) y otro a 9 meses (i_{9m}) se puede calcular un tipo de interés a 6 meses dentro de 3 meses ($i_{3m,9m}$) que los hace compatibles (gráfico 5).

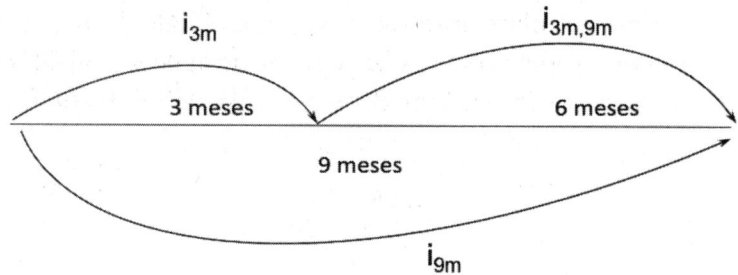

Gráfico 5. Tipos de interés a 3m y a 9m y tipo de interés implícito a 6 meses dentro de 3 meses

41

Porque debe ser equivalente entre invertir a 3 meses y posteriormente a 6 meses a hacerlo directamente a 9 meses. Para un capital Q, la primera alternativa (invertir a 3m y después a 6m) genera un capital final, siguiendo la ecuación 8, de:

$$Q \times (1 + i_{3m} \times 3/12) \times (1 + i_{3m,9m} \times 6/12)$$

Esto es así porque suponemos que el capital obtenido al cabo de los 3 primeros meses ($Q \times (1 + i_{3m} \times 3/12)$) lo invertimos durante los siguientes 6 meses al tipo $i_{3m,9m}$.

Pues bien, este capital final debería ser igual que el que se obtuviera invirtiendo Q durante 9 meses a i_{9m}. De nuevo, recurriendo a la ecuación 8:

$$Q \times (1 + i_{9m} \times 9/12)$$

Y lo que sabemos es que, para que la estructura de tipos sea coherente, ambas cantidades deben coincidir.

$$Q \times (1 + i_{3m} \times 3/12) \times (1 + i_{3m,9m} \times 6/12) = Q \times (1 + i_{9m} \times 9/12)$$

Despejando:

$$i_{3m,9m} = \left(\frac{\left(1 + i9m \times \frac{9}{12}\right)}{\left(1 + i3m \times \frac{3}{12}\right)} - 1 \right) \times 12/6$$

Y, de forma genérica, podemos decir que el tipo de interés al plazo n-m esperado dentro de m meses ($i_{m,n}$) se calcula según la ecuación 16.

Ecuación 16. Tipo de interés implícito (plazo inferior a 12 meses)

$$i_{m,n} = \left(\frac{\left(1 + in \times \frac{n}{12}\right)}{\left(1 + im \times \frac{m}{12}\right)} - 1 \right) \times \frac{12}{n-m}$$

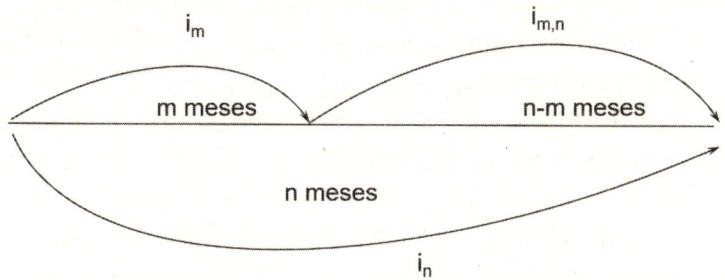

Gráfico 6. Tipos de interés actuales a m y a n meses y tipo
de interés implícito a n – m meses dentro de m meses

Por ejemplo, si el tipo de interés a 3 meses es el
3,28% y el tipo a 9 meses es el 3,5%, ¿qué tipo de interés implícito a 6 meses dentro de 3 meses hace coherentes estos tipos?

Aplicando la ecuación 16 (m es 3 meses y n es 9
meses):

$$i_{m,n} = \left(\frac{\left(1 + in\,x\frac{n}{12}\right)}{\left(1 + im\,x\frac{m}{12}\right)} - 1 \right) x\, \frac{12}{n-m}$$

$$i_{3,9} = \left(\frac{\left(1 + i9\,x\frac{9}{12}\right)}{\left(1 + i3\,x\frac{3}{12}\right)} - 1 \right) x\, \frac{12}{9-3} = 3{,}588\%$$

De este modo, $i_{3,9}$ = 3,588% es el tipo de interés que
hace indiferente ambas alternativas de inversión. Es
decir, obtendremos el mismo rendimiento invirtiendo
el capital a 9 meses al 3,5% que invirtiendo durante
los 3 primeros meses al 3,28% y los 6 meses restantes
al 3,58%. Esta es una interpretación, por lo tanto, matemática: el tipo de interés implícito es aquel que hace
coherente la curva de tipos.

Pasemos a una interpretación más financiera. Podríamos decir que es aquel tipo de interés sobre el que

43

debemos tener una previsión para decidir si invertir a 3 meses y luego a 6 meses o hacerlo directamente a 9 meses. De esta forma, si crees que el tipo a 6 meses dentro de 3 meses va a ser más alto que el 3,588%, entonces invertirás a 3 meses al 3,28%, esperando poder reinvertir dentro de esos 3 meses a un tipo superior al 3,588%, obteniendo un mayor rendimiento que si hubieras invertido a 9 meses al 3,5%. Y si, en sentido contrario, piensas que dentro de 3 meses el tipo a 6 meses estará por debajo del tipo implícito, entonces optarás por invertir a 9 meses. Es más, incluso te plantearás endeudarte a 3 meses para renovar al vencimiento la financiación a 6 meses, esperando hacerlo a un tipo menor al 3,588%, obteniendo así una plusvalía. Como es obvio, si crees que el tipo a 6 meses dentro de 3 meses va a estar por encima del implícito, podrás obtener rendimiento positivo endeudándote a 9 meses y, de forma automática, invertir a 3 meses, confiando en que dentro de este plazo podrás invertirlo a 6 meses a un tipo mayor que el implícito. Como se observa, ya hemos incorporado nuestras expectativas, que las compararemos con el tipo implícito y, si hay diferencia, optaremos por invertir y, de forma adicional, por pedir prestado. Y eso hacen todos los miembros del mercado, por lo que podemos decir que el tipo de interés implícito es un estimador de las expectativas del mercado.

Supongamos que el conjunto del mercado cree que el tipo de interés a 6 meses dentro de tres meses se situará en el 3,75% (y no en el 3,588%). Entonces, pedirán prestado a 9 meses al 3,5% e invertirán a 3 meses al 3,28%. Ante la mayor demanda de financiación a 9 meses, los que ofrecen esos fondos subirán el tipo de interés. ¿Hasta qué nivel? Hasta aquel en el que la demanda desaparece. ¿Cuál será según nuestro ejemplo?

Recuerda que:

$$(1 + i_{3m} \times 3/12) \times (1 + i_{3m,9m} \times 6/12) = (1 + i_{9m} \times 9/12)$$

Ahora la incógnita es i_{9m} dado que i_{3m} sigue siendo 3,28% y ahora sabemos que $i_{3m,9m}$ es 3,75%:

$$i_{9m} = ((1 + i_{3m} \times 3/12) \times (1 + i_{3m,9m} \times 6/12) - 1) \times 12/9$$

$$i_{9m} = ((1 + 3,28\% \times 3/12) \times (1 + 3,75\% \times 6/12) - 1) \times 12/9 = 3,614\%$$

Es decir, el tipo de interés a 9 meses pasará del 3,5% al 3,614%. ¿El motivo? El cambio de las expectativas del mercado. Ahora, el tipo de interés implícito a 6 meses dentro de 3 meses no es el 3,58% sino el 3,75%. El mercado espera más subida de tipos, y de ahí que la curva de tipos de interés (es decir, la gráfica que une todos los tipos de interés a todos los plazos) tenga ahora más pendiente (diferencia entre el tipo de interés a un plazo mayor menos el tipo a un plazo menor). Cuanto más suba el tipo implícito, más subirá el tipo a 9 meses y, con ello, la pendiente.

¿Y qué pasa si el conjunto del mercado considera ahora que los tipos van a bajar? Es decir, que el tipo a 6 meses dentro de 3 meses va a ser el 3,0%? Ese cambio lo veremos reflejado en el tipo a 9 meses, que cederá hasta el 3,11%. Así es: ahora la curva tiene pendiente negativa, como consecuencia de las expectativas del mercado para una rebaja de tipos de interés en el futuro.

$$i_{9m} = ((1 + i_{3m} \times 3/12) \times (1 + i_{3m,9m} \times 6/12) - 1) \times 12/9$$

$$i_{9m} = ((1 + 3,28\% \times 3/12) \times (1 + 3,00\% \times 6/12) - 1) \times 12/9 = 3,110\%$$

En definitiva, observamos que detrás de todo tipo de interés hay una expectativa del mercado y que los cambios de éstas son los que, precisamente, provocan los movimientos de las curvas de tipos de interés. Cuanto mayor sea la expectativa de subida, mayor será la pendiente positiva de la curva. Cuanto mayor sea la expectativa de recorte, mayor será la pendiente negativa. Cuestión distinta es si el mercado acierta con sus expectativas, es decir, si el $i_{3m,9m}$ que hoy cotiza será el tipo de interés a 6 meses que se dará dentro de 3 meses. Y la respuesta es que no, que el mercado también falla. Que el tipo de interés implícito sea un estimador de las expectativas del mercado no implica que sea un estimador del tipo de interés que se dará en el futuro.

Recuadro 1.
La inflación y la pérdida del poder adquisitivo

Uno de los factores que provocan que el dinero tenga un valor temporal negativo es la inflación. ¿Qué es la inflación? El aumento del precio de los bienes y servicios que se consumen. ¿Cómo se mide? A través de un índice de precios (o IPC) que se elabora a partir de una cesta de consumo que está en línea con el promedio. La inflación es la variación de ese IPC, normalmente en tasa interanual. ¿Por qué impacta negativamente sobre la capacidad de consumo? Veámoslo con un ejemplo. Supongamos que con nuestro capital (100 um) hoy podemos comprar un determinado bien o servicio, pero optamos por renunciar a hacerlo para prestar ese capital. Al cabo de un año se produce un encarecimiento de ese producto y su precio se eleva hasta 130 um (es decir, ha habido una inflación del 30%). Ya no podemos adquirir el bien con las 100 um que nuestro prestatario nos devolverá dentro de 1 año. Comprobamos aquí el efecto negativo de la inflación, que debe ser compensado con el tipo de interés. Supongo que éste ha sido del 15%, por lo que el capital final que nos devolverán será de 115 um.

Determinación del capital final a partir del capital inicial, de un tipo de interés y del plazo

Capital final = capital inicial x (1 + tipo de interés x plazo)

$$115 = 100 \times (1 + 0{,}15 \times 1)$$

Como el tipo de interés (nominal) ha sido inferior a la tasa de inflación, entonces tendremos una rentabilidad (real) negativa.

Así pues, la inflación reduce la capacidad de compra futura. Para recuperarla, necesitamos que el ahorro genere una rentabilidad superior a la inflación. De forma más técnica, para que la rentabilidad real sea positiva, es necesario que el tipo de interés nominal sea superior a la inflación. Supongamos (caso II) que ante una inflación del 2% conseguimos una rentabilidad nominal del 5%. Entonces, habremos conseguido aumentar nuestra capacidad adquisitiva, ya que los intereses generados superan el aumento del «coste de la vida».

Figura 2. El efecto de la inflación en la capacidad de adquisitiva. Caso I.

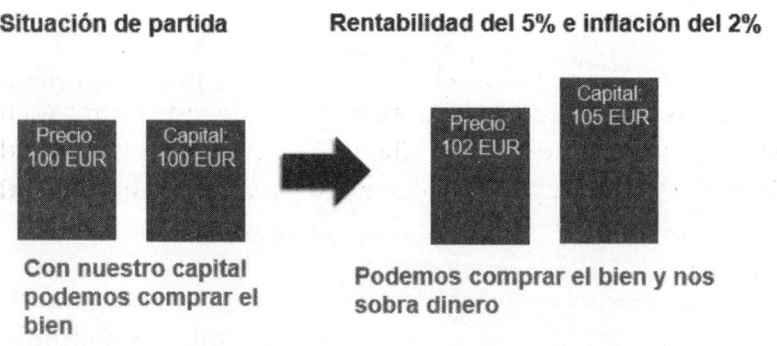

Figura 3. El efecto de la inflación en la capacidad de adquisitiva. Caso II.

Recuadro 2.
Los riesgos en las inversiones

Cuando un inversor toma una determinada posición en los mercados financieros (compra una acción, un bono, un fondo de inversión o un producto estructurado) asume diversos riesgos, entre los que se pueden destacar:

- Riesgo de **liquidez**: la incapacidad para deshacer la posición cuando se desea por no encontrar contrapartida (el inversor desea vender una acción o un bono, pero no hay un comprador) También es un riesgo de liquidez la posibilidad de no poder comprar un título (o tener que pagar una prima).
- Riesgo de **crédito**: se refiere a la posibilidad de perder toda (o una parte) de la inversión, lo que sucede cuando quiebra el emisor del bono o del producto estructurado en el que se ha invertido, o la empresa de la que se han comprado acciones.
- Riesgo de **mercado**: está vinculado a la variabilidad del precio de mercado del activo, es decir, a las típicas fluctuaciones de la curva de tipos de interés, de las cotizaciones de las acciones, del tipo de cambio, del precio de las materias primas, etc.

A estos riesgos se le puede añadir otro del que estamos en este capítulo: el riesgo de inflación, es decir, la posibilidad de que ésta sea superior a la rentabilidad nominal, de tal forma que la rentabilidad real sea negativa.

Recuadro 3.
Bases de cálculo y métodos de cómputo
. . . .

A la hora de realizar los cálculos contemplados en este capítulo, los tipos de interés y el plazo deben expresarse en la misma unidad temporal, siendo lo más habitual anual. Por ello, se debe determinar la manera de transformar los días o meses en forma de «fracciones de año». Esta manera de transformar tiene dos partes. Por un lado, el número de días que tiene un año (que se denomina base) y, por el otro, el número de días que hay entre la fecha de hoy y la del momento futuro que queremos calcular (que se denomina método de cómputo). Las bases y métodos de cómputo más usuales son las siguientes:

Bases más usuales:

- 365.
- 360.
- ACT (Actual)

El nombre hace referencia al número de días que incluye el año (365, 360 o los días reales, respectivamente).

Métodos de cómputo más usuales:

- ACT (Actual)
- 30

Mientras el criterio «Actual» mide el número de días real que hay las dos fechas de referencia en el caso de «30» existe una fórmula específica cuya expresión es:

$$\Delta_{30} = \left[360 \cdot (a_2 - a_1) + 30 \cdot (m_2 - m_1) + (d_2 - d_1)\right]$$

Donde los subíndices 1 y 2 representa el dato inicial y final respectivamente, «a» son los años, «m» los meses y «d» los días.

Por ejemplo, con este método «30» los días transcurridos entre el 12/09/2024 y el 20/10/2027 son: 360 x (2027 - 2024) + 30 x (10 - 9) + (20 - 12) = 1.118. En cambio, con el criterio «actual» hay 1.133 días entre ambas fechas.

Por extensión se le suele llamar «base» a la combinación de base y método de cómputo. Las más importantes son las siguientes:

- Actual/360 (ACT/360). En esta base de cálculo se considera que los años financieros son de 360 días naturales. Cada día contribuye con un sumando igual a 1 / 360. Por tanto, el número de años entre dos fechas dadas es igual a la diferencia de días naturales entre ambas dividida por 360.

- Actual/365 (ACT/365). En este caso, se considera que los años financieros tienen 365 días naturales. Por lo tanto, cada día contribuye con un sumando igual a 1 / 365. La consecuencia inmediata es que el número de años entre dos fechas dadas es igual a la diferencia de días naturales entre ambas dividida por 365.

- 30/360. Esta convención considera que los años financieros están compuestos por 12 meses de 30 días cada uno (independientemente de los días reales que tenga cada mes).

- 365/365. Su particularidad es que considera que los años financieros son de 365 días pero eliminando el 29 de febrero cuando el año sea bisiesto. Cada día contribuye con un sumando igual a 1 / 365, salvo el 29 de febrero que no contribuye en ningún caso.

- Actual/Actual (ACT/ACT). En esta convención de cálculo si el año al que pertenece cada día es no bisiesto entonces contribuye como 1 / 365. Si se diera la circunstancia de que sí pertenece a un año bisiesto contribuye como 1 / 366.

Teniendo en cuenta las definiciones antes mencionadas, las fórmulas que nos ofrecen las expresiones de estas bases son las siguientes:

$$\text{Actual}/360 = \frac{D_2 - D_1}{360}$$

$$\text{Actual}/365 = \frac{D_2 - D_1}{365}$$

$$30/360 = \frac{\Delta_{30}(D_2, D_1)}{360}$$

$$\text{Actual/Actual} = \frac{D_2 - D_1}{D_i - D_{i-1}}$$

Donde:

D_1: Fecha inicial.

D_2: Fecha final.

D_i: Fecha de referencia del hecho financiero (pago de cupón, intereses, etc.) del año de la fecha de valoración (i).

Δ_{30}: Diferencia de días entre dos fechas asumiendo 30 días al mes (es decir a través del método de cómputo «30»)

Base	15/02/2024	15/02/2025	15/02/2025	15/02/2026
	Días	Años	Días	Años
ACT/ACT	366	1,0000	365	1,0000
30/360	360	1,0000	360	1,0000
ACT/360	366	1,0167	365	1,0139
ACT/365	366	1,0027	365	1,0000

Tabla 1. Ejemplos de cálculo del plazo.

Teniendo un tipo de interés expresado en una base, resulta bastante sencillo cambiar a otra base (los subíndices denotan el tipo de base).

$$i_{365} = i_{360} \cdot \frac{365}{360}$$

$$i_{360} = i_{365} \cdot \frac{360}{365}$$

$$i_{\frac{30}{360}} = i_{365} \cdot \frac{(D_2 - D_1)}{\Delta_{30}(D_2, D_1)} \cdot \frac{360}{365}$$

Recuadro 4.
Factores de descuento superiores a 1

En teoría, el factor de descuento no puede ser superior a 1, ya que eso significaría que prefiero que me entregues la cantidad de dinero dentro de un período de tiempo a que lo hagas hoy. Pero ¿qué sucede si tener hoy el dinero no me interesa porque me cuesta «guardarlo», no tengo intención de gastarlo y no me genera rendimiento? Entonces, el factor de descuento será superior a 1. Dicho de forma más técnica, el tipo de interés es negativo. ¿Es posible? Sí, como nos demostraron los mercados financieros ya que entre 2015 y 2022 los tipos de interés de varias monedas fueron, a varios plazos, negativos.

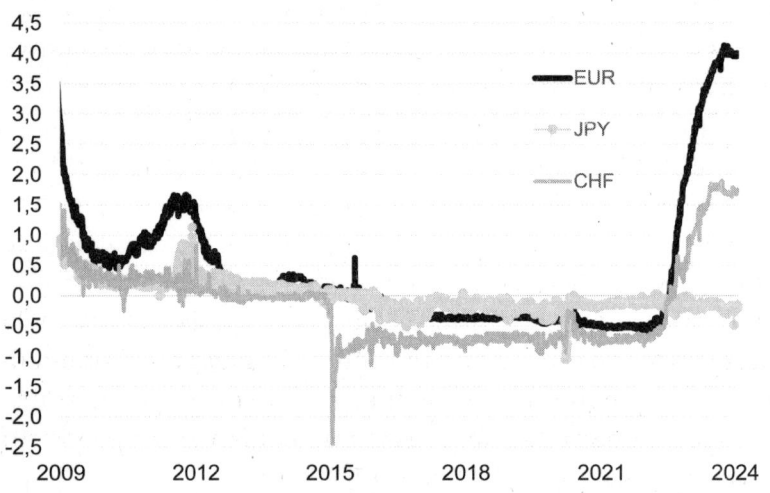

Gráfico 7. Evolución del tipo de interés a 3 meses del euro, del franco suizo y del yen japonés

Fuente: Bloomberg y elaboración propia

Recuadro 5.
Forward Rate Agreement (FRA) y futuros sobre tipos de interés a corto plazo

Un *forward* rate agreement (FRAs) es un derivado OTC (*over the counter*, es decir, sin cámara de compensación) que consiste en una operación mediante la que el comprador y el vendedor acuerdan la liquidación en una fecha futura del diferencial entre un tipo de interés pactado y el tipo de interés de la liquidación, aplicado a un importe teórico durante un importe específico (el nominal). Llegada la fecha de fijación del tipo de interés, si el tipo de interés de la liquidación es mayor que el pactado, el vendedor del FRA abona al comprador (a la empresa) el efectivo resultante de aplicar el diferencial entre ambos tipos de interés al importe acordado durante el período, correctamente actualizado. Así pues, el activo subyacente de este instrumento derivado es un tipo de interés implícito, esto es, una expectativa del mercado para la evolución de un tipo de interés.

Los futuros sobre tipos de interés a corto plazo son un contrato estandarizado que tiene como subyacente el interés devengado por un depósito interbancario teóricamente constituido el día del vencimiento del futuro. En definitiva, la filosofía de este contrato es muy similar a la del FRA y la diferencias entre ellos vienen determinadas, fundamentalmente, en que mientras el futuro es un contrato estandarizado (con cámara de compensación), el FRA es un producto OTC, es decir, sin un mercado regulado.

Recuadro 6.
Capitalización continua

En la ecuación 13 se expresa que, para el cálculo del capital final en capitalización continua, se debe utilizar el número e. La intención de este recuadro es explicar el motivo. Y el primer paso que tenemos que dar es recordar que el número e es el límite de una progresión geométrica, en concreto:

$$e = \lim_{n \to \infty} \left(1 + \frac{1}{n}\right)^n = 2{,}7182$$

Así, a partir de la expresión de la capitalización compuesta (ecuación 10) vamos a intentar hallar su límite.

Para ello, podemos transformar la expresión de capitalización compuesta (de un tipo de interés r a un plazo n) de manera muy similar a la expresión origen del número e:

$$\left(1 + \frac{r}{n}\right)^n \Rightarrow \left(1 + \frac{1}{n/r}\right)^n \Rightarrow \left[\left(1 + \frac{1}{n/r}\right)^{n/r}\right]^r$$

$$\lim_{n/r \to \infty} \left(1 + \frac{1}{n/r}\right)^{n/r} = e = 2{,}7182$$

Entonces:

$$\lim_{n/r \to \infty} \left[\left(1 + \frac{1}{n/r}\right)^{n/r}\right]^r = e^r$$

Aplicando así a la expresión original de la capitalización compuesta:

$$C_n = C_o \times \left(1 + \frac{r}{n}\right)^{n \, x \, t} = C_o \times e^{n \, x \, t}$$

56

Recuadro 7.
La curva de tipos de interés y su pendiente

A lo largo del capítulo hemos hablado de tipos de interés y hemos expuesto que, por las expectativas, así como otros motivos, para un mismo prestatario, los tipos de interés son diferente para cada plazo. Así, no es lo mismo el tipo al que se presta a una semana a un Tesoro de alta calificación crediticia (por ejemplo, al 2,0%) que a un plazo de 10 años. De hecho, a mayor plazo, mayor es el tipo de interés, por lo que las curvas suelen dibujar una pendiente negativa. Como ya hemos comentado en el apartado de los tipos implícitos, la pendiente no es más que la diferencia entre dos tipos de interés a dos plazos diferentes. Lo normal es calcular la pendiente entre el tipo a 30 años y a 3 meses, entre 10 años y 2 años, entre 12 meses y 3 meses. Esta pendiente refleja las expectativas de los agentes que operan en los mercados financieros para la evolución de los tipos de interés, lo que en última instancia es una expectativa para el comportamiento de la economía. La evolución histórica de la pendiente presenta cierta «ciclicidad», como también lo hace el PIB. Es más discutible el grado de acierto de esa pendiente, pero, como decimos, es un indicador muy seguido por los gestores de carteras. De hecho, suele generar una señal de alarma cuando la pendiente es negativa. Efectivamente, puede darse el caso de que el tipo de interés a largo plazo (por ejemplo, a 10 años) sea menor que el tipo de interés a corto plazo (por ejemplo, a 12 meses). En este caso, en el que se produce «pendiente negativa», podemos decir que el mercado descuenta rebajas futuras de los tipos de interés, una situación que es compatible con recortes de los tipos de intervención de los bancos centrales, lo que a su vez suele producirse cuando el ciclo económico es débil o está en recesión.

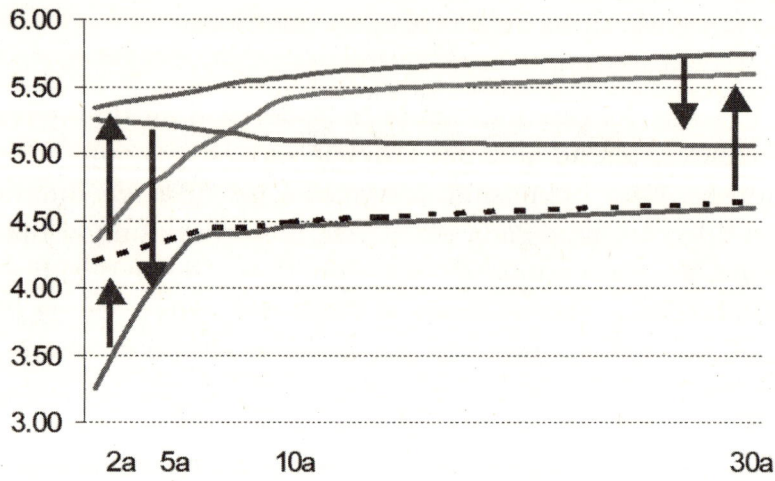

Gráfico 8. La curva de tipos de interés y los movimientos de la pendiente

En definitiva, la pendiente positiva significa que el mercado está descontando alzas de los tipos de interés en el futuro, lo que es una situación compatible con endurecimiento de la política monetaria propia de una fase expansiva de la economía. Cuanto más positiva sea la diferencia entre los tipos de interés (mayor pendiente a mayor plazo) más alzas de tipos de los bancos centrales se anticipan. En sentido contrario, si la pendiente es negativa implica que los agentes descuentan rebajas de tipos de interés de los bancos centrales en el futuro, lo que implica que están esperando una situación de debilidad económica o de recesión. Cuanto mayor sea la pendiente negativa, más recortes esperados, es decir, más profunda la desaceleración económica o la recesión.

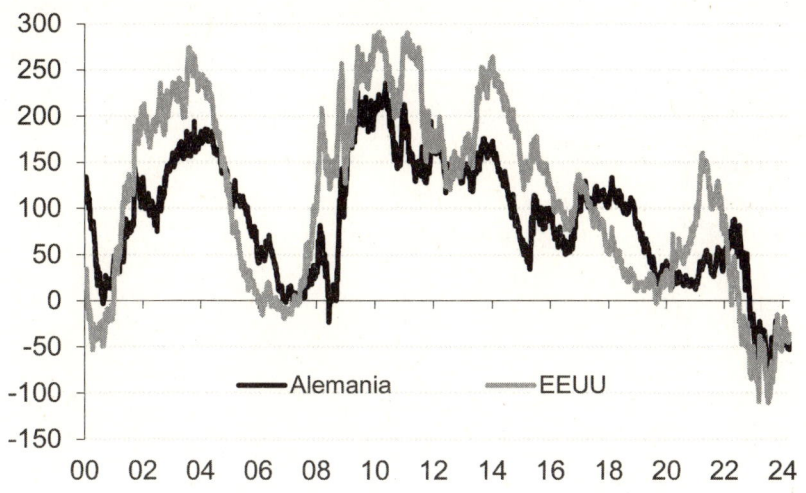

Gráfico 9. Evolución de la pendiente de la curva de tipos
de interés (10 años – 2 años) en EE. UU. y Alemania

Fuente: Bloomberg y elaboración propia

2.
VAN, TIR Y MEDIDAS DE SENSIBILIDAD

Introducción

Supongamos que te ofrecen en un proyecto de inversión en el que tiene que pagar todos los trimestres durante los dos próximos años 100 unidades monetarias. A partir de ahí, durante 2 años consecutivos cobrarás, al final de cada año, 500 u.m., para tener que desembolsar otras 200 um. dentro de 5 años y cobrar 250 u.m. al final del sexto año. ¿Te interesaría llevar a cabo esta inversión? Y en caso de que así fuera, ¿qué rentabilidad obtendrías? Este es un planteamiento básico en la gestión de inversiones para el que hay que recurrir a dos conceptos centrales: valor actual neto (VAN) y tasa interna de rentabilidad (TIR). La intención de este capítulo es avanzar en aspectos claves de la valoración, así como sus variaciones ante modificaciones en los parámetros que se utilizan para ello. De esta forma, se abordarán las denominadas medidas de sensibilidad.

2.1. Valor actual neto (VAN)

El valor actual neto (VAN) es el resultado de sumar todos los flujos de caja actualizados (tanto positivos como negativos) que genera un proyecto de inversión o un activo financiero. Para realizar el cálculo es necesario, por lo tanto, tener información sobre los flujos de caja (insistimos, los positivos y los negativos) así como la tasa de descuento a aplicar. Como comentamos en el capítulo anterior, esta tasa de descuento refleja aspectos como costes de oportunidad, inflación esperada, exigencia de rentabilidad, primas por riesgo, etc. de tal forma que cada analista en cada momento del tiempo contará con su propia tasa de descuento (de hecho, como luego veremos, son los cambios en la tasa de descuento los que provocan variaciones en el valor actual, esto es, el precio, de los activos financieros).

Ecuación 1. Valor actual neto

$$VAN = \sum_{i=1}^{n} \frac{Flujo_i}{(1 + Tasa\ de\ descuento)^{Plazo_i}}$$

Ejemplo. Vamos a calcular el VAN del proyecto expuesto en la introducción. Para ello, además de los datos que se aportan, cada analista o inversor tendrá que utilizar una tasa de descuento, que estará en función de, entre otras variables, su coste de financiación y del riesgo que asigna al proyecto. A efectos ilustrativos, supongamos que hay tres analistas valorando el proyecto y que utilizan como tasa de descuento un 4%, un 6% y un 15%, respectivamente.

	Pagos	Cobros	Tiempo	Factor de descuento Tasa de descuento 4%	6%	15%	Valor actual Tasa de descuento 4%	6%	15%
HOY	-100		-	1,000	1,000	1,000 -	100,00 -	100,00 -	100,00
Trimestre 1	-100		0,25	0,990	0,986	0,966 -	99,02 -	98,55 -	96,57
Trimestre 2	-100		0,50	0,981	0,971	0,933 -	98,06 -	97,13 -	93,25
Trimestre 3	-100		0,75	0,971	0,957	0,900 -	97,10 -	95,72 -	90,05
Trimestre 4	-100		1,00	0,962	0,943	0,870 -	96,15 -	94,34 -	86,96
Trimestre 5	-100		1,25	0,952	0,930	0,840 -	95,22 -	92,98 -	83,97
Trimestre 6	-100		1,50	0,943	0,916	0,811 -	94,29 -	91,63 -	81,09
Trimestre 7	-100		1,75	0,934	0,903	0,783 -	93,37 -	90,31 -	78,30
Trimestre 8	-100		2,00	0,925	0,890	0,756 -	92,46 -	89,00 -	75,61
Año 3		500	3,00	0,889	0,840	0,658	444,50	419,81	328,76
Año 4		500	4,00	0,855	0,792	0,572	427,40	396,05	285,88
Año 5	-200		5,00	0,822	0,747	0,497 -	164,39 -	149,45 -	99,44
Año 6		250	6,00	0,790	0,705	0,432	197,58	176,24	108,08
						VAN	39,43 -	7,01 -	162,52

Tabla 1. Proyecto de inversión.

En la tabla 1 se ha incorporado toda la información relevante, así como los cálculos. Es necesario tener las fechas de los pagos y cobros (columna 1) para poder calcular el plazo entre el momento de la valoración hoy y cada una de ellas (es decir, el «Tiempo», que aparece en la columna 4). Este plazo lo vamos a medir, como es la práctica habitual, en fracción de año. Hemos expresado los pagos con signo negativo (no es necesario hacerlo así, pero si pones un signo positivo acuérdate luego de restar los importes) y los cobros en positivo. Como ya sabemos, el factor de descuento (columnas 5, 6 y 7) depende no solo del plazo sino también de la tasa de descuento utilizada (por cierto, en todos los casos, por simplificar, hemos usado la fórmula del factor de descuento con capitalización compuesta). Ahora ya podemos calcular el valor actual de cada cobro y pago (multiplicando cada flujo por el factor de descuento respectivo) para, finalmente, sumarlos todos (insistimos, una vez actualizados). El resultado (39,43, -7,01 y -162,52, respectivamente) es el valor actual neto (VAN) del proyecto de inversión. Como ya hemos comentado, para cada analista será diferente, porque cada uno ha utilizado una tasa de descuento.

Una vez realizado el cálculo, viene la interpretación, que es sencilla: aquel que obtenga un VAN positivo podrá invertir y quien obtenga un VAN negativo tendrá que rechazarlo. El motivo es que el proyecto supera (cuando el VAN positivo) o no alcanza (cuando el VAN es negativo) la rentabilidad mínima exigida, que está expresada mediante la tasa de descuento. Se comprueba que no es baladí la elección de una tasa de descuento. Es la clave a la hora de valorar un proyecto de inversión dado. El analista no debe (o no suele) modificar los flujos de caja que le dan o que ha calculado, pero sí ajusta la tasa de descuento en función de la probabilidad que asigne a que los flujos de caja reales se ajusten a los estimados. Así, a partir de un tipo de interés libre de riesgo o un coste de financiación se aumentará la tasa de descuento a medida que se tengan más dudas sobre la credibilidad de los flujos de caja. En el ejemplo que hemos puesto, suponiendo que el tipo libre de riesgo es el mismo para los tres, parece claro que el tercer analista exige una mayor rentabilidad, seguramente porque se fíe menos de los flujos de caja utilizados para el cálculo. De hecho, el analista 2 y el 3 rechazarán el proyecto, lo que demuestra que genera menos rentabilidad que la que exigen (6% y 15%, respectivamente). Sin embargo, el primer analista irá adelante con la inversión (al menos, si utiliza el criterio del valor actual neto). Parece, por tanto, que el proyecto genera una rentabilidad de, al menos, el 4%, y menos que el 6% (y, obviamente, inferior al 15%). Pero ¿qué rentabilidad se consigue si finalmente se producen los cobros y los pagos señalados, así como en las fechas establecidas? Lo vemos en el siguiente apartado.

Antes de entrar ello, recuerda: el VAN se calcula aplicando una tasa de descuento (una distinta por cada analista y en cada momento del tiempo) a todos los flujos de caja (normalmente la misma para todos ellos). El VAN se expresa, por lo tanto, en unidades monetarias y su interpretación es sencilla: cuando es positiva, implica que el proyecto genera una rentabilidad superior a la tasa de descuento por lo que, en principio, sería recomendable hacer la inversión. Un VAN negativo debería llevar a rechazar la inversión dedo que no genera la rentabilidad mínima exigida (expresada mediante la tasa de descuento).

2.2. Tasa interna de rentabilidad (TIR)

La tasa interna de rentabilidad (TIR) se define como la tasa de descuento que, usada para actualizar todos los flujos financieros de un activo o inversión (positivos y negativos) produce un valor actual neto (VAN) igual a cero. Es decir, a diferencia de lo que veíamos en el apartado anterior, en el que cada analista o inversor utilizaba su propia tasa de descuento, ahora, al hacer el cálculo, todos obtienen la misma TIR. Porque la TIR se calcula; no es un parámetro que cada analista deba introducir a su elección.

La TIR es el indicador de la rentabilidad de la inversión (para cada instrumento financiero o inversión es única). Recuerda: si para una tasa de descuento dada el VAN era positivo, eso significaba que la rentabilidad de la inversión era superior a esa tasa. Y si el VAN era negativo, entonces es que el proyecto de inversión no alcanzaba a generar una rentabilidad igual a la de la tasa de descuento. ¿Cómo se interpreta que el VAN sea 0? Que ese proyecto ofrece la rentabilidad de la tasa de descuento utilizada.

Es importante recordar que en el cálculo de la TIR se supone que los tipos de interés a los que descontamos cada flujo son constantes e iguales. No permite descontar cada flujo a un tipo distinto. La ecuación 2 recoge la fórmula para el cálculo. Se puede comprobar que es un proceso de prueba y error. Es decir, se va iterando con distintas tasas de descuento hasta que se llega a un resultado (un VAN) igual a 0.

Ecuación 2. TIR

$$\sum_{i=1}^{n} \frac{Flujo_i}{(1 + TIR)^{Plazo_i}} = 0 = VAN$$

Si seguimos con el ejemplo del apartado anterior, podemos comprobar que la TIR es el 5,68%. No, no pretendas

65

resolverlo con una calculadora, ya que es un proceso iterativo. Tienes que ir probando con diferentes tasas de descuento hasta que te acerques lo suficiente a 0. Recuerda que matemáticamente es la tasa de descuento para la cual el VAN es igual a 0. Y financieramente es la rentabilidad que se consigue con la inversión en caso de que se cumplan las fechas y los importes.

	Pagos	Cobros	Tiempo	Factor de descuento TIR	Valor actual 5,68%
HOY	-100		-	1,000 -	100,00
Trimestre 1	-100		0,25	0,986 -	98,63
Trimestre 2	-100		0,50	0,973 -	97,27
Trimestre 3	-100		0,75	0,959 -	95,94
Trimestre 4	-100		1,00	0,946 -	94,62
Trimestre 5	-100		1,25	0,933 -	93,32
Trimestre 6	-100		1,50	0,920 -	92,04
Trimestre 7	-100		1,75	0,908 -	90,78
Trimestre 8	-100		2,00	0,895 -	89,53
Año 3		500	3,00	0,847	423,60
Año 4		500	4,00	0,802	400,82
Año 5	-200		5,00	0,759 -	151,71
Año 6		250	6,00	0,718	179,43
					0,00

Tabla 2. Cálculo de la TIR

En conclusión, tenemos dos criterios de decisión equivalentes para la inversión:

1. **El criterio del valor actual neto (VAN).** Aceptar las inversiones que tienen un valor actual neto positivo y rechazar las que tienen uno negativo.

2. **El criterio de la tasa de rentabilidad (de la TIR).** Aceptar las inversiones que ofrecen tasas de rentabilidad que superan la exigencia de cada uno.

Solo un último comentario para insistir en esta idea fuerte: cuando un proyecto de inversión tiene un VAN igual a cero no significa que sea indiferente invertir en él. Significa que genera una rentabilidad (TIR) igual a la tasa de descuento. Si esa rentabilidad está en línea con tus expectativas, invertirás en ese proyecto.

2.3. El caso de un bono

Como ya hemos dicho, la TIR se define como la tasa de descuento que, usada para actualizar todos los flujos financieros de un activo o inversión (los positivos y los negativos), da como resultado un valor actual neto (VAN) igual a cero. Además, la TIR se puede interpretar como la rentabilidad que genera esa inversión si se producen con exactitud en tiempo y cantidad los cobros y los pagos. Veamos ahora el caso de un bono, esto es, un activo de renta fija que paga cupones (normalmente fijos) hasta el vencimiento (momento en el que se devuelve el principal) y con una determinada frecuencia (lo habitual es que sea anual). Para cobrar toda esta estructura de flujos de caja en el futuro se tiene que pagar en el momento actual una determinada cantidad denominada «precio». Es decir, tenemos un flujo negativo

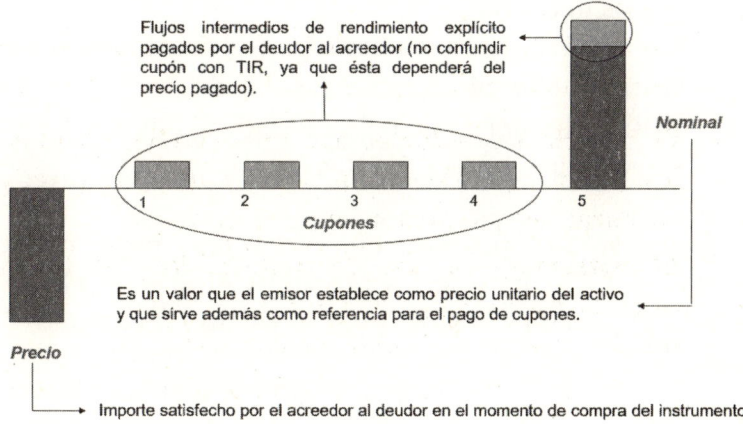

Figura 1. Bono

67

y n+1 flujos positivos (suponemos que el bono tiene n cupones y se debe recordar que cobraremos a vencimiento el nominal). Sí, efectivamente, un bono convencional es como un préstamo en el que no se amortiza capital en cada pago, sino que todo se amortiza al vencimiento.

En línea con lo visto en las líneas anteriores, si calculamos la tasa de descuento que hace que el VAN sea 0, es decir, que iguale el valor actual de los cobros al valor actual de los pagos (el precio) obtendremos una medición de la rentabilidad que conseguiremos si invertimos en el bono hasta su vencimiento (luego veremos que es necesario algún supuesto adicional). Esa tasa de descuento es la TIR. La fórmula para su cálculo es la expresa en la ecuación 2, en donde, en el numerador aparecen tanto los cobros como los pagos. Si extraemos el pago, es decir, el precio, obtenemos la ecuación 3.

Ecuación 3. Precio de un bono

$$P = \sum_{i=1}^{n} \frac{Flujo_i}{(1 + TIR)^{Plazo_i}}$$

Donde:

P: precio del bono.

$Flujo_i$: cada uno de los flujos que paga el bono, es decir, tanto los cupones como el principal.

TIR: Tasa interna de rentabilidad.

$Plazo_i$: plazo hasta cada flujo (en años).

Ejemplo. Supongamos un bono que paga cupones anuales del 5% durante los próximos 4 años. Si el precio es 101,721, ¿cuál es la TIR? Para el cálculo recurrimos a la ecuación 2:

$$\frac{-101,721}{(1 + TIR)^{Plazo_0}} + \frac{5}{(1 + TIR)^{Plazo_1}} + \frac{5}{(1 + TIR)^{Plazo_2}} + \frac{5}{(1 + TIR)^{Plazo_3}} + \frac{5}{(1 + TIR)^{Plazo_4}} +$$
$$+ \frac{100}{(1 + TIR)^{Plazo_4}} = 0$$

«Despejando» la variable TIR, encontramos que es 4,52%. Como ya hemos comentado, en la práctica no se puede despejar la TIR, por lo que hay que calcularla mediante «prueba y error». Para ello, asignamos diferentes valores a la TIR (3%, 4%, 5%, 4,10%, 4,60%, 4,50%...) hasta conseguir que el valor elegido (4,52%) verifique la ecuación. La utilización de una hoja de cálculo simplifica mucho la resolución. En la tabla 3 se recogen los cálculos.

	TIR		4,52%	
Plazo	Flujo	Fd	VA	
-	-	101,721	1,00 -	101,721
1	5,00	0,96	4,784	
2	5,00	0,92	4,577	
3	5,00	0,88	4,379	
4	105,00	0,84	87,982	
	VAN		0,00	

Tabla 3. Cálculo de la TIR

2.4. Supuestos de la TIR

Como hemos comentado en las líneas anteriores, la TIR tiene una interpretación: es la rentabilidad que se obtiene haciendo la inversión. Así, recurriendo al ejemplo anterior, si compramos el bono pagando 101,721, obtendremos una rentabilidad del 4,52% anual. Pero también hemos insistido en que eso es así si y solo si mantenemos el bono hasta el vencimiento y, además, obtenemos los flujos de caja previstos. Vamos a comprobarlo. Si disponemos de un capital inicial de 101,721 y lo invertimos a 4 años al 4,52%, obtendremos un capital final de 121,397 (hemos utilizado la ecuación 11 del capítulo anterior). ¿De dónde obtenemos ese capital final? De

69

los cobros de cupones y del principal. Así, dentro de 4 años habremos obtenido 120, derivado de los 4 cupones (en total 20) más los 100 del principal. Pero, entonces, tenemos un problema ya que 120 es $(5 + 5 + 5 + 5 +100)$ es menos que 121,397.

Lo que sucede es que en la TIR incorpora supuestos. En concreto, que cuando se cobran los cupones, se reinvierten (primer supuesto), se reinvierten hasta el vencimiento (segundo supuesto) y, además, se reinvierten a la TIR (tercer supuesto). Efectivamente, esta es una de las implicaciones de utilizar la fórmula de capitalización compuesta (el plazo va en el exponente): se supone la reinversión al mismo tipo de interés.

	TIR		4,52%		Reinversión
Plazo	Flujo	Fd	VA		Flujo final
-	- 101,721	1,00	- 101,72		
1	5,00	0,96	4,78		5,709
2	5,00	0,92	4,58		5,462
3	5,00	0,88	4,38		5,226
4	105,00	0,84	87,98		105,000
			Flujo final		**121,397**

Tabla 4. Reinversión de cupones a la TIR

Esto es lo que se recoge en la tabla 4. Observa la última columna, en la que se supone que cuando se cobra cada cupón se reinvierte hasta el vencimiento (es decir, a 3, 2 y 1 año, el primer, segundo y tercer cupón, respectivamente) y a la TIR (4,52%). Entonces sí, podemos comprobar que el importe total de los flujos cobrados es de 121,397, es decir, la cantidad que habíamos calculado.

¿Qué sucede si no reinvertimos? Que el capital final es de 120 y, entonces, la rentabilidad que obtenemos es del 4,22%. Para su cálculo, recurrimos a la ecuación del capital final, pero ahora la variable a despejar es la rentabilidad (ver ecuación 4).

Ecuación 4. Rentabilidad

$$r = \left(\frac{C_n}{C_0}\right)^{\frac{1}{Plazo}} - 1$$

Se comprueba que se obtiene una menor rentabilidad, precisamente por no reinvertir. Pero ¿qué sucede si se reinvierte al 6%? La respuesta está en la tabla 5. Se tendrá un capital final de 121,873 que, aplicando la fórmula 1, implica una rentabilidad del 4,62%.

Plazo	TIR Flujo	Fd	6,00% VA	Reinversión Flujo final
- -	101,721	1,00 -	101,72	
1	5,00	0,94	4,72	5,955
2	5,00	0,89	4,45	5,618
3	5,00	0,84	4,20	5,300
4	105,00	0,79	83,17	105,000
			Flujo final	**121,873**

Tabla 5. Reinversión de cupones a un mayor tipo de interés

En definitiva, el tipo de interés al que se reinviertan los cupones marcará la rentabilidad que se va a obtener en la inversión del bono. Pero, atención, porque esa rentabilidad se desconoce hasta que no se realice la reinversión de los cupones. Acabamos de explicar el denominado riesgo de reinversión de cupones y unas de las sorpresas que se lleva un inversor en renta fija en las primeras aproximaciones a este activo: aunque se invierta hasta el vencimiento y se tenga certeza absoluta sobre los flujos de caja, ex ante no se puede saber la rentabilidad que se va a obtener. Solo será posible saberlo cuando se haya reinvertido el último cupón. La renta fija presenta riesgo de reinversión de cupones porque no sabemos el tipo al que vamos a poder reinvertir los cupones.

Veámoslo con un ejemplo adicional. El bono de la tabla 6 paga cupones del 4%. Restan 6 meses para el cobro del siguiente y el vencimiento se producirá dentro de 3 años y medio (42 meses). Supongamos que su precio es de 98,836 por lo que su TIR es del 5,0%. O, de forma alternativa, los inversores exigen una rentabilidad del 5% por esta estructura de flujos de caja por lo que estarán dispuestos a pagar 98,836. Con este precio el VAN es 0 por lo que la tasa de descuento utilizada (5,0%) se puede interpretar como la TIR. En este caso hemos supuesto que la TIR sea superior al cupón (5% vs 4%) lo que se refleja en un precio del bono por debajo de la par (98,836 vs 100).

TIR			5,0%		
Momento del tiempo	Plazo	Cupón/Flujo de caja	Factor de descuento	Valor actual
Hoy	0,0			
Dentro de 6 meses	0,5	4,0	0,976	3,904
Dentro de 18 meses	1,5	4,0	0,929	3,718
Dentro de 30 meses	2,5	4,0	0,885	3,541
Dentro de 42 meses	3,5	104,0	0,843	87,674
				98,836

Tabla 6. Bono con una TIR superior al cupón

¿Qué capital final deberá obtener un inversor? Siguiendo la ecuación 11 del capítulo anterior, 117,2405 (98,836 x $(1+5,0\%)^{3,5}$). Esta cifra se podrá obtener si reinvertimos los cupones hasta el vencimiento y a la par (ver penúltima línea de la tabla 7).

| TIR | | 5,0% | |
| Tipo de reinversión | | 5,0% | |
Momento del tiempo	Plazo	Cupón/Flujo de caja	Flujo final
Hoy	0,0		
Dentro de 6 meses	0,5	4,0	4,631
Dentro de 18 meses	1,5	4,0	4,410
Dentro de 30 meses	2,5	4,0	4,200
Dentro de 42 meses	3,5	104,0	104,000
		Capital final	117,2405
		Rentabilidad	5,00%

Tabla 7. Reinversión a la TIR

Pero ¿qué sucede si se reinvierte a un tipo más bajo, por ejemplo, el 4%? En ese caso, el flujo de caja final será menor: 116,9859. Y, siguiendo la ecuación 4, la rentabilidad obtenida será del 4,93% (tabla 8).

| TIR | | 5,0% | |
| Tipo de reinversión | | 4,0% | |
Momento del tiempo	Plazo	Cupón/Flujo de caja	Flujo final
Hoy	0,0		
Dentro de 6 meses	0,5	4,0	4,499
Dentro de 18 meses	1,5	4,0	4,326
Dentro de 30 meses	2,5	4,0	4,160
Dentro de 42 meses	3,5	104,0	104,000
		Capital final	116,9859
		Rentabilidad	4,93%

Tabla 8. Reinversión por debajo de la TIR

Si ahora suponemos una reinversión al 6,0%, entonces la rentabilidad que conseguiremos será del 5,07% (el capital final es de 117,4985; ver tabla 9).

TIR		5,0%	
Tipo de reinversión		**6,0%**	
Momento del tiempo	Plazo	Cupón/Flujo de caja	Flujo final
Hoy	0,0		
Dentro de 6 meses	0,5	4,0	4,764
Dentro de 18 meses	1,5	4,0	4,494
Dentro de 30 meses	2,5	4,0	4,240
Dentro de 42 meses	3,5	104,0	104,000
		Capital final	117,4985
		Rentabilidad	5,07%

Tabla 9. Reinversión por encima de la TIR

Y, por último, en la tabla 10 vamos a suponer que no se reinvierten los cupones. En este caso, la rentabilidad será del 4,68% (el capital final ascenderá a 116,000, es decir, la suma de los cupones y la devolución del principal).

TIR		5,0%	
Tipo de reinversión		**0,0%**	
Momento del tiempo	Plazo	Cupón/Flujo de caja	Flujo final
Hoy	0,0		
Dentro de 6 meses	0,5	4,0	4,000
Dentro de 18 meses	1,5	4,0	4,000
Dentro de 30 meses	2,5	4,0	4,000
Dentro de 42 meses	3,5	104,0	104,000
		Capital final	116,0000
		Rentabilidad	4,68%

Tabla 10. Sin reinversión de cupones

Se ha puesto de manifiesto que, ante el riesgo de reinversión de cupones, cuando invertimos en renta fija no sabemos la rentabilidad que vamos a obtener. Se puede estimar la mínima rentabilidad, esto es, la que se conseguiría cuando no se reinvierta (en el ejemplo, el 4,68%). A partir de ahí, cuanto mayor sea el tipo al que se reinviertan los cupones, mayor será la rentabilidad que se obtenga. Aprovechamos para recordar que el importe del cupón (4,0%) no es un indicador de la rentabilidad, ya que necesitamos saber a qué precio compramos. Es la combinación del cupón y del precio los que nos marca la TIR (además de, como ya hemos visto, el tipo de reinversión de cupones).

2.5. Tipos de interés cupón cero

Un tipo de interés cupón cero es el que se obtiene con un instrumento financiero que cuenta con dos únicos flujos de caja: el precio pagado y el capital que se recibirá a vencimiento. Este tipo de instrumento se denominan cupón cero, precisamente por el hecho de que no cuentan con flujos intermedios. Parece claro que si no hay cupones intermedios no hay riesgo de reinversión y, por lo tanto, en este caso el tipo de interés (la TIR), sí permite conocer la rentabilidad que se va a obtener en la inversión.

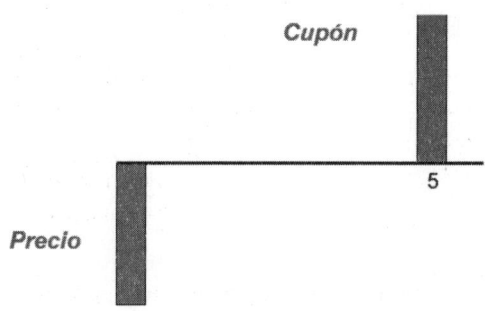

Figura 2. Instrumento cupón cero

Ejemplo. ¿Qué rentabilidad se obtiene en un instrumento cupón cero por el que se paga 60,351 si vence dentro de 15 años?

75

Recurriendo a la ecuación 4, un $3,42\%((\frac{100}{60,351})^{\frac{1}{15}}-1)$. En este caso, no existe riesgo de reinversión porque no hay cupones que reinvertir. Por eso se dice que el «verdadero» tipo de interés es el cupón cero ya que la TIR implica unos supuestos que no se puede garantizar su cumplimiento. Excede del objetivo de este libro estudiar los diferentes métodos que existen para la estimación de la curva cupón cero (econométricos o *bootstraping*). Pero sí es importante entender la utilidad de un instrumento cupón cero en la gestión de carteras, sobre todo cuando queremos saber con certeza la rentabilidad que se va a obtener a vencimiento, es decir, cuando queremos evitar el riesgo de reinversión de cupones.

Veámoslo con el ejemplo anterior. En la tabla 11 se recoge el mismo bono, pero ahora suponiendo que es cupón cero, es decir, sin cupones intermedios. El único flujo de caja es el nominal al vencimiento (100), además del precio. Suponemos que éste es 84,302 por lo que la TIR es del 5,0%.

TIR		5,0%		
Momento del tiempo	Plazo	Cupón/Flujo de caja	Factor de descuento	Valor actual
Hoy	0,0			
Dentro de 6 meses	0,5		0,976	0,000
Dentro de 18 meses	1,5		0,929	0,000
Dentro de 30 meses	2,5		0,885	0,000
Dentro de 42 meses	3,5	100,0	0,843	84,302
				84,302

Tabla 11. Bono cupón cero

Siguiendo la ecuación 4, podemos calcular que, para un capital inicial de 84,302, un plazo de 3,5 años y una rentabilidad del 5,0%, el capital final es 100, que es, precisamente, lo que obtendremos a vencimiento (tabla 12).

TIR		5,0%	

Momento del tiempo	Plazo	Cupón/Flujo de caja	Flujo final
Hoy	0,0		
Dentro de 6 meses	0,5		0,000
Dentro de 18 meses	1,5		0,000
Dentro de 30 meses	2,5		0,000
Dentro de 42 meses	3,5	100,0	100,000
		Capital final	100,0000
		Rentabilidad	5,00%

Tabla 12. Rentabilidad en un cupón cero

2.6. Medidas de sensibilidad. Duración, duración modificada y sensibilidad

Hemos estudiado que, para valorar un activo financiero, necesitamos actualizar todos los flujos de caja y que para ello utilizamos, además del tiempo, una tasa de descuento. Y también sabemos que aquella tasa que provoca que el valor actual neto sea cero (es decir, que el valor actualizado de lo que cobramos coincide con el valor actualizado de lo que pagamos) se puede interpretar como la rentabilidad, siempre que los flujos de caja positivos se reinviertan hasta el vencimiento a esa misma tasa. Pero demos un paso más. Vamos a explicar ahora qué le sucede a la valoración del activo cuando se modifica la tasa de descuento. Si recordamos la fórmula de la función de descuento, es obvio que, cuanto mayor sea la tasa, mayor es el denominador, menor es el factor de descuento y menor es el valor actual del flujo de caja.

Veámoslo con un ejemplo. Supongamos un bono con una vida residual (es decir, el tiempo que resta hasta el vencimiento) de 5 años. Con un cupón del 4%, su TIR coincide. Además, como resta justo un año hasta el pago del cupón (y

77

suponemos que paga con frecuencia anual), no tiene cupón corrido. En definitiva, la cotización y el precio coinciden y, además, «con la par», es decir, en 100.

TIR		4,00%	
Plazo	Flujo	Fd	VA
1	4	0,9615	3,846
2	4	0,9246	3,698
3	4	0,8890	3,556
4	4	0,8548	3,419
5	104	0,8219	85,480
		Precio	100,000

Tabla 13. Bono con una TIR igual al cupón.

Pero, qué sucede con el precio si ahora las exigencias de rentabilidad de los inversores se elevan hasta el 4,5%. Es decir, por el motivo que sea (riesgo de crédito, mayor tasa de inflación esperada, aumento de rentabilidad esperada en otro activo, etc.) se incrementa la tasa de descuento. En la tabla 14 se refleja el impacto sobre los factores de descuento, el valor actual y el precio: todos ellos caen. En concreto, ante una elevación de 50 pb de la tasa de descuento el precio cae en 2,195 unidades monetarias o, lo que es lo mismo, en un 2,19%.

TIR		4,50%	
Plazo	Flujo	Fd	VA
1	4	0,9569	3,828
2	4	0,9157	3,663
3	4	0,8763	3,505
4	4	0,8386	3,354
5	104	0,8025	83,455
		Precio	97,805
		Variación -	2,195
		Variación	-2,19%

Tabla 14. Impacto en el precio del bono de una subida de la TIR.

¿Y qué sucede si la TIR cede hasta el 3,50%? En este caso, los inversores estarán dispuestos a pagar 102,258 por la estructura de flujos de caja. Ahora pagarán más que antes porque se conforman con menos rentabilidad. Obsérvese cómo pagan por encima de la par ya que, dado que cobrarán cupones del 4%, pagando 102,258 y recibiendo 100 al vencimiento obtendrán una rentabilidad del 3,5%. Es importante recordar que los cupones (4%) se calculan sobre el nominal, y no sobre el precio. En el caso anterior, cuando la TIR aumentaba hasta el 4,5%, se comprueba que la rentabilidad es superior al cupón ya que, por un lado, se paga menos que el nominal (97,805, cuando a vencimiento se recibirá 100) y, por el otro, se cobrarán 4 um por cada 97,805 um pagadas (no hace falta desembolsar 100 ni se cobrará un 4% de 97,805).

TIR		3,50%	
Plazo	Flujo	Fd	VA
1	4	0,9662	3,865
2	4	0,9335	3,734
3	4	0,9019	3,608
4	4	0,8714	3,486
5	104	0,8420	87,565
		Precio	102,258
		Variación	2,258
		Variación	2,64%

Tabla 15. Impacto en el precio del bono de una bajada de la TIR.

En este caso, comprobamos que, ante la caída de 50 pb de la TIR, el precio se eleva en 2,258 unidades monetarias o un 2,64%. Pues bien, la duración de un activo financiero es una medida de la magnitud del cambio que muestra la valoración a un cambio de la tasa de descuento. No solo los bonos presentan duración, sino que todos los activos «tienen dura-

79

ción» ya que el valor actual de cada uno de los flujos de caja actualizados es sensible a cambios en la tasa de descuento.

El análisis de la duración exige muchas más líneas para profundizar en toda su dimensión, pero excede del contenido previsto de esta obra en la que nos conformamos con entender que es una medición de la sensibilidad del valor actual (del precio) de un activo ante variaciones de la tasa de descuento. En el apartado posterior daremos algún paso más en el estudio de la duración, pero, insistimos, limitado si tenemos en cuenta la importancia (aunque también complejidad) de las medidas de sensibilidad. Ahora bien, queremos dejar constancia de dos conceptos adicionales y muy relacionados con la duración: la duración modificada y la sensibilidad.

Respecto a la duración modificada, su fórmula de cálculo se recoge en la ecuación 5 y se utiliza cuando se quiere medir la variación del precio del bono en porcentaje del precio.

Ecuación 5. Duración modificada

$$\text{Duración modificada} = \frac{\text{Duración}}{1 + \text{TIR}}$$

Respecto a la sensibilidad (ecuación 6), su utilidad reside en que permite medir la variación del precio en unidades monetarias.

Ecuación 6. Sensibilidad

$$\text{Sensibilidad} = \frac{\text{Duración}}{1 + \text{TIR}} \times \frac{\text{Precio}}{100}$$

Por lo tanto, duración, duración modificada y sensibilidad miden lo mismo: variación del precio de un activo de renta fija ante variaciones del tipo de interés. Los dos parámetros más utilizados son la duración modificada y la sensibilidad. En el primer caso para medir la variación en términos porcentuales y en el segundo en unidades monetarias.

Ejemplo. Un bono con un vencimiento dentro de 4 años y 3 meses, que paga un cupón anual del 3% y que cotiza con una TIR del 5%, tiene una duración de 3,95 años, una duración modificada de 3,76 y una sensibilidad de 3,57.

Plazo	TIR Flujo	Fd	5,0% VA	VA x Plazo
0				
0,25	3,0	0,988	2,964	0,741
1,25	3,0	0,941	2,823	3,528
2,25	3,0	0,896	2,688	6,048
3,25	3,0	0,853	2,560	8,320
4,25	103,0	0,813	83,711	355,772
		Precio	94,745	
		Duración	3,952	
		Duración modificada	3,764	
		Sensibilidad	3,566	

Tabla 16. Parámetros básicos de un bono

¿Qué le pasa al precio del bono si la TIR se eleva en 25 pb? Además de que los tres parámetros de sensibilidad estudiados se reducen (insistimos en que no es intención de este libro profundizar en ello), también cae el precio. En concreto, un 0,94% o -0,886 um.

Plazo	TIR Flujo	Fd	5,25% VA	VA x Plazo
0				
0,25	3,0	0,987	2,962	0,740
1,25	3,0	0,938	2,814	3,518
2,25	3,0	0,891	2,674	6,016
3,25	3,0	0,847	2,540	8,256
4,25	103,0	0,805	82,869	352,194
		Precio	93,859	
		Duración	3,950	
		Duración modificada	3,753	
		Sensibilidad	3,522	

Tabla 17. Parámetros básicos de un bono tras subida de TIR

Ecuación 7. Variación porcentual del precio

$$\frac{P_{t+1} - P_t}{P_t} \cong -DM \times (TIR_{t+1} - TIR_t)$$

Al primer resultado llegamos mediante la ecuación 7. Observarás que no aparece el signo «igual» sino «casi igual». En el próximo apartado explicaremos porqué, anticipando ahora que tiene que ver con la convexidad.

$$\frac{93{,}859 - 94{,}745}{94{,}745} \cong -3{,}753 \times (5{,}25\% - 5{,}0\%)$$

Al segundo resultado llegamos mediante la ecuación 8.

Ecuación 8. Variación en um del precio

$$P_{t+1} - P_t \cong -\text{Sensibilidad} \times (TIR_{t+1} - TIR_t)$$

En este caso, cuando calcules la variación de la TIR, ponlo en tanto por uno (-3,566 x 0,25 = 0,8915)

$$93{,}589 - 94{,}745 \cong -3{,}566 \times (5{,}25\% - 5{,}0\%)$$

2.7. Principios de Malkiel

Se conocen como principios de Malkiel las siguientes relaciones básicas del comportamiento del precio de un activo de renta fija:

1. El valor de un activo de renta fija varía en sentido inverso a su rentabilidad (TIR).

2. Si dos activos de renta fija difieren sólo en el importe del cupón, ante variaciones de la TIR, el activo de menor cupón tendrá un mayor cambio de valor.

3. Si dos activos de renta fija difieren sólo en el vencimiento, ante variaciones de la TIR, el activo de mayor vencimiento tendrá un mayor cambio de valor.

4. Dado un activo, un aumento de la TIR supone una caída en el precio de menor magnitud que la caída en el precio que se produce cuando se eleva la TIR en la misma magnitud.

El primer principio creo que, a estas alturas, es ya bien conocido. Bien sea por la propia interpretación matemática (cuando aumenta la tasa de descuento se incrementa el denominador del factor de descuento y, con ello, cae éste, por lo que el valor actual de los cobros se reduce), bien sea por la interpretación financiera (ante una estructura de flujos de caja, cuanto mayor precio pague, menor rentabilidad obtendré) creo que ya sabemos la relación inversa entre precio y TIR.

El segundo y tercer principio tienen que ver con la duración. Sabemos que, a mayor duración, mayor variación del precio ante un cambio de la TIR. Pues bien, lo que tenemos

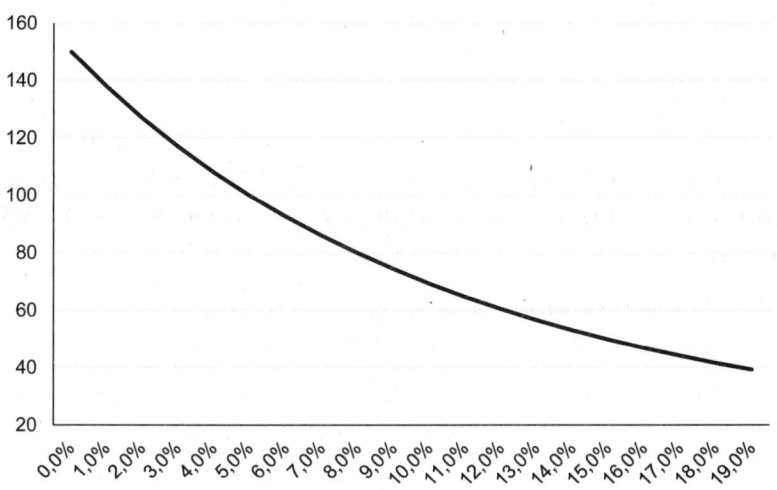

Gráfico 1. Relación entre el precio (eje Y) y la TIR (eje X)

83

que saber es que, a menor cupón, mayor duración (y de ahí mayor variación del precio) y que, a mayor vencimiento, también mayor duración.

Nos vamos a parar un poco más en el cuarto principio para profundizar en el concepto de convexidad, que antes comentamos (aunque, de nuevo, insistir en que son elementos complejos que merecen una mayor profundidad que excede del objetivo de este libro).

Ya sabemos que la relación entre el precio y la TIR de un bono es inversa, dado que, a menor rentabilidad exigida, mayor precio del bono (y viceversa). Pero si atendemos con atención a la ecuación 3, comprobamos que el denominador, 1 más TIR está elevado al plazo. Esto es mucho más relevante de lo que parece ya que lo que provoca es que la relación entre el precio y la TIR no sea lineal, sino convexa. Por eso, cuando aproximamos la variación del precio según las ecuaciones 4 y 5 estamos cometiendo un error de cálculo: estamos suponiendo una relación lineal cuando en realidad es convexa (debe incorporarse un factor de corrección denominada, precisamente, «corrección por convexidad»).

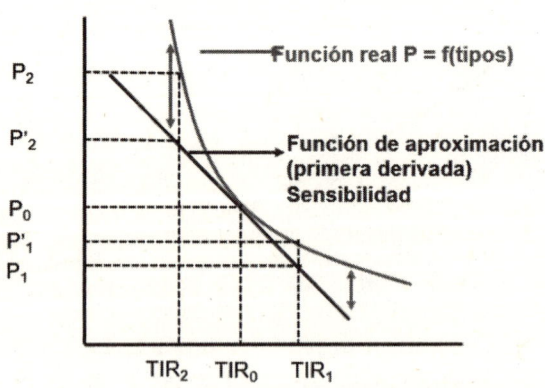

Gráfico 2. El efecto de la convexidad

84

Que la relación entre el precio y la TIR sea convexa provoca que, ante un aumento de la TIR, la caída en el precio sea menor que el aumento que se produce cuando la TIR se reduce, lo que coincide con el cuarto principio de Malkiel.

Recuadro 1.
Los factores de descuento, VAN y TIR y la gestión de carteras

La gestión de carteras es aquella actividad en la que, por un lado, estamos dispuestos a entregar en el momento actual una determinada cantidad de unidades monetarias (es un valor actual denominado «precio») a cambio de recibir en el futuro unos flujos (valores futuros) que pueden ser ciertos o no. Y, por el otro, a renunciar a una serie de flujos de caja a cambio de recibir hoy una determinada cantidad. En definitiva, a comprar y a vender activos o, dicho de otra forma, a invertir y desinvertir. Si calculamos la tasa de descuento que iguala el valor actual de esos flujos futuros con su precio, entonces el VAN será 0 y esa tasa de descuento, que denominamos TIR, tiene una interpretación: es la rentabilidad que se va a obtener en ese proyecto de inversión. Esa TIR deberá compensar, entre otras cosas, la inflación que se espera que se vaya a producir en el período de inversión, el coste de oportunidad de no invertir en otros proyectos, así como el de postponer una decisión de consumo, además de la incertidumbre sobre los valores futuros, no sólo su cuantía sino también el hecho mismo de si se van a cobrar o no. Es decir, una vez calculada la TIR, tendremos que compararla con la rentabilidad que nosotros exigimos a ese proyecto, de tal forma que invertiremos si es superior y optaremos por descartarla si está por debajo. Esta es la función de decisión de un responsable de inversiones (el denominado *Chief Investment Office* o CIO).

¿Cómo afecta la política monetaria a la toma de decisiones? De forma directa. Con todo lo demás constante, unos tipos de interés libre de riesgo más bajos llevarán a que la TIR de un proyecto de inversión con riesgo sea más atractiva y, por lo tanto, sea más probable llevarlo a cabo. Esa es la intención de los bancos centrales: alentar (o desalentar) los proyectos de inversión modificando los tipos de interés. Cuando busquen un mayor dinamismo de la economía, vía mayor inversión de los agentes, recortarán los tipos de interés, mientras que si consideran que es mejor «frenar la economía» optarán por elevarlos. Un mayor tipo de interés, con todos los demás parámetros constantes, implicará un menor valor actual neto y, con ello, una mayor probabilidad de rechazo del proyecto.

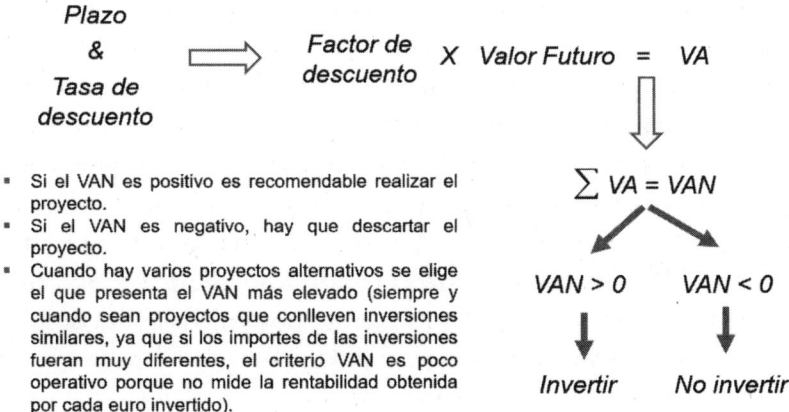

Esquema 1. Toma de decisiones de inversión a partir del criterio VAN

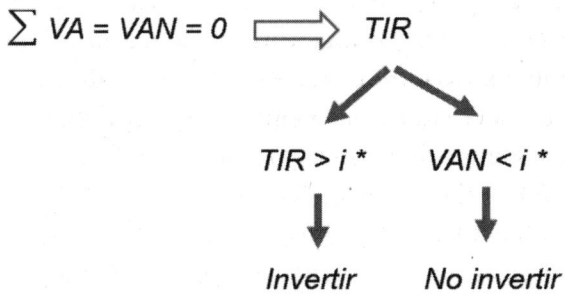

Esquema 2. Toma de decisiones de inversión a partir del criterio TIR

87

Recuadro 2.
Strips de deuda pública

Cuando se quiere tener certeza sobre la rentabilidad que se va a obtener en una inversión en un determinado período de tiempo (horizonte temporal) es imprescindible eliminar todos los factores de riesgo. En el caso de un activo de renta fija con un determinado vencimiento, podemos decir que no asumimos riesgo de mercado si invertimos hasta esa fecha, esto es, nos son indiferentes las variaciones que se producen en el precio del bono (insistimos en que se supone que nos vamos a quedar el activo hasta la fecha de vencimiento). Pero si el bono está emitido por una empresa, entonces estaremos asumiendo el denominado riesgo de crédito, es decir, la posibilidad de no cobrar la totalidad de lo previsto ante un problema de solvencia del emisor. Solo en deuda pública de un Tesoro con un elevado rating, podemos defender que no se asume riesgo de crédito. Pero, aunque invirtamos en un bono hasta el vencimiento emitido por un Tesoro con la máxima calificación crediticia, no podremos decir que estamos exentos de riesgo, es decir, no podemos decir que en el momento de la inversión sabemos con exactitud la rentabilidad que vamos a obtener. Y eso es así por la existencia del riesgo de reinversión derivado de los cupones que vamos a cobrar. Es obvio que si invertimos en un cupón cero no habrá riesgo de reinversión. Pero esta tipología de bonos solo existe generalmente para plazos cortos, esto, es inferiores a un año (por ejemplo, las Letras del Tesoro). Ante la demanda de cupones cero con vencimiento superior a 12 meses, pero la práctica inexistencia de estos productos a esos plazos, surge una solución: los denominados *strips*. Este concepto, que se traduce como «activo segregado», es el acrónimo de Separate Trade of Registered Interest Principal Securities. Un *strip* es un activo cupón cero procedente de la segregación (de la «partición») de un bono. Y puede ser de dos tipos: «*strip* principal», cuando el flujo de caja es el nominal del bono originario o «*strip* cupón», cuando el flujo es uno de los cupones del bono que se segrega. Se dice, por tanto, que un bono es segregable cuando se puede negociar de forma separada cada cupón y el principal. En definitiva, la segregación es la operación que transforma un bono con cupones en un conjunto de valores (uno por cada pago a que la posesión del bono originario daba derecho) negociables por separado; cada uno de estos valores (generalmente conocido como *strip*) da derecho a recibir un único pago (sea pago de cupón o devolución de principal) en el futuro. Por lo tanto, los *strips* no se emiten sino que se generan a partir de un bono con cupones. Mediante la segregación se convierte un instrumento de rendimiento explícito con n cupones en n+1 strips, es decir, en n+1 instrumentos de rendimiento implícito.

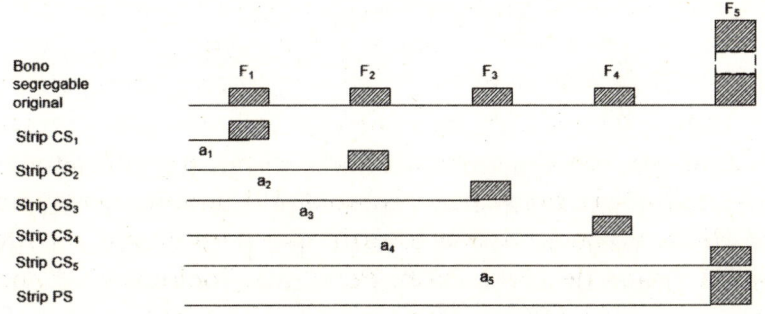

Figura 3. *Strips*

Recuadro 3.
Cupón corrido, cotización y precio

En el mercado de renta fija, el valor cotizado del bono, esto es, su precio, suele ser «ex-cupón», es decir, sin considerar el cupón devengado (no cobrado) hasta la fecha. A este precio se le denomina de diferentes formas: precio limpio, ex cupón, cotización, etc. Es una convención útil dado que, si la cotización incluyera el cupón corrido devengado en cada fecha, daría incómodos «saltos» en los días en que se paga el cupón. Por tanto, el valor total del bono (el precio que debe pagar el comprador o que obtendrá el vendedor) es la suma de la cotización y del cupón corrido.

Ecuación 9. Precio, cotización y cupón corrido

$$\text{Precio} = \text{Cotización} + \text{Cupón corrido}$$

El cupón corrido de un bono se obtiene a partir de la ecuación 10.

Ecuación 10. Cupón corrido

$$\text{Cupón corrido} = \text{Cupón nominal} \times \frac{\text{Días transcurridos desde el último cupón}}{\text{Días entre cupón y cupón}}$$

Ejemplo. Supongamos un bono con un cupón del 4% y un vencimiento dentro de 5 años. Han pasado 6 meses desde el último pago de cupón y, dado que paga con frecuencia anual, restan otros 6 meses para el próximo cobro (en días, supongamos que 182). Suponiendo que el título tuviese un nominal de 100 euros y que cotiza a la par (es decir, la TIR coincide con el cupón), su precio será de 101,995: 100 por la cotización y 1,995 de cupón corrido. Para calcular éste, recurrimos a la ecuación anterior:

$$\text{Cupón corrido} = 4,0\% \times \frac{182}{365} = 1,995\%$$

Veamos ahora otro ejemplo, pero ahora con un bono que cotiza por debajo de la par (es decir, su TIR es inferior al cupón). Con un vencimiento dentro de 6 años y 9 meses, un cupón del 3%, una TIR del 5%, y 9 meses hasta el próximo pago de cupón, la cotización es de 88,762, el cupón corrido es de 0,75 y el precio que se debe pagar (o cobrar) por la compra (o venta) es de 88,762.

TIR		5%	
Plazo	Flujo	Fd	VA
0,75	3	0,964	2,892
1,75	3	0,918	2,754
2,75	3	0,874	2,623
3,75	3	0,833	2,498
4,75	3	0,793	2,379
5,75	3	0,755	2,266
6,75	103	0,719	74,099
		Precio	89,512
		Cupón corrido	0,750
		Cotización	88,762

Tabla 18. Precio, cupón corrido y cotización de un bono

Como es obvio, justo en el momento del pago del cupón el cupón corrido es 0 (la cotización y el precio coinciden), mientras que, en el instante anterior al pago del cupón, el cupón corrido es máximo e igual al cupón. En este momento, la distancia entre la cotización y el precio es máximo (e igual al cupón).

Recuadro 4.
Cálculo de la duración

Podemos definir la duración como la vida media ponderada de un bono. Por lo tanto, para su cálculo no solo vamos a tener en cuenta el vencimiento, sino el tiempo que resta hasta cada cupón, así como su importe. Así, un bono que pague altos y frecuentes cupones tendrá una vida media (el tiempo que tardamos en recuperar la inversión) menor que otro con cupones reducidos y poco frecuentes. Para calcular esa vida media ponderada vamos a utilizar como ponderaciones los flujos de caja actualizados. Es decir, cada plazo hasta el cobro de un flujo de caja (a_i) lo vamos a ponderar por ese flujo de caja actualizado $\frac{F}{(1+TIR)^{a_i}}$. Como es sabido, para calcular una media ponderada se debe dividir entre la suma de las ponderaciones. Si vemos la ecuación 11, comprobamos que el denominador es el precio del bono

Ecuación 11. Cálculo de la duración

$$Duración = \frac{\frac{a_1 \times F}{(1 + TIR)^{a_1}} + \frac{a_2 \times F}{(1 + TIR)^{a_2}} + \frac{a_3 \times F}{(1 + TIR)^{a_3}} + \cdots + \frac{a_{n-1} \times F}{(1 + TIR)^{a_{n-1}}} + \frac{a_n \times (F + 100)}{(1 + TIR)^{a_n}}}{\frac{F}{(1 + TIR)^{a_1}} + \frac{F}{(1 + TIR)^{a_2}} + \frac{F}{(1 + TIR)^{a_3}} + \cdots + \frac{F}{(1 + TIR)^{a_{n-1}}} + \frac{F + 100}{(1 + TIR)^{a_n}}}$$

De tal forma que podemos reescribir la ecuación (ver ecuación 12)

Ecuación 12. Cálculo de la duración

$$Duración = \frac{1}{P} \sum_{i=1}^{n} \frac{a_i \times F_i}{(1 + TIR)^{a_i}}$$

Veamos el cálculo con el ejemplo del bono del apartado 2.6. En la tabla 19 hemos incorporado una columna en la que multiplicamos cada plazo por el flujo de caja actualizado. Sumamos los resultados (462,990) y lo dividimos entre el precio, de tal forma que el resultado es la duración: 4,63. Comprobamos que es menor que el vencimiento (5 años) dado que el bono paga cupones.

TIR		4,00%		
Plazo	Flujo	Fd	VA	VA x Plazo
1	4	0,9615	3,846	3,846
2	4	0,9246	3,698	7,396
3	4	0,8890	3,556	10,668
4	4	0,8548	3,419	13,677
5	104	0,8219	85,480	427,402
		Precio	100,000	462,990
		Duración		4,630

Tabla 19. Cálculo de la duración

En la tabla 20 se calcula la duración para ese mismo bono, pero con una TIR diferente, comprobando que la duración es sensible a la TIR. Como hemos comentado, no es intención de este libro profundizar en exceso en la duración, pero creemos conveniente señalar cómo la duración es sensible a la TIR.

TIR		4,50%			TIR		3,50%		
Plazo	Flujo	Fd	VA	VA x Plazo	Plazo	Flujo	Fd	VA	VA x Plazo
1	4	0,9569	3,828	3,828	1	4	0,9662	3,865	3,865
2	4	0,9157	3,663	7,326	2	4	0,9335	3,734	7,468
3	4	0,8763	3,505	10,516	3	4	0,9019	3,608	10,823
4	4	0,8386	3,354	13,417	4	4	0,8714	3,486	13,943
5	104	0,8025	83,455	417,275	5	104	0,8420	87,565	437,826
		Precio	97,805	452,361			Precio	102,258	473,925
		Duración		4,625			Duración		4,635

Tabla 20. Duración en función de la TIR

Como también lo es al plazo. En la tabla 21 se recoge el mismo bono, pero ahora con un vencimiento más alejado (10 años). Se comprueba que la duración es mayor (8,435 años), si bien no en la misma proporción que en la que hemos in-

93

crementado el plazo. Así, doblando el plazo, la duración se ha incrementado por 1,8. A mayor vencimiento, mayor duración, si bien cada vez de forma menos proporcional (salvo en un cupón cero, como se ve en el recuadro 5).

	TIR		4,00%		
Plazo	Flujo	Fd	VA		VA x Plazo
1	4	0,9615	3,846		3,846
2	4	0,9246	3,698		7,396
3	4	0,8890	3,556		10,668
4	4	0,8548	3,419		13,677
5	4	0,8219	3,288		16,439
6	4	0,7903	3,161		18,968
7	4	0,7599	3,040		21,278
8	4	0,7307	2,923		23,382
9	4	0,7026	2,810		25,293
10	104	0,6756	70,259		702,587
		Precio	100,000		843,533
		Duración			8,435

Tabla 21. Duración para un bono con más vida residual

	TIR		4,00%		
Plazo	Flujo	Fd	VA		VA x Plazo
1	5	0,9615	4,808		4,808
2	5	0,9246	4,623		9,246
3	5	0,8890	4,445		13,335
4	5	0,8548	4,274		17,096
5	5	0,8219	4,110		20,548
6	5	0,7903	3,952		23,709
7	5	0,7599	3,800		26,597
8	5	0,7307	3,653		29,228
9	5	0,7026	3,513		31,616
10	105	0,6756	70,934		709,342
		Precio	108,111		885,525
		Duración			8,191

Tabla 22. Duración de un bono con más cupón

¿Y si aumentamos el importe del cupón, hasta el 5,0%? Entonces, su duración cae (8,191 años). Comprobamos así la relación directa entre duración y vencimiento e inversa entre importe de cupón y vencimiento. Por cierto, se puede comprobar la fuerte subida del precio respecto a la par de este bono cuya TIR está 100 pb por debajo del cupón. En concreto, el precio se ha aumentado más de un 8%. El motivo es la elevada duración de este bono (asociada al elevado tiempo que resta hasta el vencimiento).

Recuadro 5.
Duración de un cupón cero

Ya sabemos que un bono cupón cero (también denominado de rendimiento implícito) es aquel que no paga flujos de caja intermedios. En este caso, su vida media coincide con su vida residual, es decir, su duración es el plazo hasta el vencimiento. En la tabla 23 se recoge el bono del último ejemplo del recuadro 4 al que le hemos suprimido todos los cupones.

	TIR		4,00%	
Plazo	Flujo	Fd	VA	VA x Plazo
1		0,9615	-	-
2		0,9246	-	-
3		0,8890	-	-
4		0,8548	-	-
5		0,8219	-	-
6		0,7903	-	-
7		0,7599	-	-
8		0,7307	-	-
9		0,7026	-	-
10	100	0,6756	67,556	675,564
		Precio	67,556	675,564
		Duración		10,000

Tabla 23. Duración de un bono cupón cero

Se trata de una *strip* principal (ver recuadro 2) cuyo precio ya sabemos calcular actualizando el flujo de caja final (100). Para ello, lo multiplicamos por el factor de descuento para plazos superiores a un año.

$$\text{Precio} = \frac{100}{(1 + 4,0\%)^{10}} = 67,556$$

También sabemos que en este caso no hay riesgo de reinversión de cupones y que si invertimos hasta el vencimiento obtendremos la rentabilidad prevista: 4,0%.

$$\text{Capital final} = \text{Capital inicial} \times (1 + r)^{\text{Plazo}} = 67,556 \times (1 + 4\%)^{10} = 100$$

96

Pero ¿qué pasa si no invertimos hasta el vencimiento o, si invirtiendo hasta entonces nos afecta la variabilidad del precio del strip ante variaciones de la TIR exigida por los inversores? En el gráfico 3 se comprueba cómo en el momento inicial, el precio de este cupón cero es de 67,556 y cómo finaliza en 100. Pero el camino no es lineal, sino que presenta oscilaciones, vinculadas al cambio de la tasa de descuento. Así, cuando ésta se incrementa, el precio bajo, sucediendo lo contrario cuando la TIR desciende. Es la ya conocida relación inversa entre rentabilidad y precio en renta fija: dado un flujo de caja (o varios), la única forma de obtener más (o menos rentabilidad) si no se producen cambios en el importe de esos flujos de caja, es pagando menos (o más). Y cuanto mayor sea la duración de este activo de renta fija, mayor será la variabilidad ante un cambio en el tipo de interés. Eso también se observa en el gráfico 3. Así, en los primeros días, ante una determinada variación de la TIR el cambio en el precio es de mayor cuantía que lo que se observa en las fechas más cercanas al vencimiento, cuando la duración del activo es cercana a 0 (y, con ello, la sensibilidad del precio).

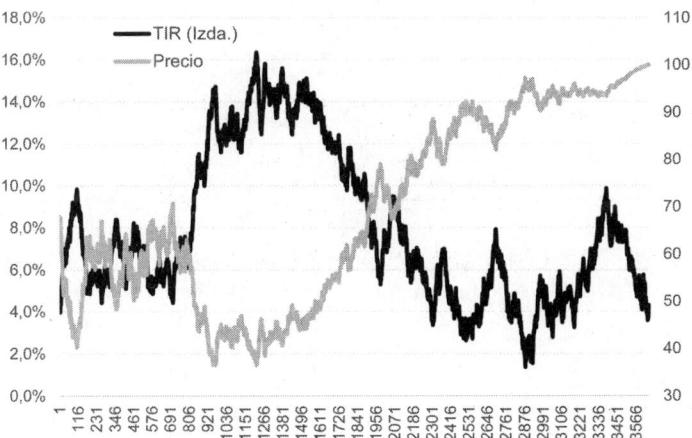

Gráfico 3. Evolución del precio del strip y de la TIR (eje X: días que transcurren desde el momento inicial)

97

Recuadro 6.
¿Qué bono tiene más duración?

Para dejar bien consolidado el concepto de duración, proponemos que respondas a la pregunta de cuál de los dos bonos del gráfico 4 tiene más duración. Así es: el bono de color más oscuro, porque ante un mismo aumento de la TIR (de TIR_0 a TIR_1) su precio cae en mayor medida (pasa de p_0 a $p_{1,2}$). Otra forma de verlo es a través de la pendiente (negativa) de la recta tangente en la TIR actual (TIR_0): es superior en el bono más oscuro. Este bono tendrá un mayor vencimiento que el bono gris y/o menores cupones y/o mayor TIR, es decir, parámetros que condicionan la duración de un activo de renta fija.

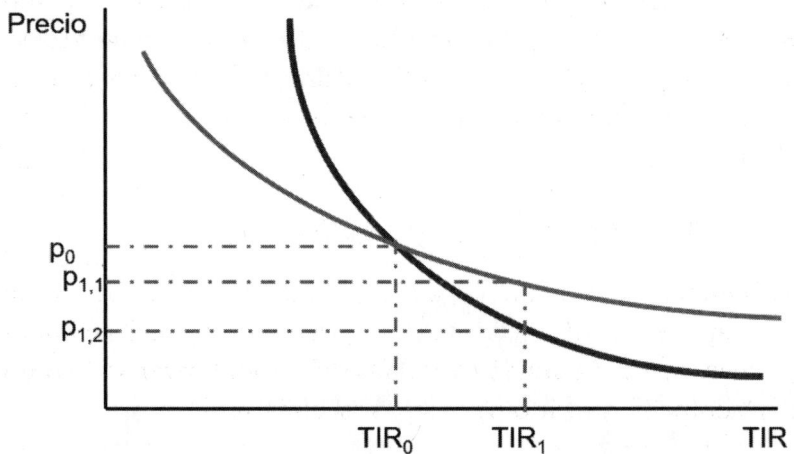

Gráfico 4. Relación entre precio y TIR de dos bonos

98

3.
RENTABILIDAD

Introducción

Es evidente que gestionar carteras exige contar con herramientas matemáticas que midan dos de los principales parámetros: la rentabilidad y el riesgo. La intención de los siguientes capítulos es exponer las fórmulas más frecuentes para ello, así como las relaciones entre los resultados, que generan los denominados ratios de *performance*. Comenzamos por el numerador (rentabilidad). Posteriormente estudiaremos el denominador (volatilidad) y después la relación entre ellos (indicadores de *performance*).

3.1. Beneficio, pérdida y rentabilidad

El beneficio o pérdida es la diferencia entre el capital final y el capital inicial. Su resultado se expresa en unidades monetarias y es independiente tanto del capital invertido como del tiempo requerido para su consecución.

Ecuación 1. Beneficio

Beneficio (o pérdida) = Capital final – capital inicial

Pero es habitual relativizar este beneficio entre el capital utilizado. Así, cuando lo hacemos, hablamos de rentabilidad o rendimiento, que se expresa en porcentaje (normalmente en tanto por cien o %), tal y como se detalla en la ecuación 2.

Ecuación 2. Rentabilidad

$$\text{Rentabilidad} = \frac{\text{Capital final} - \text{capital inicial}}{\text{Capital inicial}} = \frac{\text{Capital final}}{\text{Capital inicial}} - 1$$

Ejemplo. Calcular el beneficio y la rentabilidad si un capital inicial de 500 um se convierte en 750 um.

$$\text{Beneficio (o pérdida)} = 750 - 500 = 200 \text{ um}$$

$$\text{Rentabilidad} = \frac{750 - 500}{500} - 1 = \frac{750}{500} - 1 = 0,5 = 50\%$$

En función del momento del tiempo en el que se calcule, la rentabilidad vendrá expresada como rentabilidad histórica o rentabilidad esperada. La histórica es la calculada a posteriori, es decir, toda la información en cuanto a los rendimientos del activo es conocida con certeza. La rentabilidad esperada es la calculada «ex-ante» y puesto que no disponemos de información, todos los datos deberán ser calculados previamente. Es una variable aleatoria, por lo que tomará diferentes valores dependiendo de la distribución de los rendimientos del activo (como luego se estudiará).

3.2. Rentabilidad anualizada

3.2.1. Plazos inferiores a 1 año

En el apartado anterior se ha calculado la rentabilidad acumulada sin tener en cuenta el período de tiempo necesario para conseguirlo. Pero es obvio que, si no es lo mismo ganar 250 um con un capital inicial de 100 um o 2.000 um, tampoco lo es conseguirlo en 1 mes, en dos años o en 10 años. Por ello, y para poder realizar comparaciones, las rentabilidades se expresan en base anual o «anualizadas». Es importe señalar que estas rentabilidades son teóricas y que sólo sirven para comparar.

Así, ¿qué inversión ha sido mejor? ¿la compra del bono de la empresa XYZ que ha permitido ganar un 0,68% en 2 meses o la del Tesoro del país ABC con la que se ha logrado un 2,31% en 7 meses? Se ha ganado más dinero con la segunda, pero también en más tiempo.

La fórmula para el cálculo de la rentabilidad anualizada se recoge en la ecuación 3.

Ecuación 3. Rentabilidad anualizada

$$\text{Rentabilidad anualizada} = (1 + \text{rentabilidad})^{\frac{1}{\text{Plazo}}} - 1$$

Esta fórmula, a los dos casos, arrojan los siguientes resultados: 4,15% y 3,99%.

$$\text{Rentabilidad anualizada} = (1 + 0{,}0068)^{\frac{\frac{1}{2}}{12}} - 1 = 4{,}15\%$$

$$\text{Rentabilidad anualizada} = (1 + 0{,}0231)^{\frac{\frac{1}{7}}{12}} - 1 = 3{,}99\%$$

Así pues, teniendo en cuenta el tiempo de la inversión, la primera ha sido mejor que la segunda ya que ha generado una rentabilidad anualizada del 4,15% (frente al 3,99%). Como decíamos antes, este cálculo sirve para comparar, pero es teórico ya que la rentabilidad conseguida no ha sido ni el 4,15% ni el 3,99%. Habría sido si se hubiera conseguido repetir la posición (compra y venta) tantas veces como se pudiera en un año: seis en el primero y 1,7 veces en el segundo, lo que claramente es un ejercicio teórico.

Casos extremos son algunos como este: «hace 14 días compré 1.000 participaciones del ETF sobre el Eurostoxx a un precio de 57,56 euros y lo acabo de vender a 61,08 euros. He obtenido una rentabilidad del 369,98%». Así es. La rentabilidad conseguida es del 6,12% y como lo ha conseguido en 14 días, teóricamente podría repetir la inversión unas 26 veces en el año, consiguiendo una rentabilidad anualizada tan elevada como la que resulta del cálculo (más aún si tenemos en cuenta que se supone que tras cada operación se reinvierte el capital inicial más la plusvalía). Pero está claro que en el mundo real no es posible llevarlo a cabo.

3.2.2. Plazos superiores a 1 año

Supongamos ahora que invertimos en un fondo de inversión que transcurridos 5 años y medio ha conseguido una rentabilidad acumulada del 37,85%. También aquí, y a efectos de comparación, la rentabilidad se expresa en términos anualizados (además de acumulados). La fórmula a aplicar es la misma que antes (al expresarse en términos anuales, también el plazo de año se mide como una fracción de año):

$$\text{Rentabilidad anualizada} = (1 + \text{rentabilidad})^{\frac{1}{\text{Plazo}}} - 1$$

Por lo que la rentabilidad anualizada será del 6,01%

$$\text{Rentabilidad anualizada} = (1 + 0,3785)^{\frac{1}{5,5}} - 1 = 6,01\%$$

En este caso no es necesario saber cuál ha sido la evolución del fondo durante el período. Basta con conocer el precio inicial, el precio final y el tiempo que ha transcurrido entre una y otra fecha.

Decíamos antes que este tipo de cálculos anualizados sirve para realizar comparaciones, por ejemplo, entre fondos de inversión con diferentes plazos de análisis. Así, si queremos comparar la capacidad de generación de rentabilidad de los cinco fondos de la tabla 1, que tienen períodos de inversión diferentes (entre 1,5 años y hasta 15 años), necesitamos calcular la rentabilidad anualizada. En este caso, vemos que, aunque el fondo que más rentabilidad acumulada presenta es el IV (158,43%), el que consigue una mayor rentabilidad anualizada es el I (6,99%), ya que el +60,45% lo ha logrado en un plazo de 7 años.

Fondo	Rent acumulada	Plazo	Anualizada
I	60,45%	7,0	**6,99%**
II	13,70%	4,0	**3,26%**
III	52,13%	8,5	**5,06%**
IV	158,43%	15,0	**6,53%**
V	6,30%	1,5	**4,16%**

Tabla 1. Rentabilidad acumulada, plazo de la inversión y rentabilidad anualizada

¿Qué fondo prefieres? No está claro ya que, aunque el fondo I ha conseguido la mayor rentabilidad anualizada, el IV ha logrado la mayor rentabilidad acumulada. Por cierto, alguien podrá preferir el V ya que la rentabilidad se ha conseguido en solo un año y medio (es decir, el menor plazo).

3.3. Tasa anual equivalente (TAE)

Es habitual que, en el caso de los depósitos, en los que la mayoría tiene un vencimiento inferior al año, se publicite la denominada «tasa anual equivalente» o TAE, que debe diferenciarse del «tipo de interés nominal», que es el que se utiliza para los cálculos. Como es obvio, la fórmula para calcular una TAE a partir de un tipo nominal es la misma, aunque ahora se debe tener en cuenta el plazo de la inversión, de tal forma que se incorpora el «plazo» en la base de la potencia en los cálculos. Así, la fórmula que usamos es la siguiente:

Ecuación 4. TAE

$$TAE = (1 + \text{rentabilidad x plazo })^{\frac{1}{Plazo}} - 1$$

Ejemplo. Supongamos un depósito a de 1.000 um a 5 meses que ofrece una rentabilidad nominal anual del 3,53%. ¿Cuál es su TAE?

Lo primero que tenemos que calcular son los intereses que genera el depósito y para ello utilizamos el tipo de interés nominal anual (el 3,53%) y el plazo (5 meses). Así,

$$intereses = capital \times tipo\ de\ interés \times plazo$$

$$intereses = 1.000 \times 0,0353 \times 5/12 = 14,708333\ u.m$$

Estos intereses equivalen a una rentabilidad del 1,4708%

Una vez aquí (y se entiende por qué hemos multiplicado por el plazo) lo que vamos a suponer es que vamos a reinvertir el capital y los intereses (1.000 um + 14,708333 um) tantas veces como podamos a lo largo de un año (es decir, el mismo caso que el que veíamos en la anualización). En nuestro ejemplo, 12/5 = 2,4 veces

Así pues,

$$TAE = (1 + 1,4708\%)^{2,4}-1 = 3,57\%$$

Por lo tanto, la TAE de un depósito a 5 meses que ofrece un tipo de interés nominal anual del 3,53% es del 3,57%. ¿Significa esto que si contratamos este depósito vamos a conseguir un 3,57%, es decir, 35,66 um por cada 1.000 um? No, por dos motivos. El primero porque el tipo a aplicar es el 3,53% y no el 3,57%. El segundo, porque el depósito es a 5 meses, de tal forma que una vez acabado ese plazo no se puede renovar. Es decir, lo que realmente vamos a cobrar son 14,71 um (el redondeo de 14,708333 um). Entonces, ¿Por qué se hace el cálculo de la TAE? Como ya hemos comentado en varias ocasiones, para comparar y para que las ofertas comerciales se hagan en términos homogéneos. De hecho, la normativa así lo exige: obliga a publicar la TAE, además, lógicamente, del tipo nominal anual que, por otro lado, y como se comprueba, es menor que la TAE.

2,40% TAE*
Para nuevos clientes

→ Empieza a ahorrar

* TAE calculada para cualquier importe. Tipo de interés nominal anual aplicable durante 4 meses 2,38% (2,40% TAE).

Ejemplo comercial

3.4. Tipo de interés efectivo

Hemos visto que, para plazos inferiores a un año, a la hora de expresar la rentabilidad se supone que se replica la inversión tantas veces sea posible, por más que en ocasiones sea imposible. Ahora vamos a entrar en otra consideración en la que también se supone reinversión pero que, ahora sí, es altamente factible. Nos referimos a un depósito o a una cuenta corriente que liquida con una frecuencia superior a una vez al año. Así, si la liquidación es mensual, bimestral, trimestral o semestral, la frecuencia será 12, 6, 4 o 2, respectivamente. La fórmula a aplicar se recoge en la ecuación 5

Ecuación 5. Tipo efectivo

$$\text{Tipo efectivo} = \left(1 + \frac{\text{Tipo nominal}}{\text{Frecuencia}}\right)^{\text{Frecuencia}} - 1$$

que, como se puede comprobar, es igual que la utilizada en los puntos anteriores.

Es fácil calcular los tipos efectivos de la tabla 2 para un tipo nominal del 5,0% en función de la frecuencia de liquidación.

105

Liquidación	Frecuencia	Efectivo
Mensual	12	5,116%
Bimestral	6	5,105%
Trimestral	4	5,095%
Semestral	2	5,062%
Anual	1	5,000%

Tabla 2. Frecuencia de liquidación de intereses y tipo de
interés efectivo a partir de un tipo de interés nominal

Así, para un plazo de inversión de 12 meses es preferible la mayor frecuencia posible de liquidación de intereses ya que aumentará la rentabilidad efectiva que se va a conseguir. En este caso, es posible conseguir el 5,116% si la liquidación es mensual, pero con el requisito de que, además de que se mantenga el tipo de remuneración (el 5,0% nominal liquidable mensualmente), que se reinviertan todos los intereses acumulados para la siguiente liquidación.

Ejemplo. Consideremos una inversión de 100 um a un año con un tipo de interés nominal del 10%, pero con liquidación de interés semestrales. A los 6 meses paga 5 um (100 x 10% x 1/2 = 5) y a los 12 meses paga 105 um (100 x (1 + 10% x 1/2) = 105). Si no se reinvierten los 5 euros cobrados al cabo de los primeros seis meses, el capital final será de 110 um, esto es, la misma cantidad que si la liquidación fuera anual (100 x 10% x 1/1 = 10 um). Pero si se reinvierten al 10% y por un período de 6 meses, se obtienen 0,25 um (5 x 10% x 1/2). Así pues, el hecho de aprovechar una mayor frecuencia de pago de intereses y reinvertir los intereses genera, en este ejemplo, un capital final de 110,25 um, en lugar de 110 um, lo que implica obtener una rentabilidad del 10,25%, en lugar del 10%.

3.5. *Time Weighted Return*, rentabilidad media o rentabilidad geométrica

En el apartado en el que hemos calculado la rentabilidad anualizada de una inversión cuyo horizonte temporal era superior al año, sólo necesitábamos conocer el capital inicial, el capital final y el plazo. Vamos a profundizar y supongamos ahora que sabemos las rentabilidades que se han ido consiguiendo en distintos plazos. Por simplificación, comenzaremos con rentabilidades anuales. Así, supongamos que una cartera ha conseguido las rentabilidades que se muestran en la tabla 3.

Año	Valor	Rentabiildad anual
Año 1	5,40	
Año 2	5,10	-5,56%
Año 3	5,40	5,88%
Año 4	5,65	4,63%
Año 5	5,35	-5,31%

Tabla 3. Rentabilidades anuales conseguidas por la cartera

Se puede comprobar que la rentabilidad acumulada ha sido negativa (-0,93%), pero queremos calcular la rentabilidad media anual. En este caso, nos referimos a la tasa geométrica, cuya fórmula es la que se recoge en la ecuación 6.

Ecuación 6. Fórmula de cálculo de la tasa geométrica de rentabilidad

$$TGR = \prod_{j=1}^{n} (1 + i_j)^{\frac{1}{n}} - 1$$

Efectivamente, es la misma fórmula que la utilizada en el caso de la rentabilidad anualizada, pero ahora tenemos en cuenta la rentabilidad conseguida en cada período. De hecho, la rentabilidad geométrica es una tasa equivalente a la rentabilidad anualizada.

Apliquemos la ecuación 6:

$$((1 - 5,56\%) \times (1 + 5,88\%) \times (1 + 4,63\%) \times (1 - 5,31\%)^{1/4}) - 1 = -0,23\%$$

¿Cómo se interpreta el -0,23%? Como una media anual. Es decir, en media se ha perdido un 0,23% cada año.

Por lo tanto, considerando el rango temporal en el que hemos obtenido una rentabilidad, la rentabilidad geométrica nos indica la rentabilidad constante equivalente si la hubiéramos aplicado en cada uno de los intervalos (normalmente años). La tasa geométrica de rentabilidad es especialmente útil para medir la rentabilidad media de las operaciones financieras en las que las revalorizaciones o desvalorizaciones son acumulativas. Por tanto, esta medida es la adecuada y correcta en lugar de la rentabilidad media calculada, como es más habitual, mediante la media simple o aritmética. La tasa geométrica de rentabilidad se corresponde con la rentabilidad que se deduciría mediante la aplicación de la capitalización compuesta.

Ejemplo. Suponemos una cartera inicial de 1.000 um y consideramos un rango temporal de tres años. En el primero hemos obtenido una rentabilidad del 25%, en el segundo año del -10% y en el tercero del 15%. Inicialmente podríamos pensar que la rentabilidad media de los tres años sería la media aritmética de las tres rentabilidades obtenidas: (+25% -10% y 15%) / 3, es decir, del 10%, con lo que al cabo de los tres años tendríamos 1.000 um x (1,10)^3 = 1.331 um. Pero haciendo unos simples cálculos comprobamos que no es así.

Año 1: Rentabilidad 25%. Rendimiento año 1: 1.000 um x 0,25 = 250 um, es decir, al final del primer año tenemos un capital de 1.250 um.

Año 2: Rentabilidad -10%. Rendimiento año 2: 1.250 um x (-0,10) = -125 um, es decir, al final del segundo año tenemos un capital de 1.250um – 125 um = 1.125 um.

Año 3: Rentabilidad 15%. Rendimiento año 3: 1.125 um x 0,15 = 168,75 um, es decir, al final del tercer año tendremos un capital de 1.125 um + 168,75 um = 1.293,75 um que según esperábamos, es diferente a los 1.331 um aplicando la rentabilidad media aritmética anterior.

Sabemos que $i_1 = 25\%$, $i_2 = -10\%$ e $i_3 = 15\%$. Por lo tanto:

$$G=[(1 + 0,25)*(1 - 0,10)*(1 + 0,15)]^{1/3} - 1 = 1,08964 - 1 = 0,08964$$
$$G = 8,96\%$$

Comprobémoslo:

$$(1.000 \text{ um} \times 1,08964)^3 = 1.293,75 \text{ um}$$

En conclusión, a la hora de calcular rentabilidades se debe saber calcular una rentabilidad acumulada. A partir de ahí, calcular una TAE, para lo que necesitamos conocer el plazo en años que han transcurrido entre las dos fechas. Esta TAE es una tasa anualizada o, de forma equivalente, una media anual. Así, tenemos que saber calcular una tasa geométrica que es aquella que se calcula a partir de los rendimientos anuales.

Esta es la rentabilidad conseguida por el gestor, también denominada *Time Weighted Return*. Así pues, en el ejemplo anterior, podemos decir que el gestor ha conseguido una rentabilidad anualizada del 8,96%, cálculo que se realiza mediante la tasa geométrica de rentabilidad.

Pero ¿cuál ha sido la rentabilidad del inversor? Esta dependerá de las decisiones de inversión o desinversión. Si ha hecho una inversión inicial que no ha tocado durante todo el período de análisis, entonces su rentabilidad será la del fondo, pero ¿qué pasa si el patrimonio no es constante? Que dependerá de lo acertado que ha estado en las entradas o salidas. Se habla así de *Money Weighted Return* o rentabilidad del inversor.

Una aplicación de esta forma de medir la rentabilidad la encontramos cuando el capital invertido no es constante, como veremos a continuación.

3.6. *Money Weighted Return* o rentabilidad del inversor

A la hora de medir la rentabilidad de una cartera o de un fondo de inversión, se debe tener en cuenta que la rentabilidad de cada inversor puede que no sea la misma. El motivo es que el inversor ha podido hacer suscripciones o reembolsos a lo largo del período de análisis, condicionando de esta forma la rentabilidad que obtiene.

Para medir la rentabilidad del inversor se debe recurrir al cálculo de la TIR (Tasa Interna de Retorno), que se caracteriza porque considera los flujos monetarios.

La fórmula a utilizar se recoge en la ecuación 7.

Ecuación 7. Cálculo de la TIR de una inversión (*Money Weighted Return*)

$$0 = - \text{Inversión inicial} + \text{Flujo 1º} / (1+TIR)^1 + \text{Flujo 2º} / (1+TIR)^2 + \ldots + \text{Flujo nº} / (1+TIR)^n$$

Ejemplo. Supongamos que invertimos 100 um en el fondo ABC en el momento 0. Al cabo de 1 año invertimos otros 50 um para reembolsar 25 um y 50 um al cabo de 2 y 3 años, respectivamente. Al cuarto año invertimos otras 20 um. Si al cabo de 5 años reembolsamos los 150 um que todavía tenemos en el fondo, ¿qué rentabilidad hemos obtenido?

Respuesta: un 8,43% (es la TIR que cumple la fórmula)

Plazo	Flujo	Fd	Flujo actualizado
0	-100	1,000	-100,000
1	-50	0,922	-46,114
2	25	0,851	21,265
3	50	0,784	39,225
4	-20	0,724	-14,471
5	150	0,667	100,095
TIR	8,43%		0,000

Tabla 4. *Money Weighted Return*

Ejemplo. Supongamos que un fondo de inversión consigue las rentabilidades anuales de la tabla 5. ¿Qué rentabilidad acumulada ha conseguido? ¿Y qué rentabilidad media anual? Por último, ¿qué rentabilidad ha conseguido un determinado inversor?

Año	Rentabilidad
1	10%
2	-5%
3	6%
4	-3%
5	12%
6	15%
7	2%

Tabla 5. Rentabilidades anuales

Rentabilidad acumulada = $((1+10\%) \times (1-5\%) \times \ldots \times (1+2\%)) - 1 = 41,16\%$

Media anual (TAE, tasa geométrica) = $(1 + 41,16)^{1/7} - 1 = 5,05\%$

Rentabilidad del inversor (*Money Weighted Return*): dependerá de los momentos de entrada y de salida y del importe invertido y desinvertido

3.7. Expectativa de rentabilidad de un activo

Además de la rentabilidad histórica (acumulada, anualizada, equivalente...), tenemos que saber calcular la rentabilidad esperada de un activo o de una cartera. Ésta será diferente para cada inversor dado que cada uno de ellos contemplará un escenario al que le asignará una determinada probabilidad de ocurrencia. En este sentido, las expectativas de rentabilidad de un individuo se pueden calcular a partir de, por ejemplo:

1. La rentabilidad promedio y la volatilidad observada en periodos anteriores (rentabilidad promedio y volatilidad histórica). Es decir, recurrir a la historia y utilizar lo que ha sucedido.

2. Contemplar varias alternativas de ocurrencia de un plazo futuro con probabilidad (análisis de escenarios).

La expectativa de rentabilidad responde al concepto de esperanza matemática, cuya fórmula se recoge en la ecuación 8.

Ecuación 8. Expectativa de rentabilidad de un activo

$$E[R] = \sum_{i=1}^{n} E[R_i] \times w_i$$

Con $E[R_i]$ como expectativa de rentabilidad para cada escenario i al que se le asigna una probabilidad de ocurrencia w_i (obviamente, la suma de w_i debe ser 1).

Ejemplo. Para la acción XYZ se espera, con un 60% de probabilidad, que se revalorice un 7% y como escenarios alternativos se maneja una ganancia del 25%, así como una pérdida del 15%. A sendos escenarios se les asigna la misma probabilidad. ¿Cuál es la expectativa de rentabilidad de la acción?

Como sabemos, la suma de probabilidades debe ser 100%. Si el caso central tiene una probabilidad del 60%, el 40% restante se debe dividir entre los otros dos casos y, tal y como nos dice el enunciado, de forma uniforme, esto es, el 20%.

$$7\% \times 60\% + 25\% \times 20\% - 15\% \times 20\% = 6,20\%$$

Este activo tiene, según nuestras previsiones, una expectativa de rentabilidad del 6,20%.

Pero obvio que tenemos que tomar este dato (6,20%) con ciertas cautelas. Por un lado, porque las rentabilidades esperadas para cada escenario (+7%, +25% y -15%) son estimaciones que han podido hacerse a partir de rentabilidades históricas. Es un método válido, cierto, pero dependiente de la ventana muestral tomada. Es decir, si utilizo la rentabilidad histórica como estimador de la rentabilidad futura, ¿cuál es el plazo que debo tomar para su cálculo?: ¿último año?, ¿últimos 3 años?, ¿últimos 5 años? No existe un consenso claro.

Pero, además, supongamos que el criterio es, por ejemplo, tomar los últimos 3 años. ¿Acaso algo garantiza que rentabilidades pasadas se van a repetir en el futuro? Está claro que no. Esta es otra de las debilidades, junto con el tamaño de la venta muestral, de esta metodología. Extrapolar a futuro rentabilidades históricas supone asumir un elevado riesgo de error.

Por último, otra de las críticas se refiere al número de escenarios que se deben establecer. ¿Vale con tres, como en el ejemplo anterior, o se deberían establecer muchos más? Es obvio que un mayor número de escenarios puede recoger de forma más fiel la realidad. Pero, al mismo tiempo, hace mucho más complejo el ejercicio, dado que exige contemplar las rentabilidades esperadas en cada escenario, así como probabilidades de ocurrencia de cada uno de ellos.

Así pues, el modelo de estimación de rentabilidades esperadas de un activo a partir de escenarios de probabilidad es un modelo válido, útil y frecuentemente utilizado, si bien se debe ser consciente de sus debilidades y potenciales errores (ventana muestral de los datos históricos, extrapolación de rendimientos pasados, dificultad de estimar rentabilidades futuras, así como de definición de escenarios y de probabilidad de ocurrencia).

3.8. Rentabilidad histórica de una cartera

Conociendo la rentabilidad y el peso (o ponderación) de cada activo sobre el total de la cartera podemos obtener la rentabilidad de una cartera formada por «n» títulos multiplicando cada rentabilidad por su peso y sumando los resultados.

La rentabilidad de la cartera «p» formada por dos activos será:

$$R_c = W_1 R_1 + W_2 R_2$$

Donde,
W$_1$ es el peso del activo 1 en la cartera (en %)
W$_2$ es el peso del activo 2 en la cartera (en %), de tal forma que $W_1 + W_2 = 1$

Para una cartera formada por n activos:

$$R_c = W_1 R_1 + W_2 R_2 + ... + W_n R_n$$

Ejemplo. La rentabilidad obtenida por los tres títulos que forman una cartera es de 2%, 3% y 4% respectivamente. La composición de la cartera en valor es:

$W_1 = 20\% = 0,2$

$W_2 = 50\% = 0,5$

$W_3 = 30\% = 0,3$

Es decir, la ponderación del activo 1 es del 20%, la del activo 2 del 50% y el tercer activo representa un 30% del total de la cartera.

La rentabilidad conseguida es:

$$R_c = W_1 \times R_1 + W_2 \times R_2 + W_3 \times P_3$$

$$R_c = 0,2 \times 0,02 + 0,5 \times 0,03 + 0,3 \times 0,04 = 3,1\%$$

3.9. Expectativa de rentabilidad de una cartera

Para calcular la expectativa de rentabilidad de una cartera utilizamos la misma fórmula que para la del activo (la esperanza matemática), si bien ahora los coeficientes de ponderación (w_i) hacen referencia al peso (o ponderación) de cada activo y $E[R_i]$ a la expectativa de rentabilidad de cada uno de ellos.

Ejemplo. Calcular la expectativa de rentabilidad de la cartera de la tabla 6.

Activo	Rent. esperada	Peso
Liquidez	0,25%	5,0%
Renta fija	2,00%	60,0%
Renta variable	7,00%	25,0%
Alternativos	5,00%	10,0%
		100,0%

Tabla 6. Rentabilidad esperadas y peso de los componentes de una cartera

Aplicando la fórmula (0,25% x 5,0% + 2,0% x 60,0% + 7,0% x 25,0% + 5,0% x 10,0%) obtenemos que la expectativa de rentabilidad de la cartera es del 3,46%.

3.10. Rentabilidad nominal frente a rentabilidad real

Aunque no hemos usado esa terminología, la rentabilidad de la que hemos hablado hasta ahora se denomina «nominal». Pero es habitual relativizarla teniendo en cuenta la inflación sufrida durante el período, haciendo referencia así al concepto de rentabilidad real, que se define como el incremento del valor de la inversión una vez deducida el efecto de la inflación (ver capítulo 1).

La fórmula para convertir las tasas nominales en reales y viceversa, siendo conocida o estimada la tasa de inflación anual, se recoge en la ecuación 9.

Ecuación 9. Rentabilidad real a partir de la rentabilidad nominal y de la inflación

$$\text{Rentabilidad real} = \frac{1 + \text{Rentabilidad nominal}}{1 + \text{Inflación}} - 1$$

Que se deriva de esta otra (la ecuación 1 del capítulo 1)

1 + Rentabilidad nominal = (1 + Rentabilidad real) x (1 + Inflación)

Ejemplo. ¿Qué rentabilidad real anual se ha obtenido en 5 años si la inversión efectuada ha tenido una rentabilidad anual del 5% y la inflación ha sido del 3% anual?

Rentabilidad real = (1 + 0,05) / (1 + 0,03) – 1 = 1,01941 – 1 = 1,94%

3.11. Rendimiento implícito y rendimiento explícito

Aunque ya lo comentamos en el apartado 1.9., en este capítulo, dedicado a la rentabilidad, consideramos adecuado regresar, para profundizar, en los conceptos de rendimiento implícito y rendimiento explícito. Cuando se invierte en un activo financiero se está expuesto a dos fuentes de rentabilidad. La primera, denominada «rendimiento implícito», se produce por la diferencia entre el precio de venta, reembolso o amortización y el precio de compra. La segunda, denominada «rendimiento explícito», se deriva del cobro de flujos de caja (cupones, dividendos, etc.) durante el período de inversión.

Lo habitual es que los activos ofrezcan las dos fuentes de rentabilidad, es decir, paguen flujos de caja intermedios y, además, se tengan expectativas de cobrar al vencimiento o en la venta un importe mayor al que se pagó. Lo más frecuente es, por lo tanto, que los activos sean de rendimiento explícito.

Pero se pueden encontrar activos que no pagan flujos de caja intermedios. Son los «activos cupón cero», también conocidos como «activos con rendimiento implícito», como ya estudiamos en el capítulo anterior (ver apartado 2.5.). Dado que no hay cobros intermedios, la única forma de obtener un rendimiento es pagando menos de lo que se recibirá. Y dado un precio, la rentabilidad que se consiga dependerá del plazo de la inversión (será mayor cuanto menor sea el precio). Si el plazo es inferior a un año, la rentabilidad se calcula según la ecuación 10 (suponemos que se invierte hasta el vencimiento, momento en el que cobraremos el nominal y de ahí que incluyamos «Nominal» en la fórmula; en el caso de que se venda el activo, o que al vencimiento el importe a cobrar sea diferente al nominal, debe incorporarse en la ecuación esa cifra o el importe de la venta).

Ecuación 10. Rentabilidad de un activo con rendimiento
implícito a un plazo inferior a 1 año

$$\text{Rentabilidad} = \frac{\frac{\text{Nominal}}{\text{Precio}} - 1}{\text{Plazo}}$$

Ejemplo. Si pagamos 98 um por un activo que, dentro de 6 meses, en el vencimiento (o en el momento de la venta) devolverá 100 um (u obtendremos ese importe al desprendernos de él), la rentabilidad que obtenemos es del 4,082%.

$$\text{Rentabilidad} = \frac{\frac{100}{98} - 1}{0,5} = 4,082\%$$

Si el plazo de inversión es superior al año, la rentabilidad se calcula según la ecuación 11.

Ecuación 11. Rentabilidad de un activo con rendimiento
implícito a un plazo superior a 1 año

$$\text{Rentabilidad} = \left(\frac{\text{Nominal}}{\text{Precio}}\right)^{\frac{1}{\text{Plazo}}} - 1$$

Ejemplo. Si pagamos 97 um por un activo que, dentro de 2 años, cuando venza, devolverá 100 um, la rentabilidad que obtendremos es del 1,53%.

$$\text{Rentabilidad} = \left(\frac{100}{97}\right)^{\frac{1}{2}} - 1 = 1,53\%$$

Como es obvio, cuanto menos se pague y menor sea el plazo hasta el cobro final, mayor rentabilidad se obtendrá, como se puede comprobar en la tabla 7.

	Precio			
	96,000	97,000	98,000	99,000
0,25	16,7%	12,4%	8,2%	4,0%
0,50	8,3%	6,2%	4,1%	2,0%
Plazo 0,75	5,6%	4,1%	2,7%	1,3%
1,00	4,2%	3,1%	2,0%	1,0%
2,00	2,1%	1,5%	1,0%	0,5%
3,00	1,4%	1,0%	0,7%	0,3%

Tabla 7. Rentabilidad de un instrumento cupón
cero en función del plazo y del precio

En este punto, surge la siguiente pregunta: ¿cómo es posible que un activo cupón cero genere una rentabilidad negativa? Respuesta: si el precio pagado supera el importe a recibir a vencimiento o en la venta. Supongamos una Letra del Tesoro, un pagaré o un bono cupón cero que dentro de 6 meses (o 2 años), abonará 100 um. Lo razonable es pagar en el momento de la inversión menos de las 100 um. Pero ¿qué sucede si pagamos 102 um? Aplicando la ecuación 10 y 11, respectivamente, comprobamos que la rentabilidad es menor que 0% (tabla 8), en concreto, -3,9% (en el caso del vencimiento a 6 meses) y -1,0% (en el caso del vencimiento a 2 años).

	Precio			
	99,000	100,000	101,000	102,000
0,25	4,0%	0,0%	-4,0%	-7,8%
0,50	2,0%	0,0%	-2,0%	-3,9%
Plazo 0,75	1,3%	0,0%	-1,3%	-2,6%
1,00	1,0%	0,0%	-1,0%	-2,0%
2,00	0,5%	0,0%	-0,5%	-1,0%
3,00	0,3%	0,0%	-0,3%	-0,7%

Tabla 8. Rentabilidad de un instrumento cupón
cero en función del plazo y del precio

Por lo tanto, si por un instrumento con rendimiento implícito pagamos un precio superior al nominal (o al precio de venta) obtendremos una rentabilidad negativa.

¿Y qué pasa con un activo con rendimiento explícito? Aquí se deben tener en cuenta los flujos de caja que vamos a cobrar. Así, puede suceder que, aunque paguemos más que el nominal o el precio de venta (por ejemplo, desembolsamos 103 um cuando vamos a cobrar 100 um al vencimiento) nuestra rentabilidad sea positiva dado que vía flujos de caja intermedios vamos a recuperar la «pérdida vía capital».

Ejemplos. Supongamos que un activo financiero paga flujos de caja de 5 um y que, a vencimiento, dentro de 3 años, devuelve 100 um. ¿Qué rentabilidad obtendremos si pagamos 100 um? Respuesta obvia: 5%; ¿Y si pagamos menos de 100 um? Pues obtendremos una rentabilidad superior (mayor cuanto menor sea el precio que pagamos). ¿Y si pagamos más de 100 um? La rentabilidad será inferior al 5% ¿Y pude ser negativa? Sí, si el importe que pagamos es mayor que el importe de los flujos de caja que vamos a cobrar. Así, si pagamos más de 115 um, entonces obtendremos una rentabilidad negativa. En la tabla 9 se recogen ejemplos para su mejor comprensión (en este caso se trata de un activo con rendimiento explícito y vencimiento dentro de 4 años). Si pagamos 100 um, la rentabilidad es igual que el cupón. Si pagamos menos, la TIR es superior al cupón. Y si el desembolso es mayor que el nominal, entonces la rentabilidad es menor que el cupón, siendo negativa si supera el importe de los flujos de caja a cobrar (110 um en el caso del cupón 2,5%; 112 um en el caso del cupón del 3,0% y 114 um en el del 3,5%).

		Cupón	
	2,5%	3,0%	3,5%
99,0	2,77%	3,27%	3,77%
99,5	2,63%	3,13%	3,64%
100,0	2,50%	3,00%	3,50%
100,5	2,37%	2,87%	3,36%
101,0	2,24%	2,73%	3,23%
101,0	2,24%	2,73%	3,23%
110,0	0,00%	0,47%	0,94%
112,5	-0,58%	-0,12%	0,35%
113,0	-0,69%	-0,23%	0,23%
113,5	-0,81%	-0,35%	0,12%
114,0	-0,92%	-0,46%	0,00%

(columna izquierda: Precio)

Tabla 9. Rentabilidad (TIR) en función del precio y del cupón de un bono con un vencimiento a 4 años

En este caso, «no existe» una fórmula para calcular la rentabilidad, sino que se obtiene a través de un proceso iterativo de aproximación a partir del precio de un bono (ecuación 12) como ya vimos en el capítulo anterior.

Ecuación 12. Precio de un instrumento de rendimiento explícito (bono)

$$P = \sum_{i=1}^{n} \frac{Flujo_i}{(1 + TIR)^{Plazo_i}}$$

En conclusión, en los activos con rendimiento implícito (sin flujos de caja intermedios), toda la rentabilidad se deriva de la diferencia entre el pecio pagado y el importe recibido, bien en el momento de la venta, bien a vencimiento. La rentabilidad será mayor cuanto menos paguemos y puede ser negativa si pagamos por encima de lo que vamos a recibir. En el caso de los activos con rendimiento explícito (con flujos de caja intermedios), para calcular la rentabilidad, a la diferencia entre el pecio pagado y el que obtendremos a vencimiento se le debe sumar los flujos de caja que cobremos. Así, para que la rentabilidad sea negativa, tiene que suceder que la diferencia entre el precio pagado y el cobrado sea mayor que el importe de todos los cupones cobrados. O, dicho de otro modo, que el desembolso sea mayor que todo lo que cobramos (es decir, lo mismo que sucedía en el caso de los activos con rendimiento implícito).

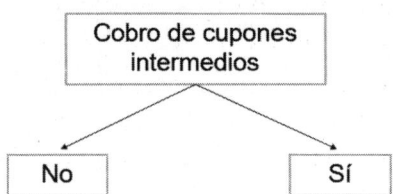

Cobro de cupones intermedios

No

Sí

Rendimiento implícito
Instrumento cupón cero
- Si precio compra < precio venta o amortización
  → Rentabilidad positiva
- Si precio compra > precio venta o amortización
  → Rentabilidad negativa

Rendimiento explícito
- Si precio compra < precio venta o amortización
  → Rentabilidad > cupón
- Si precio compra > precio venta o amortización
  → Rentabilidad < cupón
- Si precio compra > precio venta o amortización
  y > importe de todos los flujos de caja que se
  van a cobrar → Rentabilidad negativa

Recuadro 1.
Cuartiles y percentiles

Cuartil y percentil son dos conceptos estadísticos al que se suele recurrir en la gestión de carteras para informar sobre los rendimientos. Pero no es una información de rentabilidad absoluta sino relativa frente a las carteras o fondos comparables. Así, es habitual segmentar las rentabilidades conseguidas por los fondos de inversión de riesgo similar en 4 grupos. En cada uno de ellos se engloba un 25% de los fondos, ordenados de mayor a menor. En consecuencia, en el cuartil 1 estará el 25% más rentable, mientras que en cuartil 4 el 25% menos rentable. En este sentido, el objetivo de todo gestor de carteras es permanecer de forma constante dentro del primer cuartil.

En el caso del percentil (menos común) se segmenta el total de fondos o carteras en 100 grupos, de nuevo, en función de la rentabilidad. Lo objetivo es estar siempre en los primeros percentiles. Pero es poco común presentar los resultados en términos de percentil porque para que sea «representativo» debe haber, al menos, 300 o más productos comparables.

Ejemplo. Analizar la calidad de gestión de un fondo de inversión que presenta la siguiente evolución mensual por cuartiles.

Figura 1. Evolución mensual del cuartil de una cartera

En este caso, el gestor consiguió mantenerse en el primer cuartil (es decir, entre el 25% de fondos más rentables) durante muchos meses consecutivos (en este caso, 15). No

123

obstante, en la segunda parte del periodo analizado, observamos que ha ido perdiendo puestos en el ranking, de tal forma que ha caído al cuartil 2, luego al 3 y en el último mes, cayó al 4 (es decir, se situó entre el 25% de los fondos con peor rentabilidad). No sabemos si esta caída en los cuartiles se debe a que el fondo ha ganado menos que sus competidores o ha caído más, como tampoco nos aporta información de las causas del mejor comportamiento relativo en la primera mitad del período analizado (¿subió más que los otros fondos o acaso perdió menos?). Es importante señalar que el hecho de que un fondo esté en el primer cuartil (o el último) significa que está entre los 25% más rentables (o entre los 25% menos rentables) pero no dice nada de si su rentabilidad ha sido positiva o negativa. Con una rentabilidad del 5% puedes estar en el último cuartil (por ejemplo, en un período alcista en el que la mayoría de los fondos han ganado más de un 10%) mientras que con una pérdida del 10% puedes estar en el primer cuartil (si el mercado ha sido muy bajista y la media de fondos presentan una caída del orden del 20%).

Recuadro 2.
El elegir bien el momento

Uno de los aspectos clave en la gestión de carteras es elegir de forma correcta el momento de entrada y de salida. El denominado *timing* condiciona la rentabilidad de cualquier estrategia en los mercados financieros. En un mercado alcista o invirtiendo en un buen fondo de inversión puede que no solo no se capte toda la rentabilidad sino, incluso, se pierda dinero. Y, en sentido contrario, «saber entrar y salir» puede permitir aumentar la rentabilidad conseguida en un mercado y/o fondo de inversión. Pero es habitual fallar en el timing. En general, las rentabilidades de los inversores se quedan por debajo de las totales del mercado, así como la de un determinado fondo, ya que tienden a comprar después de que un activo o fondo haya subido y a vender después de que haya perdido valor. Los inversores destruyen valor por hacer *market timing*. En resumen, existen diferencias entre la rentabilidad del fondo (*Time weighted return*) y la del inversor (*Money weighted return*).

En los dos gráficos siguientes se ilustra qué significa hacer mal (el de la izquierda) y buen (el de la derecha) market timing. Veamos el efecto en términos cuantitativos. Así, en el período (suponemos 13 sesiones), el fondo ha generado una rentabilidad del 1,35%, por lo que si invertimos 100 um al principio, tendremos 101,350 al final.

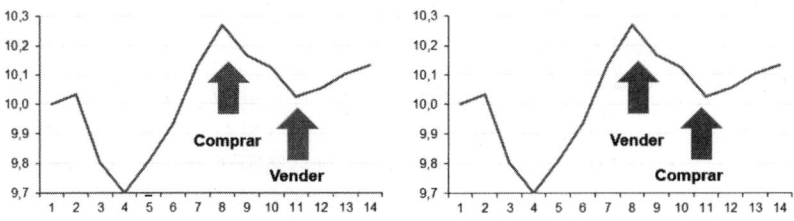

Gráfico 1. Evolución del valor liquidativo y momentos de compra y venta

Pero ahora supongamos que, al cabo de 7 sesiones, y tras la favorable evolución del fondo, optamos por aumentar la posición en 50 um. Error, dado que el fondo comienza a corregir. 3 sesiones después volvemos a cometer otro error al optar por vender 80 um. Comprobamos que la rentabilidad es del -0,177%.

Sesión	VL	Rentabilidad	AUM	Capital	Núm. Participaciones	Plazo	Ponderación	Cálculo
0	10,000		100	100,000	10,000	0,036	1,000	99,823
1	10,034	0,34%		100,340	10,000	0,033	0,923	0,000
2	9,803	-2,30%		98,032	10,000	0,030	0,846	0,000
3	9,700	-1,05%		97,003	10,000	0,027		0,000
4	9,809	1,12%		98,089	10,000	0,025	0,692	0,000
5	9,936	1,30%		99,364	10,000	0,022	0,615	0,000
6	10,133	1,98%		101,332	10,000	0,019	0,538	0,000
7	10,269	1,34%	50	152,690	14,869	0,016	0,462	49,959
8	10,166	-1,00%		151,163	14,869	0,014	0,385	0,000
9	10,126	-0,40%		150,558	14,869	0,011	0,308	0,000
10	10,024	-1,00%	-80	69,053	6,888	0,008	0,231	-79,967
11	10,054	0,30%		69,260	6,888	0,005	0,154	0,000
12	10,105	0,50%		69,606	6,888	0,003	0,077	0,000
13	10,135	0,30%		69,815	6,888	0,000	0,000	0,000
Rentabilidad	1,350%						MWR	-0,177%

Capital invertido	70,000
Capital final	69,815
Plusvalía	-0,185

Tabla 10. Cálculo del *Money Weighted Return* (mal *market timing*)

Con la siguiente ecuación se calcula la *money weighted return* (MWR):

$$C_f = C_o \times (1 + MWR) + \prod_{i=1}^{n} C_i \times (1 + MWR)^{w_i}$$

Donde:
C_f: Capital final
C_o: Capital inicial
MWR: *Money Weighted Return*
C_i: Flujo de caja de inversión o desinversión
w_i: proporción de tiempo que supone el plazo entre este flujo de caja y el momento final
n: número de entradas y salidas (sin contar la primera)

El problema es que para resolver esta ecuación necesitamos aplicar un proceso iterativo de búsqueda de solución, que es muy laborioso, para el que podemos aplicar, por ejemplo, la función SOLVER del Excel. Veamos qué sucede si estamos acertados en el market timing y, así, vendemos 50 um en el máximo y compramos 80 um tras la corrección. El resultado es una rentabilidad del 3,026% (cuando el fondo ha conseguido un 1,35%).

Sesión	VL	Rentabilidad	AUM	Capital	Núm. Participaciones	Plazo	Ponderación	Cálculo
0	10,000		100	100,000	10,000	0,036	1,000	103,026
1	10,034	0,34%		100,340	10,000	0,033	0,923	0,000
2	9,803	-2,30%		98,032	10,000	0,030	0,846	0,000
3	9,700	-1,05%		97,003	10,000	0,027		0,000
4	9,809	1,12%		98,089	10,000	0,025	0,692	0,000
5	9,936	1,30%		99,364	10,000	0,022	0,615	0,000
6	10,133	1,98%		101,332	10,000	0,019	0,538	0,000
7	10,269	1,34%	-50	52,690	5,131	0,016	0,462	-50,693
8	10,166	-1,00%		52,163	5,131	0,014	0,385	0,000
9	10,126	-0,40%		51,954	5,131	0,011	0,308	0,000
10	10,024	-1,00%	80	131,435	13,112	0,008	0,231	80,552
11	10,054	0,30%		131,829	13,112	0,005	0,154	0,000
12	10,105	0,50%		132,488	13,112	0,003	0,077	0,000
13	10,135	0,30%		132,886	13,112	0,000	0,000	0,000
Rentabilidad	1,350%						MWR	3,026%

Capital invertido	130,000
Capital final	132,886
Plusvalía	2,886

Tabla 11. Cálculo del *Money Weighted Return* (buen *market timing*)

Para terminar con la explicación, dos ejemplos más que ilustran la importancia de seleccionar bien los momentos de compra y venta. Si la operativa es óptima, elevamos la rentabilidad hasta el 5,903% pero si es un desastre, entonces se sufrirá una pérdida del 0,644%.

Sesión	VL	Rentabilidad	AUM	Capital	Núm. Participaciones	Plazo	Ponderación	Cálculo
0	10,000		100	100,000	10,000	0,036	1,000	105,903
1	10,034	0,34%	-30	70,340	7,010	0,033	0,923	-31,631
2	9,803	-2,30%		68,722	7,010	0,030	0,846	0,000
3	9,700	-1,05%	30	98,001	10,103	0,027		30,000
4	9,809	1,12%		99,098	10,103	0,025	0,692	0,000
5	9,936	1,30%		100,386	10,103	0,022	0,615	0,000
6	10,133	1,98%		102,374	10,103	0,019	0,538	0,000
7	10,269	1,34%	-50	53,746	5,234	0,016	0,462	51,341
8	10,166	-1,00%		53,208	5,234	0,014	0,385	0,000
9	10,126	-0,40%		52,996	5,234	0,011	0,308	0,000
10	10,024	-1,00%	50	102,466	10,222	0,008	0,231	50,666
11	10,054	0,30%		102,773	10,222	0,005	0,154	0,000
12	10,105	0,50%		103,287	10,222	0,003	0,077	0,000
13	10,135	0,30%		103,597	10,222	0,000	0,000	0,000
Rentabilidad	1,350%						MWR	5,903%

Capital invertido	100,000
Capital final	103,597
Plusvalía	3,597

Tabla 12. Cálculo de *Money Weighted Return.* Óptimo *market timing*

Sesión	VL	Rentabilidad	AUM	Capital	Núm. Participaciones	Plazo	Ponderación	Cálculo
0	10,000		100	100,000	10,000	0,036	1,000	99,356
1	10,034	0,34%	30	130,340	12,990	0,033	0,923	29,822
2	9,803	-2,30%		127,342	12,990	0,030	0,846	0,000
3	9,700	-1,05%	-30	96,005	9,897	0,027		-30,000
4	9,809	1,12%		97,080	9,897	0,025	0,692	0,000
5	9,936	1,30%		98,342	9,897	0,022	0,615	0,000
6	10,133	1,98%		100,290	9,897	0,019	0,538	0,000
7	10,269	1,34%	50	151,633	14,766	0,016	0,462	49,851
8	10,166	-1,00%		150,117	14,766	0,014	0,385	0,000
9	10,126	-0,40%		149,517	14,766	0,011	0,308	0,000
10	10,024	-1,00%	-50	98,021	9,778	0,008	0,231	-49,926
11	10,054	0,30%		98,316	9,778	0,005	0,154	0,000
12	10,105	0,50%		98,807	9,778	0,003	0,077	0,000
13	10,135	0,30%		99,104	9,778	0,000	0,000	0,000
Rentabilidad	1,350%						MWR	-0,644%

Capital invertido	100,000
Capital final	99,104
Plusvalía	-0,896

Tabla 13. Cálculo de *Money Weighted Return.* Pésimo *market timing*

Recuadro 3.
Índices precio e índices rentabilidad total

Como es sabido, aunque existen instrumentos financieros con rendimiento implícito, la mayoría son de rendimiento explícito, es decir, pagan flujos de caja. Éstos pueden ser cupones (además de la devolución del principal al vencimiento) en el caso de la renta fija y dividendos en el de las acciones (en este caso, la remuneración también se puede producir vía ampliación de capital liberada u otros pagos a los accionistas).

Ante la importancia de los flujos de caja que se van cobrando a lo largo de la inversión en la rentabilidad que se obtiene (sobre todo si el plazo de la inversión es largo), es muy útil calcular y analizar los denominados índices «rentabilidad total» o *total return*. La diferencia entre éstos y los «índices precio» (price) es que tienen en cuenta todos los flujos cobrados (dividendos, acciones, etc.), suponiéndose, además, su reinversión.

Es decir, un índice de renta fija o de renta variable «precio» refleja el cambio en el precio de los bonos y de las acciones que lo componen, sin tener en cuenta los cupones o dividendos u otros pagos recibidos por los bonistas o los accionistas, respectivamente. Por su parte, un índice «rentabilidad total» o *total return* incluye todos los flujos obtenidos, suponiendo su reinversión. En resumen, el índice de rentabilidad total proporciona una visión más completa del rendimiento total de las acciones, ya que tiene en cuenta tanto la apreciación del precio como los pagos de dividendos.

La diferencia entre la rentabilidad acumulada de índices se puede interpretar como la rentabilidad por dividendo (en el caso de los índices de renta variable) o la rentabilidad vía cupones (en el de la renta fija). Como es sabido, en el caso de las acciones, los dividendos no es la única fuente de rentabilidad, mientras que en el de la renta fija los cupones sí lo son (al menos, en horizontes temporales largos). En el gráfico 2 se puede comprobar cómo la rentabilidad acumulada del índice Eurostoxx 50 precio desde su nacimiento en enero de 1992 es del 355% que, en términos anualizados (ver ecuación 3), supone un 4,84%. Pero a esta rentabilidad se le debe sumar el importe de los dividendos cobrados (así como otras fuentes de rentabilidad) que suponen un 2,78% anual. Así, la rentabilidad total anualizada es del 7,61%.

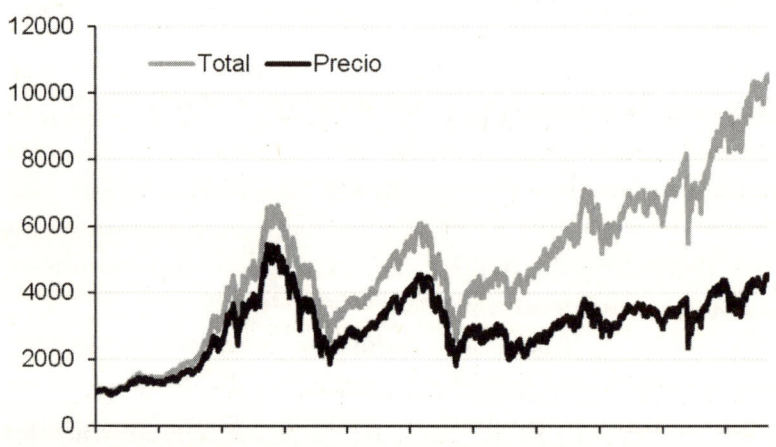

	Precio	Total	Plazo (años)
Rentabilidad acumulada	355%	953%	32,1
Rentabilidad anualizada	4,84%	7,61%	
Diferencia		2,78%	

Gráfico 2. Evolución del Eurostoxx 50 precio y
del Eurostoxx 50 rentabilidad total

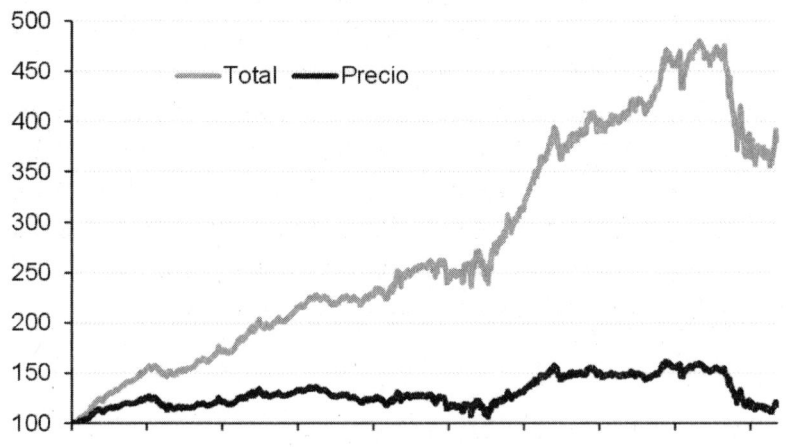

	Precio	Total	Plazo (años)
Rentabilidad acumulada	18%	281%	28,1
Rentabilidad anualizada	0,60%	4,88%	
	Diferencia	4,29%	

Gráfico 3. Evolución del índice Afi de Deuda
Española precio y rentabilidad total

En el caso de la renta fija (gráfico 3), la rentabilidad vía
precio es prácticamente nula (si es positiva es porque los
bonos se emiten con un ligero descuento) por lo que prácticamente toda la rentabilidad procede del cupón. En este
caso, la rentabilidad total anualizada es del 4,88%

4.
MEDIDAS ESTADÍSTICAS DEL COMPORTAMIENTO CONJUNTO DE VARIOS ACTIVOS

Introducción

El ámbito diferencial de la gestión de carteras frente a la inversión en activos individuales es la necesidad de tomar en consideración el comportamiento conjunto de las distintas clases de activos. Dado que una cartera invierte en más de un activo, es clave conocer la relación de la evolución de los precios de los distintos activos que la componen, así como el de otros que estemos planteando incorporar. Necesitamos saber si existe dependencia entre los rendimientos y, en caso de que exista, cuál es su «grado de fortaleza». Considerar de forma aislada la rentabilidad y el riesgo del activo A, B y C no nos dice nada acerca de la conexión entre ellos, ni del efecto que tendrá invertir en los tres de forma simultánea. Para poder cuantificar la relación hemos de analizar de forma conjunta la evolución de sus precios. Estos cálculos permitirán realizar una correcta diversificación de la cartera, estrategia clave para reducir su riesgo total. Una de las palancas más potentes para la gestión de carteras es la diversificación, esto es, incorporar activos que no estén alta y positivamente correlacionados. Es precisamente aquí donde descansa la generación de ganancias por diversificación, lo que resulta ser la base de la moderna teoría de carteras. De forma análoga al caso de los indicadores de riesgo, recurrimos a estadísticos básicos que nos indican en términos absolutos y relativos en qué medida dos activos, o mercados, se mueven en una misma dirección. Se trata de la covarianza y del coeficiente de correlación, entre los que existe una relación directa. La intención de este capítulo es estudiar los indicadores básicos de la relación de los precios de los activos financieros.

4.1. Observación gráfica de la relación entre variables

Una primera forma de estudiar el grado de relación en el comportamiento de las variables financieras es mediante la observación gráfica. Así, a partir de una ilustración en la que en cada eje pongamos la variación del precio de un activo, podremos apreciar si existe una correlación positiva e intensa, una positiva pero débil, una ausencia de correlación, una correlación negativa pero débil o una negativa pero fuerte.

En el gráfico 1 se recogen tres ejemplos diferentes. Las variables de los dos primeros presentan relación, en concreto, lineal y positiva en el primer caso (cuando la variable del eje X aumenta, también lo hace la representada en el eje Y) y lineal y negativa en el segundo (si la variable X cae en precio, la variable Y se revaloriza). En el tercer caso podemos decir que hay ausencia de relación ya que variaciones positivas del precio de la variable X coexisten con alzas, pero también bajadas (e incluso ausencia de movimiento) de la variable Y. De forma adicional, cuando la variable X cae, la variable Y puede subir, no hacer nada o también caer. Es claro que hay ausencia de correlación entre las variaciones del precio de la variable X y las de la variable Y.

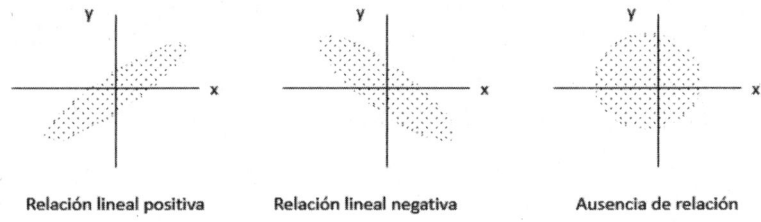

Relación lineal positiva Relación lineal negativa Ausencia de relación

Gráfico 1. Ejemplos de relación.

Además de las dos correlaciones lineales del gráfico 1, es posible encontrar otras formas de correlación denominadas «no lineales». En el gráfico 2 se observa un ejemplo (otros son las relaciones logarítmicas, exponenciales, etc.).

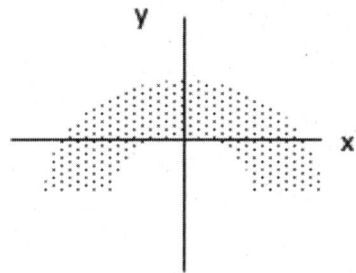

Relación no lineal

Gráfico 2. Relación no lineal

4.2. Covarianza

La covarianza ($S_{x,y}$ o $\sigma_{x,y}$), es una medida estadística que informa sobre la relación entre el movimiento de dos activos. Se calcula como la media aritmética de los productos de las diferencias de los rendimientos respecto a sus respectivas medias. La fórmula para el cálculo se recoge en la ecuación 1.

Ecuación 1. Covarianza

$$S_{x,y} = \sigma_{x,y} = \frac{1}{n}\sum_{i=1}^{n}(x_i - \bar{x})(y_i - \bar{y})$$

Donde x_i e y_i miden el rendimiento del activo X e Y, respectivamente, y $\bar{x}$ e $\bar{y}$ el rendimiento medio.

Veamos un ejemplo de cálculo. ¿Cuál es la covarianza de los dos activos o carteras que se reflejan en la tabla 1?

	Rentabiidad	
Año	A	B
1	2,00%	3,00%
2	3,00%	4,30%
3	1,50%	0,50%
4	-2,30%	-1,40%
5	-1,30%	-2,60%
6	4,00%	4,50%
7	-2,20%	-2,00%
8	-0,50%	-1,50%
9	1,20%	1,80%
Promedio	0,60%	0,73%

Tabla 1. Rentabilidades anuales de 2 carteras

Antes de realizar los cálculos, representemos en un gráfico los rendimientos anuales (el eje de la X mide la rentabilidad de la cartera A mientras que el eje Y recoge la rentabilidad de la cartera B). Cada punto uno es un año (hay un total de nueve) y se observa una clara relación positiva entre ellos. Es decir, los años en los que una cartera se revaloriza, también lo hace la otra. Y si A cae, también lo hace B.

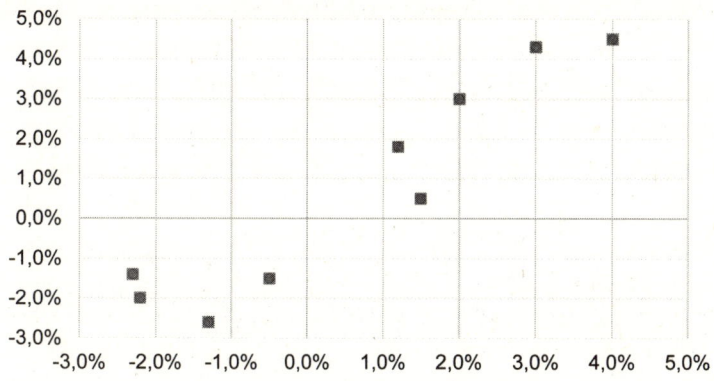

Gráfico 3. Rendimientos anuales

Demos un paso más y calculemos la covarianza utilizando la ecuación 1. En la tabla 2 se reflejan los cálculos, así como el resultado: 0,00053.

Año		Rentabiidad A	B	Covarianza A-B
	1	2,00%	3,00%	0,00032
	2	3,00%	4,30%	0,00086
	3	1,50%	0,50%	-0,00002
	4	-2,30%	-1,40%	0,00062
	5	-1,30%	-2,60%	0,00063
	6	4,00%	4,50%	0,00128
	7	-2,20%	-2,00%	0,00077
	8	-0,50%	-1,50%	0,00025
	9	1,20%	1,80%	0,00006
Promedio		0,60%	0,73%	**0,00053**
				Covarianza

Tabla 2. Cálculo de la covarianza

Más interesante que el valor numérico de la covarianza lo es su signo. Una covarianza positiva indica que las cotizaciones

137

de los dos activos se mueven, habitualmente, en el mismo sentido. Es decir, si uno se revaloriza, el otro también; si X cae, Y también lo hace (como en el ejemplo anterior). Una covarianza negativa no significa que las variables no estén relacionadas, sino que lo están de forma negativa (si X se revaloriza, Y generalmente cae, y viceversa). Veámoslo añadiendo una nueva cartera al ejemplo anterior. En la tabla 3 se recogen ahora tres carteras y en el gráfico 4 se observa cómo la relación entre los rendimientos de la cartera A y la C es negativa.

	Rentabiidad		
Año	A	B	C
1	2,00%	3,00%	-1,00%
2	3,00%	4,30%	-2,00%
3	1,50%	0,50%	-1,00%
4	-2,30%	-1,40%	0,90%
5	-1,30%	-2,60%	2,30%
6	4,00%	4,50%	-2,00%
7	-2,20%	-2,00%	1,00%
8	-0,50%	-1,50%	0,80%
9	1,20%	1,80%	-0,60%
Promedio	0,60%	0,73%	-0,18%

Tabla 3. Rentabilidades anuales de 3 carteras

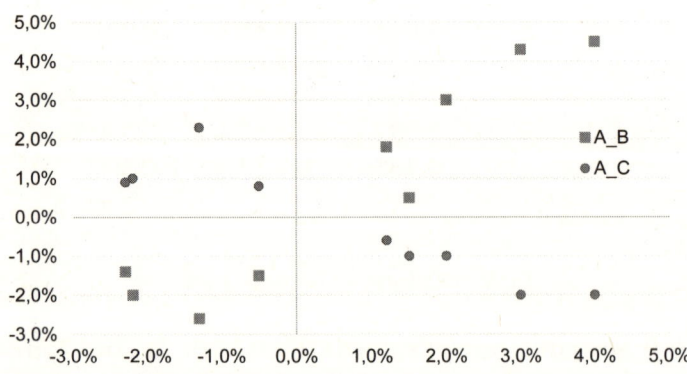

Gráfico 4. Rendimientos anuales de 3 carteras

Sigamos. ¿Cómo se interpreta una covarianza cercana a 0? En este caso podemos decir que las variables no están relacionadas entre sí. En la tabla 4 hemos incorporado una cuarta cartera (la D) que, tal y como se observa en el gráfico 5 no parece presentar una clara correlación (ni negativa ni positiva) con las otras dos carteras.

| Año | Rentabiidad | | | |
	A	B	C	D
1	2,00%	3,00%	-1,00%	-2,00%
2	3,00%	4,30%	-2,00%	1,00%
3	1,50%	0,50%	-1,00%	5,00%
4	-2,30%	-1,40%	0,90%	-0,30%
5	-1,30%	-2,60%	2,30%	-1,50%
6	4,00%	4,50%	-2,00%	3,00%
7	-2,20%	-2,00%	1,00%	2,30%
8	-0,50%	-1,50%	0,80%	0,80%
9	1,20%	1,80%	-0,60%	-1,20%
Promedio	0,60%	0,73%	-0,18%	0,79%

Tabla 4. Rentabilidades anuales de 4 carteras

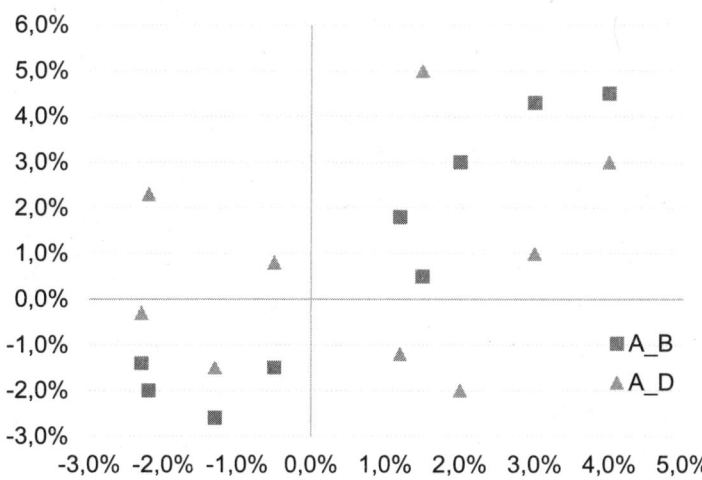

Gráfico 5. Rendimientos anuales de 3 carteras

139

Pasemos a hacer los cálculos de las covarianzas para comprobarlo. Los resultados están en la tabla 5. Sabemos que cada cartera tiene distintos rendimientos anuales medios (0,60%, 0,73%, -0,18% y 0,79%, respectivamente).

Año	Rentabilidad				Covarianzas				
	A	B	C	D	A con B	A con C	A con D	B con C	C con D
1	2,00%	3,00%	-1,00%	-2,00%	0,00032	-0,00012	-0,00039	-0,00019	0,00023
2	3,00%	4,30%	-2,00%	1,00%	0,00086	-0,00044	0,00005	-0,00065	-0,00004
3	1,50%	0,50%	-1,00%	5,00%	-0,00002	-0,00007	0,00038	0,00002	-0,00035
4	-2,30%	-1,40%	0,90%	-0,30%	0,00062	-0,00031	0,00032	-0,00023	-0,00012
5	-1,30%	-2,60%	2,30%	-1,50%	0,00063	-0,00047	0,00043	-0,00083	-0,00057
6	4,00%	4,50%	-2,00%	3,00%	0,00128	-0,00062	0,00075	-0,00069	-0,00040
7	-2,20%	-2,00%	1,00%	2,30%	0,00077	-0,00033	-0,00042	-0,00032	0,00018
8	-0,50%	-1,50%	0,80%	0,80%	0,00025	-0,00011	0,00000	-0,00022	0,00000
9	1,20%	1,80%	-0,60%	-1,20%	0,00006	-0,00003	-0,00012	-0,00005	0,00008
Promedio	0,60%	0,73%	-0,18%	0,79%	**0,00053**	**-0,00028**	**0,00011**	**-0,00035**	**-0,00011**

Tabla 5. Rentabilidades anuales de 4 carteras y covarianza

La covarianza se calcula entre pares de valores (A con B, A con C, A con D, B con C y C con D) siendo los resultados para este ejemplo 0,00053, -0,00028, 0,00011, -0,00035 y -0,00011. Es decir, en principio, A y B están correlacionados de forma positiva (cuando uno sube o baja el otro también suele subir o bajar), así como A con D, pero A y C lo están de forma negativa, como también es el caso de B y C y C con D. Así pues, parece que incorporar los activos C y D a la cartera compuesta por A y B aportará diversificación. Pero apreciamos una limitación en la covarianza y es que, si bien el signo (positivo o negativo) es informativo, no lo es tanto su valor numérico (no sabemos muy bien qué significa 0,00053). Ello se debe a que no está normalizado con respecto a ninguna referencia. Para solventar este problema se recurre al coeficiente de correlación.

4.3. Coeficiente de correlación

El coeficiente de correlación (expresado con la letra r) mide en términos relativos la intensidad y la dirección de la relación lineal entre la variación del precio de dos activos, es decir, si se mueven en el mismo sentido y con qué fortaleza se mantiene la relación. El coeficiente de correlación (ecuación 2) es el cociente entre la covarianza y el producto de las desviaciones típicas de cada una de las variables.

Ecuación 2. Coeficiente de correlación

$$r = \frac{S_{x,y}}{\sigma_x \sigma_y}$$

La desviación típica es una de las denominadas «medidas estadísticas de dispersión» que mide cómo de representativa es la media aritmética, es decir, como de los alejados están los valores respecto a está. Como se verá en el siguiente capítulo, la desviación típica de los rendimientos (denomina «volatilidad») es uno de los principales indicadores del riesgo. La fórmula de la desviación típica se recoge en la ecuación 3.

Ecuación 3. Desviación típica

$$\sigma = \sqrt{\frac{\sum_{h=1}^{n}(R_{i,h} - \overline{R})^2}{n}}$$

El rango de variación del coeficiente de correlación está limitado entre –1 y 1, de tal forma que en los casos extremos tenemos estas tres situaciones:

- Correlación = - 1 Correlación total y negativa entre las dos variables
- Correlación = 0 Ausencia de correlación entre las dos variables
- Correlación = + 1 Correlación total y positiva entre las dos variables

Si las rentabilidades de dos activos se mueven en el mismo sentido durante todos los períodos analizados, el valor del coeficiente será 1. Si, por el contrario, se han movido en dirección opuesta todas las sesiones, su coeficiente de correlación será −1. Cuando este coeficiente se encuentra en valores que no son 1 o −1, muestra que predomina una relación directa o inversa, pero no perfecta. Si su valor es 0 se puede decir que son independientes y no se puede establecer ningún tipo de relación.

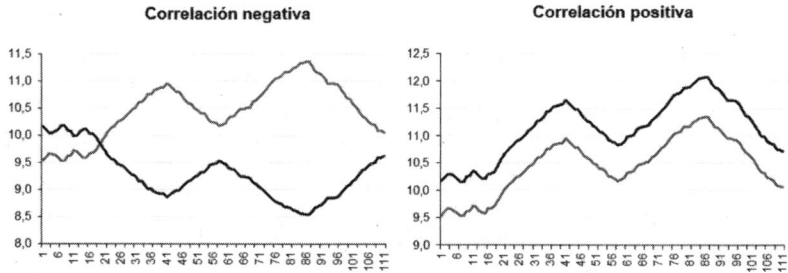

Gráfico 6. Correlación

Por lo tanto, si se quiere diversificar una cartera con la intención de reducir el riesgo, habrá que aumentar el número de activos que la componen, buscando que entre ellos presenten la menor correlación posible e, incluso, correlación negativa.

Veamos los cálculos con las cuatro carteras anteriores (tabla 6)

Año	Rentabilidad				Covarianzas						Desviación típica			
	A	B	C	D	A con B	A con C	A con D	B con C	B con D	C con D	A	B	C	D
1	2,00%	3,00%	-1,00%	-2,00%	0,00032	-0,00012	-0,00039	-0,00019	-0,00063	0,00023	0,000196	0,0005138	6,76049E-05	0,00077779
2	3,00%	4,30%	-2,00%	1,00%	0,00086	-0,00044	0,00005	-0,00065	0,00008	-0,00004	0,000576	0,0012721	0,000332049	4,45679E-06
3	1,50%	0,50%	-1,00%	5,00%	-0,00002	-0,00007	0,00038	0,00002	-0,00010	-0,00035	0,000081	5,444E-06	6,76049E-05	0,001773346
4	-2,30%	-1,40%	0,90%	-0,30%	0,00062	-0,00031	0,00032	-0,00023	0,00023	-0,00012	0,000841	0,0004551	0,00011616	0,000118568
5	-1,30%	-2,60%	2,30%	-1,50%	0,00063	-0,00047	0,00043	-0,00063	0,00076	-0,00057	0,000361	0,0011111	0,000613938	0,000523901
6	4,00%	4,50%	-2,00%	3,00%	0,00128	-0,00062	0,00075	-0,00069	0,00083	-0,00040	0,001156	0,0014188	0,000332049	0,000488901
7	-2,20%	-2,00%	1,00%	2,30%	0,00077	-0,00033	-0,00042	-0,00032	-0,00041	0,00018	0,000784	0,0007471	0,000138716	0,000228346
8	-0,50%	-1,50%	0,80%	0,80%	0,00025	-0,00011	0,00000	-0,00022	0,00000	0,00000	0,000121	0,0004988	9,56049E-05	1,23457E-08
9	1,20%	1,80%	-0,60%	-1,20%	0,00006	-0,00003	-0,00012	-0,00005	-0,00021	0,00008	0,000036	0,0001138	1,78272E-05	0,000395568
Promedio	0,60%	0,73%	-0,18%	0,79%	0,00053	-0,00028	0,00011	-0,00035	0,00006	-0,00011	2,15%	2,61%	1,41%	2,19%

0,94	Correlación entre A y B
-0,92	Correlación entre A y C
0,24	Correlación entre A y D
-0,95	Correlación entre B y C
0,11	Correlación entre B y D
-0,35	Correlación entre C y D

Tabla 6. Cálculo de correlaciones

La A y B están alta y positivamente correlacionadas (0,94), mientras que con C las dos presentan una alta y negativa correlación (-0,92 y -0,95). Por su parte, podríamos decir que entre A y D la relación es positiva, pero débil (r es igual a 0,24), al igual que entre B y D (el coeficiente de correlación es 0,11). En cuanto a C y D, su correlación es negativa, pero también relativamente débil (-0,35). Estas relaciones se puede observar en el gráfico 7.

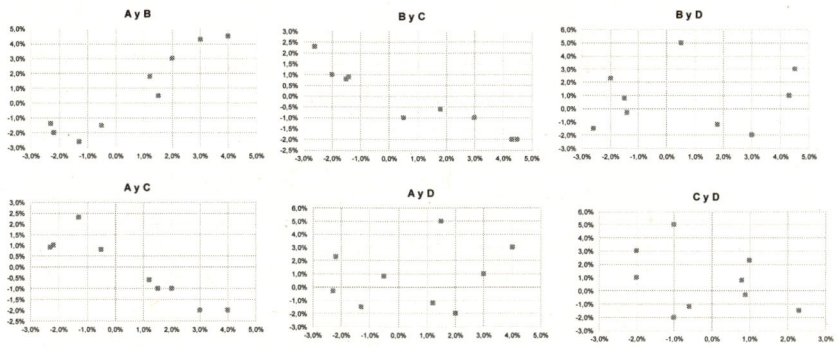

Gráfico 7. Relación entre carteras.

En este punto, nos gustaría hacer una advertencia: tanto con la covarianza como con el coeficiente de correlación obtenemos un indicador de la dirección y fortaleza de la relación lineal entre dos variables, en términos absolutos y relativos, respectivamente. No obstante, no podemos inferir relaciones de causalidad en el comportamiento de las mismas. Es decir, si A y B están alta y positivamente correlacionadas no significa que los movimientos de A provoquen los de B, ya que puede pasar que las dos variables estén condicionadas una tercera variable.

143

Por último, señalar que existe otra forma de calcular la covarianza y que en ocasiones simplifica los cálculos (ver ecuación 4).

Ecuación 4. Cálculo de la covarianza

$$S_{x,y} = \frac{\sum_{i=1}^{n}(x_i - x_{me})(y_i - y_{me})}{n} = \frac{\sum_{i=1}^{n}xy}{n} - x_{me}y_{me}$$

Donde: x_{me} e y_{me} son la media de X y de Y, respectivamente. En la tabla 7 se recoge un ejemplo de cálculo.

	Rendimientos anuales		
Año	ABC	XYZ	ABX x XYZ
1	7,0%	5,0%	0,35%
2	15,0%	13,0%	1,95%
3	5,0%	7,0%	0,35%
4	-3,0%	-5,0%	0,15%
5	1,0%	3,0%	0,03%
Media	5,00%	4,60%	0,5660%

Tabla 7. Cálculo de la covarianza

Primero se multiplican los rendimientos, luego se suman y el total se divide entre el número de datos (5). Al resultado (0,5660%) se le resta el producto de la media de los rendimientos y se obtiene la covarianza (0,5660% - 5,0% x 4,6% = 0,336%).

4.4. R^2

Como ya hemos comentado, uno de los problemas de la covarianza es que su valor no se puede interpretar (está muy sesgada por la magnitud de los valores de las series). Para solucionarlo se recurre al coeficiente de correlación (r) que ya sabemos que oscila entre -1 y 1. Otra alternativa (cuyo uso es más frecuente) es la R^2, que no es más que el cuadrado de r y, por lo tanto, su valor oscila entre 0 y 1. Así, dos activos que presenten una R^2 cercana a 1 estarán altamente correlacionados (ahora no sabemos si positiva o negativamente) mientras que si la R^2 se acerca a 0 podemos decir que sus movimientos no presentan ningún tipo de relación.

Ecuación 5. R^2

$$R^2 = r^2$$

Ejemplo. Una cartera y su índice de referencia presentan los rendimientos mensuales que aparecen en el tabla 8. ¿Qué relación existe entre ellas?

Cartera	Índice
-2,00%	-1,80%
2,15%	2,05%
0,56%	0,05%
1,12%	0,95%
-1,20%	-1,35%
2,23%	1,34%
-3,53%	-1,25%
0,05%	-0,10%
2,24%	3,05%
1,56%	1,69%
-2,10%	-1,80%
3,34%	2,80%

Tabla 8. Rendimientos mensuales

Los resultados aparecen en la tabla 9, en la que se ha añadido (última fila de las dos primeras columnas) los rendimientos medios mensuales (0,37% y 0,47%), datos necesarios para calcular las desviaciones típicas (ver ecuación 3): 2,05% (cartera) y 1,69% (índice de referencia). Según la ecuación 1, la covarianza es 0,0322%, por lo que ya podemos calcular el coefeciente de correlación r (0,931) que, elevándolo al cuadrado, nos da $R^2 = 0,867$. Podemos decir que la cartera y el índice de referencia que utiliza el gestor tienen correlación alta y positiva.

Cartera	Índice	Cartera	Índice	Covarianza
-2,00%	-1,80%	0,06%	0,05%	0,05%
2,15%	2,05%	0,03%	0,02%	0,03%
0,56%	0,05%	0,00%	0,00%	0,00%
1,12%	0,95%	0,01%	0,00%	0,00%
-1,20%	-1,35%	0,02%	0,03%	0,03%
2,23%	1,34%	0,03%	0,01%	0,02%
-3,53%	-1,25%	0,15%	0,03%	0,07%
0,05%	-0,10%	0,00%	0,00%	0,00%
2,24%	3,05%	0,04%	0,07%	0,05%
1,56%	1,69%	0,01%	0,01%	0,01%
-2,10%	-1,80%	0,06%	0,05%	0,06%
3,34%	2,80%	0,09%	0,05%	0,07%

Media	0,37%	0,47%	2,05%	1,69%	0,0322%
Coeficiente de correlación				0,931
R2				0,867

Tabla 9. Cálculo de la R^2

4.5. Línea característica

En el gráfico 8 se representan los datos del ejemplo anterior. En el eje horizontal (también denominado eje X o eje de ordenadas) se presentan las rentabilidades mensuales del índice de referencia, dado que se supone que es la variable independiente. En eje vertical (eje Y o eje de ordenadas) se representan los rendimientos mensuales del fondo, dado que se supone que es la variable dependiente, es decir, el gestor de la cartera podrá conseguir una rentabilidad que estará en función de lo que haga el índice de referencia. Cada punto es, en este caso, un mes. Este gráfico es como los que ya hemos visto (gráfico 7) si bien hemos añadido una línea, en concreto, la recta de regresión. Excede del objetivo de este libro explicar en técnicas econométricas, pero sirva en este punto con señalar que esta recta es la que minimiza la distancia al cuadrado de cada punto con la recta.

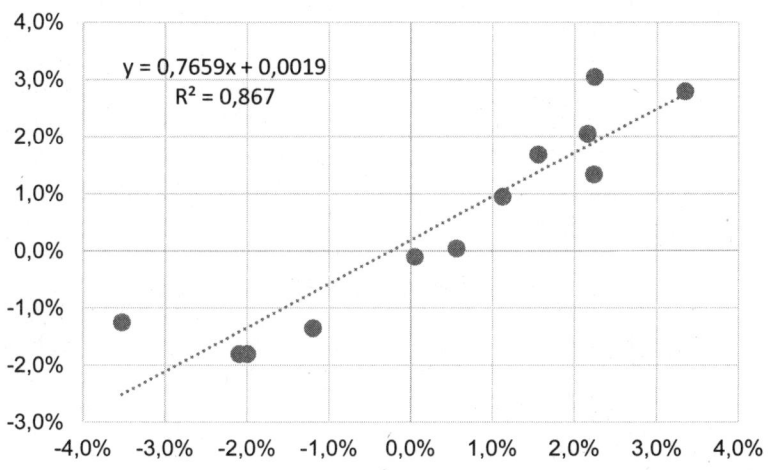

Gráfico 8. Línea característica.

Esta recta recibe el nombre de línea característica y tiene la forma que se representa en la ecuación 6. Por lo tanto, podemos decir que la rentabilidad de la cartera (eje y) está en función (es «dependiente») del rendimiento del índice de referencia (eje X) multiplicado por un parámetro (beta, como se comentará en el próximo capítulo), que en este caso es 0,7659 más una constante (0,019 o, dado que estamos hablando de tasas de rentabilidad, 0,19%. Esta relación no es perfecta, como se observa en el gráfico: los puntos no están exactamente en la recta de regresión o también en la R^2, que no es 1 sino 0,867 (como ya habíamos calculado en el apartado anterior).

Ecuación 6. Línea característica

$$y = a + bx$$

Rentabilidad de la cartera = Constante + Pendiente x rentabilidad del índice de referencia

Rentabilidad de la cartera = Alfa + Beta x rentabilidad del índice de referencia

Atención a la tabla 10 en la que se recoge el mismo índice de referencia pero ahora los rendimientos obtenidos por otro gestor. Se comprueba que la R^2 es muy cercana a 1, lo que se constata en el gráfico 9: los puntos van muy pegados a la línea característica.

| | | | Desviacion típica | | |
	Cartera	Índice	Cartera	Índice	Covarianza
	-1,85%	-1,80%	0,05%	0,05%	0,05%
	2,10%	2,05%	0,03%	0,02%	0,03%
	-0,10%	0,05%	0,00%	0,00%	0,00%
	1,10%	0,95%	0,00%	0,00%	0,00%
	-1,45%	-1,35%	0,03%	0,03%	0,03%
	0,85%	1,34%	0,00%	0,01%	0,00%
	-1,50%	-1,25%	0,04%	0,03%	0,03%
	-0,05%	-0,10%	0,00%	0,00%	0,00%
	3,24%	3,05%	0,08%	0,07%	0,07%
	1,66%	1,69%	0,02%	0,01%	0,02%
	-1,90%	-1,80%	0,05%	0,05%	0,05%
	2,84%	2,80%	0,06%	0,05%	0,06%
Media	0,41%	0,47%	1,76%	1,69%	0,0295%
	Coeficiente de correlación				0,996
	R2				0,991

Tabla 10. Cálculo de la R^2

148

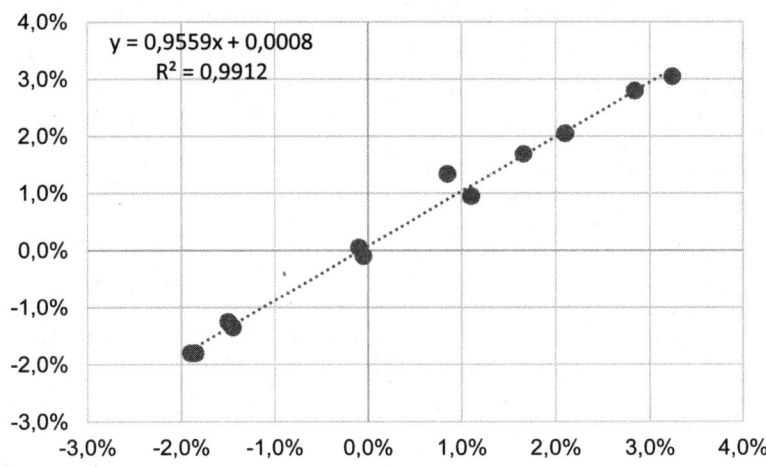

Gráfico 9. Línea característica.

Por su parte, el gestor de la tabla 11, se aleja más del índice de referencia, lo que se observa tanto de forma visual (gráfico 10) como en la R^2 de la línea característica, que cae hasta 0,677. Cartera e índice de referencia sigue mostrando correlación positiva, pero ahora ya no tan fuerte.

| | | Desviacion típica | | |
Cartera	Índice	Cartera	Índice	Covarianza
-0,55%	-1,80%	0,01%	0,05%	0,03%
0,10%	2,05%	0,00%	0,02%	-0,01%
-1,10%	0,05%	0,03%	0,00%	0,01%
2,10%	0,95%	0,02%	0,00%	0,01%
-1,95%	-1,35%	0,06%	0,03%	0,05%
1,85%	1,34%	0,02%	0,01%	0,01%
-2,25%	-1,25%	0,08%	0,03%	0,05%
-1,05%	-0,10%	0,03%	0,00%	0,01%
4,24%	3,05%	0,13%	0,07%	0,09%
0,66%	1,69%	0,00%	0,01%	0,00%
-0,90%	-1,80%	0,02%	0,05%	0,03%
5,94%	2,80%	0,29%	0,05%	0,12%

Media	0,59%	0,47%	2,41%	1,69%	0,0334%
	Coeficiente de correlación				0,823
	R2				0,678

Tabla 11. Cálculo de la R^2

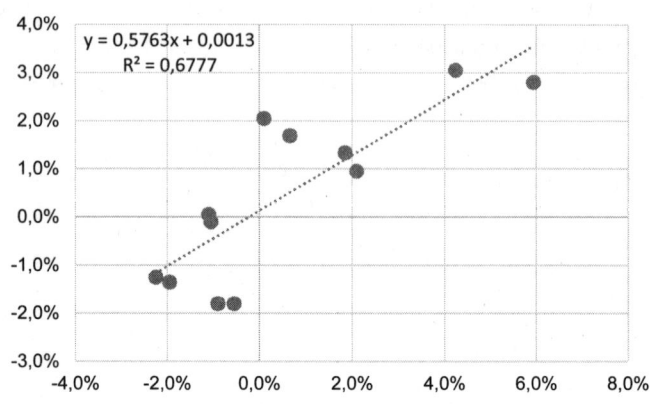

Gráfico 10. Línea característica.

¿Qué podemos decir del gestor de la tabla 12? Si atendemos a la R^2 (0,003) y al gráfico 11, podemos afirmar que los rendimientos de esta cartera no tienen nada que ver con los del índice de referencia: no existe correlación entre ellos. La línea característica no tiene ninguna capacidad representativa (el gráfico 11 es una «nube de puntos» muy dispersa, como el tercer ejemplo del gráfico 1).

| | | Desviacion típica | | |
Cartera	Índice	Cartera	Índice	Covarianza
-0,55%	-1,80%	0,01%	0,05%	0,02%
1,10%	2,05%	0,00%	0,02%	0,01%
1,50%	0,05%	0,01%	0,00%	0,00%
-2,00%	0,95%	0,06%	0,00%	-0,01%
1,85%	-1,35%	0,02%	0,03%	-0,02%
0,85%	1,34%	0,00%	0,01%	0,00%
2,98%	-1,25%	0,06%	0,03%	-0,04%
1,05%	-0,10%	0,00%	0,00%	0,00%
0,24%	3,05%	0,00%	0,07%	-0,01%
-0,66%	1,69%	0,01%	0,01%	-0,01%
-1,90%	-1,80%	0,06%	0,05%	0,06%
1,94%	2,80%	0,02%	0,05%	0,03%

Media: 0,53% | 0,47% | 1,48% | 1,69% | 0,0014%

Coeficiente de correlación   0,057

R2   0,003

Tabla 12. Cálculo de la R^2

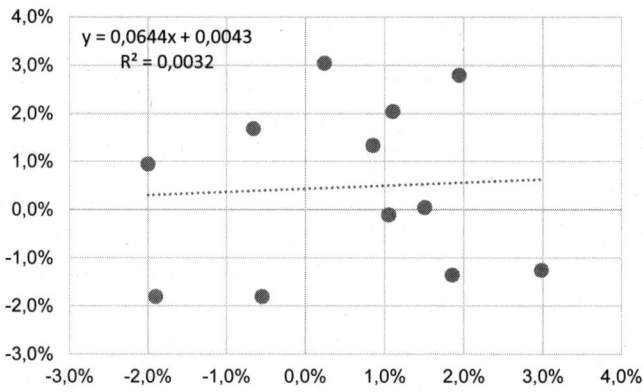

Gráfico 11. Línea característica.

Recuadro 1.
Estilos de gestión. Gestión activa, gestión pasiva y gestión alternativa

A la hora de gestionar carteras, existe consenso en diferenciar tres estilos de gestión: pasiva o indiciada, activa o tradicional y alternativa. De forma simplificada, podemos decir que la gestión pasiva tiene como objetivo replicar la evolución de los mercados financieros de referencia; la gestión pasiva batirlos y la gestión alternativa obtener siempre rentabilidad positiva, sea cual sea la evolución de los mercados. O, dicho de otra forma, el gestora pasivo presenta un elevado y positivo coeficiente de correlación (R^2 muy cercano a 1, gráfico 9), en el caso del gestor activo no es tan elevado (R^2 en la zona de 0,7 - 0,9, tabla 13) mientras que el alternativo, cercano a 0 (el gráfico 11 es un buen ejemplo).

	Pasiva	Activa	Alternativa
R^2	1	Entre 0,7 y 0,95	0

Tabla 13. Estilos de gestión.

El gestor alternativo perseguirá ganar siempre. Obviamente, si se espera que obtenga rentabilidad positiva en todos los contextos, ésta no puede ser elevada. Es razonable que un buen gestor alternativo consiga revalorizaciones anuales constantes del orden del 5%, alcanzadas, además, con muy poca volatilidad.

Como ejemplo, supongamos un gestor de renta variable de EE.UU. cuyo índice de referencia o *benchmark* es el S&P 500. Si es un gestor pasivo, la evolución de su cartera coincidirá con la referencia. Es decir, si el S&P 500 se revaloriza un 5% o cae un 10% en un año, su cartera deberá mostrar un comportamiento exacto (subida del 5% o pérdida del 10%).

Un gestor activo, sin embargo, buscará conseguir una rentabilidad superior en caso de que el mercado suba (ganar, por ejemplo, un 6%) y tratará de perder menos cuando caiga (en el ejemplo que proponemos, perder «sólo» un 6% cuando su índice de referencia cede un 10%).

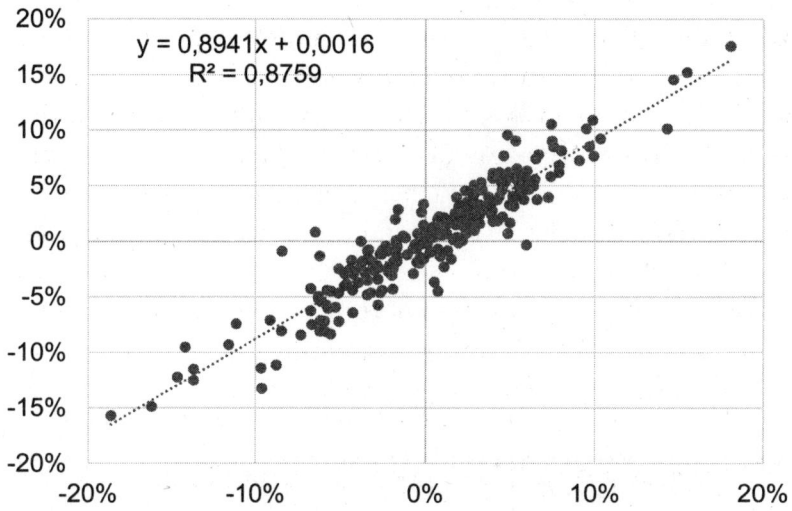

Gráfico 12. Rentabilidad mensual del S&P 500
(eje X) y rentabilidad mensual del gestor (eje Y)

La capacidad de batir al índice de referencia se reflejará en la constante «alfa» de la línea característica (es decir, en la denominada «ordenada en el origen») que deberá ser lo más alta posible. En el gráfico 13 se recogen algunos ejemplos, tanto de gestores activos (R^2 inferior a 1) que consiguen batir a su índice de referencia (la constante de la línea característica es positiva) y, en otro caso, que no lo logra (gráfico de la derecha). Los dos gráficos inferiores se corresponden a gestores muy activos (R^2 en la zona de 0,65) de los cuales uno bate (izquierda) y el otro no (derecha).

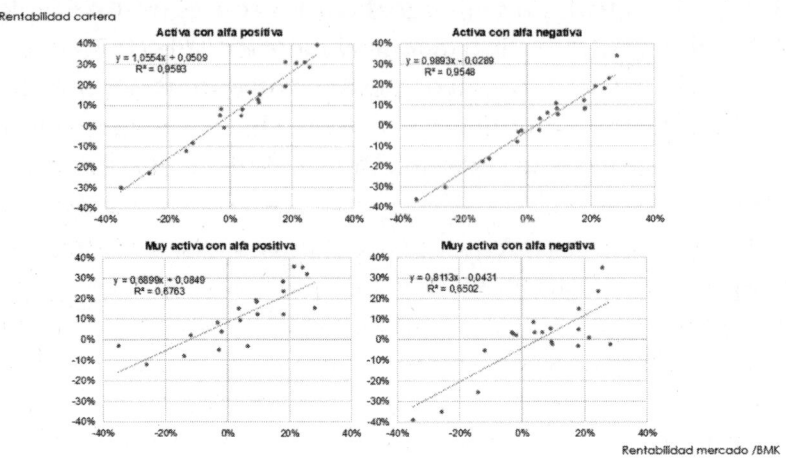

Gráfico 13. Alfa positiva y negativa en la gestión activa

El gráfico 14 es un ejemplo (extremo) de un gestor pasivo ya que los rendimientos de su cartera son exactamente los mismos que los del índice de referencia. La línea característica tiene pendiente 1 y ordenada en el origen 0 (es decir, no ha generado alfa y, como se verá en el capítulo siguiente, tiene una beta igual a 1). Por último, compruébese que su R^2 es 1.

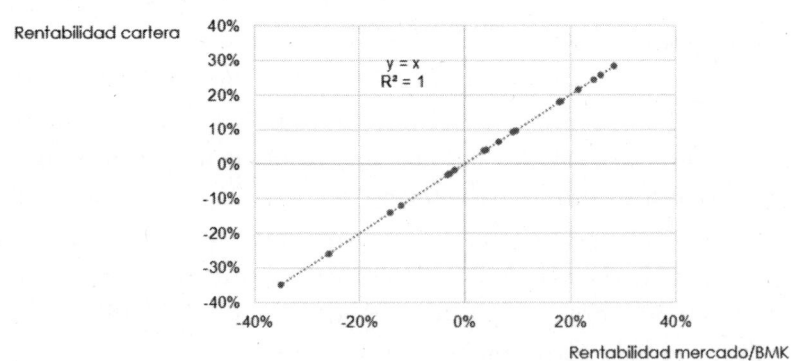

Gráfico 14. Gestión pasiva

154

En el gráfico 15 se pueden observar los resultados de dos gestores alternativos contar su teórica referencia. Y decimos teórica porque ante una R^2 tan reducida podemos afirmar que no existe ningún tipo de relación. Si suponemos que en el eje X se representa la rentabilidad del mercado, podemos decir que lo conseguido por sendos gestores no tiene ningula vinculación con el mercado. El rendimiento es «puro alfa positivo» en el caso del gestor de la izquierda o «puro alfa negativo» en el caso de la derecha. Sos dos ejemplos de gestores alternativos (o de dos casos en los que se está haciendo mal la comparación dado que el índice que utilizamos como referencia o *benchmark* no lo es como tal).

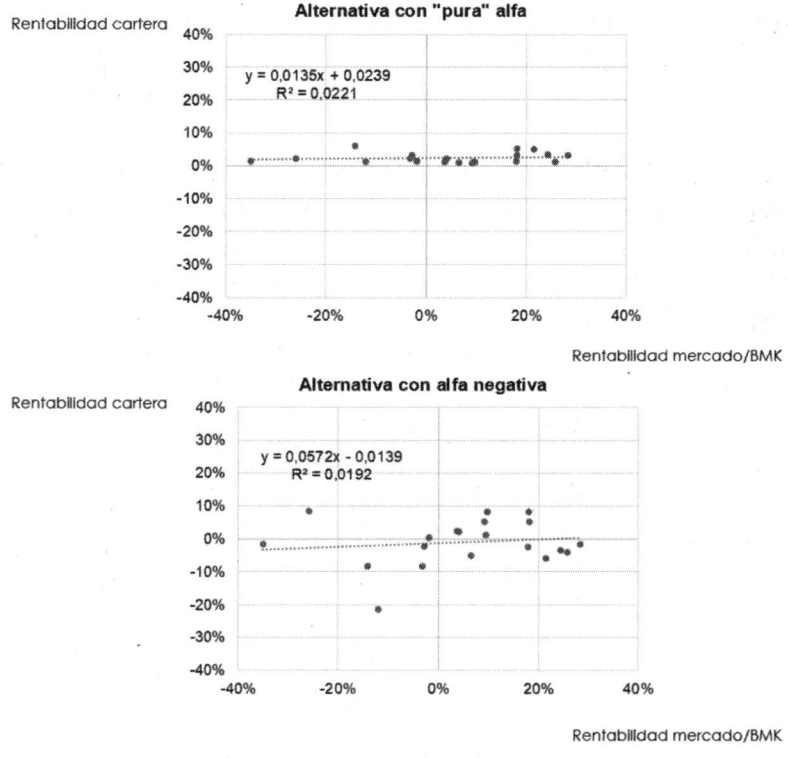

Gráfico 15. Gestión alternativa

Recuadro 2.
La dificultad para encontrar bajas correlaciones

Las correlaciones se calculan entre pares de acciones, de índices bursátiles, de bonos, de divisas, de materias, de carteras, de fondos de inversión, etc. Es, como hemos comentado, un cálculo muy útil, pero siempre que no se cometa el error de confundir correlación con causalidad (que dos activos estén correlacionados no significa que uno «provoque» los movimientos del otro).. Y nuestro objetivo como gestores de carteras, al menos si queremos reducir el riesgo, es contar con cierta diversificación. Para ello incorporaremos activos cuyos rendimientos presenten correlación negativa. El gran problema es que es muy díficil encontrar activos alta y negativamente correlacionados, por lo que nos tendremos con conformar con que presenten un baja correlación.

Ecuación 7. Número de correlaciones dados n activos

$$\frac{n!}{(2! \times (n-2)!}$$

En la tabla 14 se representa un matriz de 6 fondos de inversión en los que se pueden ver las correlaciones. Para saber el número de correlaciones que se deben calcular se recurre al cálculo de combinaciones. Así, para n elementos tomados de 2 en 2 (que es como se calcula la correlación) el total de resultados se calcula según la ecuación 7.

Para 4 activos, son 6 (el resultado de 4 x 3 x 2 x 1 / (2 x 1 x 2 x 1), mientras que para 7 activos, son 21 (el resultado de 7 x 6 x 5 x 4 x 3 x 2 x 1 / (2 x 1 x 5 x 4 x 3 x 2 x 1) = 21.

Fondo	ABC	ZZZ	RV World	RF Global	ALT World	TTT
ABC	1,00					
ZZZ	0,83	1,00				
RV World	0,95	0,83	1,00			
RF Global	0,61	0,51	0,43	1,00		
ALT World	0,02	0,05	0,02	0,05	1,00	
TTT	0,58	0,63	0,65	0,43	0,12	1,00

Tabla 14. Correlaciones de fondos de inversión en cartera

Se observa que los diferentes fondos de inversión (que forman parte de una cartera) presentan correlaciones relativasmente bajas, por lo que podemos decir que es una cartera relativamenete diversificada. Aunque para poder afirmarlo debemos suponer que los 6 fondos tienen un peso relativamente similar. En este ejemplo hay posiciones en deuda pública, en renta fija convertible, en renta fija híbrida y en renta variable. En definitiva, es una cartera relativamente diversificada, como demuestran los bajos coeficientes de correlación (aunque, insistimos en que «preferiríamos que fueran aún más bajos»).

Recuadro 3.
Las correlaciones son inestables

Como ya sabemos, la correlación mide el grado de «similitud» en el signo de los movimientos, de tal forma que dos activos que presenten correlación negativa aportarán diversificación en la cartera, reduciendo su riesgo total. Pero en la práctica de la gestión de carteras surgen problemas a la hora de implantar esta teoría. La primera, ya comentada en el recuadro 2, es que no es fácil encontrar correlaciones bajas o negativas. La segunda, objeto de estudio de este recuadro, es que las correlaciones no son estables, es decir, cambian a lo largo del tiempo. En el gráfico 16 se puede observar la evolución de la correlación entre un índice de renta fija y uno de renta variable. La teoría nos dice que cuando la renta fija gana, pierde la renta variable, y al revés. Es decir, que la correlación entre sendos activos es negativa, por lo que tiene sentido tener los dos activos de forma simultánea en la cartera. Y no decimos que en ocasiones sea así... ¡pero también todo lo contrario! Es decir, en momentos del

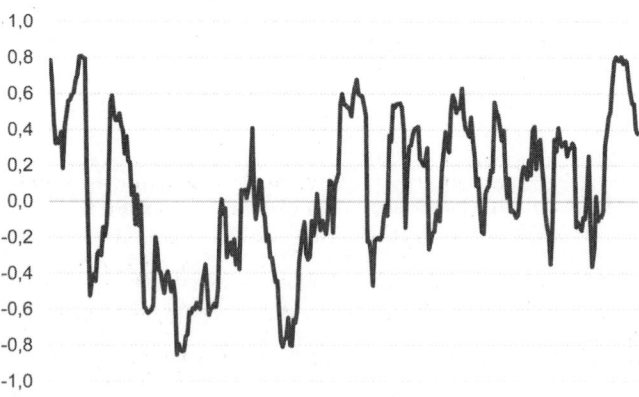

Gráfico 16. Evolución de la correlación (ventana móvil 12 meses) entre un índice de renta fija y otro de renta variable

tiempo la correlación entre la renta fija y la renta variable es positiva (los dos activos suben o los dos activos caen) perdiéndose la condición de activos diversificadores. Los cálculos de la correlación del gráfico 16 son los recogidos en la ecuación 2, que debemos hacer una precisión: se utilizan los datos de los últimos 12 meses, de tal forma que para cada cálculo se va eliminado el mes mas antiguo y se incorpora un nuevo (es decir, se aplica una ventana móvil 12 meses).

En el gráfico 17 se representa también la correlación, si bien en este caso se toma una ventana muestral de 24 meses. No hay grandes diferencias entre el gráfico 16 y el 17 si bien en este segundo se observa algo más «alisado», efecto que se produce siempre que la ventana móvil tenga más datos.

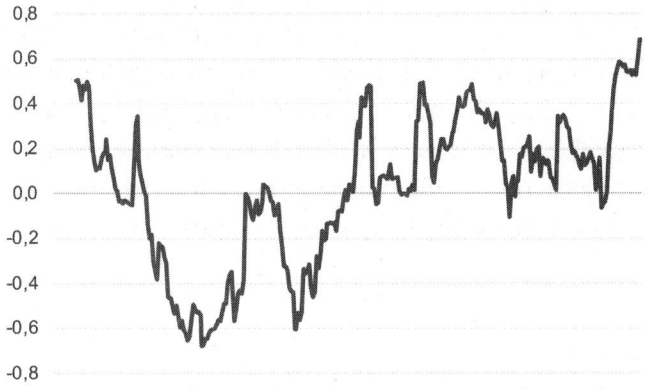

Gráfico 17. Evolución de la correlación (ventana móvil 24 meses)
entre un índice de renta fija y otro de renta variable

¿A cuál de los dos «hacemos más caso»? Interesante debate. Por mi experiencia, ante la elevada volatilidad de los mercados financieros y la sucesión de entornos de elevado riesgo con otros de muy poco, prefiero hacer análisis en períodos relativamente cortos de tiempo. En el caso de la correlación entre activos financieros, 12 meses es un buen tamaño muestral. Y, salvo que el horizonte temporal de inversión sea muy corto plazo, no es recomendable utilizar datos diarios para el cálculo de correlaciones, sino que es mejor semanal o mensual.

Terminamos con el gráfico 18 en el que hemos representado en el eje X la rentabilidad mensual del índice de renta fija y en el Y el de renta variable. Efectivamente, son una nube de puntos, por lo que podemos decir que son activos descorrelacinados (la R^2 es de 0,0068). Ahora bien, ya hemos visto que, aunque eso sea en media, hay momentos del tiempo que presetan correlación positiva (meses que se correspondn con el cuadrante superior derecho e inferior izquierdo) y otros correlación negativa (cuadrante superior izquierdo e inferior derecho). Un último comentario: la serie del eje X (renta fija) presenta un menor rango de variación. Se observa que los rendimientos están dentro del rango -5% - +5%. En el caso del eje Y, el rango es más amplio (-15% - +15%). Parece, por lo tanto, que la renta variable es 3 veces má arriesgada que la renta fija. Pero dejemos el riesgo para el siguiente capítulo.

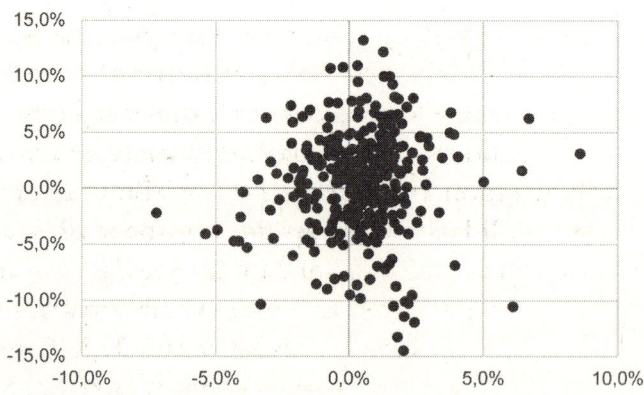

Gráfico 18. Rendimientos mensuales de un índice de renta fija y de uno de renta variable

5.
EL RIESGO

Introducción

Como ya sabemos, cuando se invierte en un activo financiero o en una cartera de activos, se asumen al menos los siguientes tres riesgos: liquidez, crédito y mercado (ver recuadro 2 del capítulo 1). En este capítulo nos vamos a centrar en este último riesgo, es decir, en la incertidumbre sobre la rentabilidad que se va a conseguir invirtiendo. En este sentido, riesgo es equivalente a incertidumbre, pero no necesariamente a pérdida. Es decir, un activo que puede ganar en un horizonte temporal un 20% o un 21% de rentabilidad no parece muy arriesgado, como tampoco lo es uno que va a perder entre un 20% y un 21%. Los dos son igual de arriesgados, aunque en uno vayamos a ganar y en otro a perder. Los dos son poco arriesgados porque existe mucha certidumbre sobre la rentabilidad que se va a conseguir. ¿Qué es un activo con riesgo? Uno cuya rentabilidad pueda estar, por ejemplo, dentro del rango -20% y 20%. Es claro que es mucho más arriesgado que otro cuya revalorización se va a situar entre -3% y +3%. Este es el concepto de riesgo: incertidumbre sobre la rentabilidad. Y la amplitud de ese rango parece una buena medida del riesgo. La intención de este capítulo es estudiar el riesgo de mercado de un activo financiero o de una cartera de activos. Nos referiremos en todo momento a riesgo, pero estaremos hablando de «riesgo de mercado». Otros riesgos como el riesgo de crédito o el de liquidez exceden del contenido de este libro.

5.1. Volatilidad histórica

5.1.1. Concepto

Como ya hemos comentado, riesgo equivale a incertidumbre, a amplitud del rango de rentabilidades. En los gráficos 1 y 2 se representan la evolución de dos activos financieros (uno de renta variable y otro de renta fija) a lo largo de diversos años. En cada año, el 1 de enero parten de 100 y terminan en diferente nivel en función de la rentabilidad conseguida. Es claro que la dispersión de resultados es superior en el mercado de acciones (gráfico 1) que en el de bonos (gráfico 2).

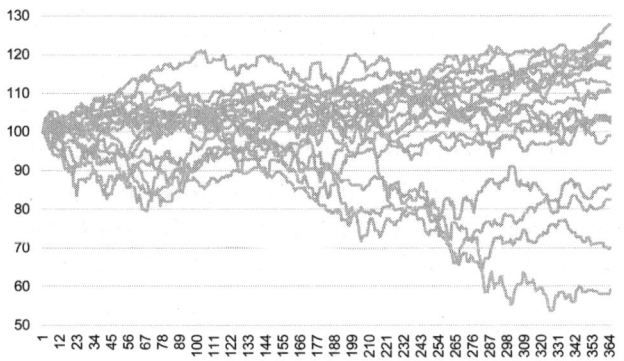

Gráfico 1. Evolución de una activo de renta variable

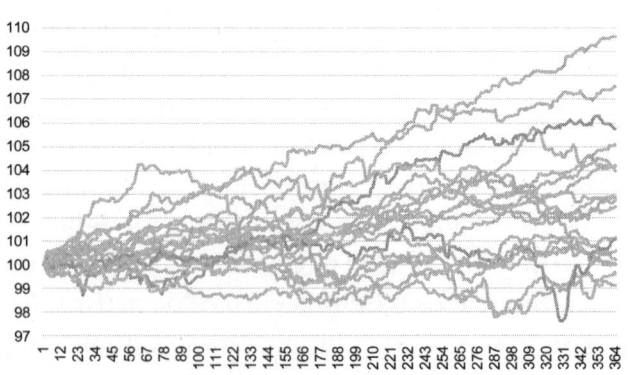

Gráfico 2. Evolución de un activo de renta fija

162

Atención, porque hay que fijarse en la escala y comprobar cómo la renta variable ha tenido años con ganancias del 30% y otros en los que las pérdidas han alcanzado el 40%. Por su parte, la rentabilidad máxima al cabo de un año en renta fija ha sido del 10% y la caída no ha sido mayor al 1%. De esta forma, si dijéramos que la rentabilidad media de los dos activos es del 4,0%, ¿en cuál de los dos este promedio es más representativa? Está claro que lo es en la renta fija, ya que la rentabilidad en cualquier año va a estar cerca de esa media. Por el contrario, en el caso de la renta variable, ese indicador medio resulta poco útil. Por lo tanto, podemos decir que una forma de medir el riesgo es analizar cuánto de representativa es la media, es decir, cómo de alejados están los rendimientos históricos de ese promedio. Efectivamente, nos estamos refiriendo al concepto estadístico de desviación típica. Parece claro que el activo del gráfico 3 tiene un rango de rentabilidades más estrecho o, dicho de otro medio, su media de rentabilidad es más representativa, tiene menos desviación típica y, en definitiva, tiene menos riesgo que los otros dos.

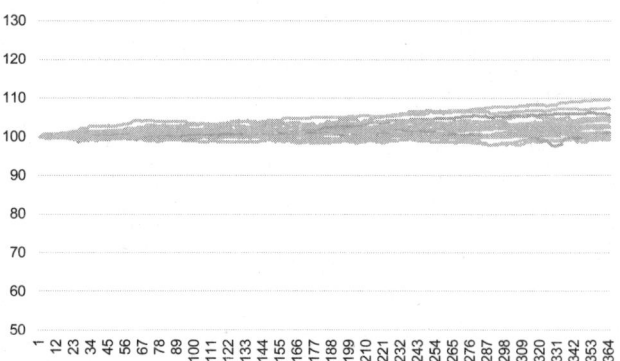

Gráfico 3. Evolución de un activo con poca desviación típica

5.1.2. Cálculo

La forma más habitual de medir el riesgo de mercado de un activo o de una cartera es recurriendo al cálculo de la desviación típica de los rendimientos. Para ser un poco más rigurosos, diremos que el estimador más adecuado («insesgado») del riesgo de mercado es la cuasidesviación típica de los rendimientos.

La cuasidesviación porque es el estimador insesgado de la desviación típica poblacional. Es decir, partiendo una muestra de datos (el número de sesiones que utilicemos para hacer los cálculos) queremos estimar una característica del activo financiero. Partimos de una muestra para inferir un dato poblacional y de ahí la mayor precisión (se evita el sesgo) si usamos la cuasidesviación.

La cuasivarianza es el promedio de las desviaciones al cuadrado (para evitar que desviaciones de diferente signo se anulen) de las rentabilidades observadas respecto de la media. Así, la cuasivarianza de los rendimientos de un activo i, es la suma del cuadrado de cada una de las n desviaciones posibles entre las rentabilidades observadas $R_{i,h}$ y la rentabilidad media $\bar{R}$, dividida entre el número de observaciones menos 1 (n-1). En el recuadro 1 se recoge un ejemplo de cálculo, si bien en él se calcula la desviación típica, y no lo cuasidesviación, ya que se divide entre el número de datos, n, y no menos 1. Aunque lo riguroso es utilizar este segundo método, es habitual calcular la desviación típica.

Ecuación 1. Cálculo de la cuasivarianza

$$\sigma^2 = \frac{\sum_{h=1}^{n} (R_{i,h} - \bar{R})^2}{n - 1}$$

Normalmente se utiliza la desviación típica como medida de riesgo, en tanto que está expresada en las mismas unidades que la variable sobre la que se mide el rendimiento.

En este sentido, la desviación típica es la raíz cuadrada positiva de la varianza (ecuación 2)

Ecuación 2. Cálculo de la desviación típica

$$\sigma_i = \sqrt{\sigma_i^2}$$

A continuación, se calcula la volatilidad de un activo financiero utilizando como muestra los precios de las últimas 10 sesiones. Es importante recordar que no se calcula la volatilidad de los precios, sino la volatilidad de los rendimientos, pudiéndose obtener éstos como tasas de variación lineal (columna «%») o logarítmica (columna «% Log»). A partir de ahí a cada dato se le resta la media (0,175% o 0,166%), la diferencia se eleva al cuadrado, se suman los resultados y el resultado se divide entre el número de datos (9) si queremos calcular la varianza o entre «n – 1» (8 datos) si calculamos la cuasivarianza. La raíz cuadrada positiva del resultado es la desviación o la cuasides-

Sesión	Cotización	%	% log	(% - Med)^2	
1	10,65				
2	10,83	1,69%	1,68%	0,0229%	0,0228%
3	11,03	1,85%	1,83%	0,0279%	0,0277%
4	10,76	-2,45%	-2,48%	0,0688%	0,0699%
5	10,56	-1,86%	-1,88%	0,0414%	0,0417%
6	10,63	0,66%	0,66%	0,0024%	0,0025%
7	10,61	-0,19%	-0,19%	0,0013%	0,0013%
8	10,65	0,38%	0,38%	0,0004%	0,0004%
9	10,71	0,56%	0,56%	0,0015%	0,0016%
10	10,81	0,93%	0,93%	0,0057%	0,0058%
Media arit.		0,175%	0,166%	0,1724%	0,1737%
Varianza				0,0192%	0,0193%
Cuasivarianza				0,0216%	0,0217%
Desv. típica				1,38%	1,39%
Cuasidesv. típica				1,47%	1,47%

Tabla 1. Cálculo de la volatilidad

viación típica (en el recuadro 1 se ofrece otro ejemplo de cálculo, en este caso de la desviación típica).

Como ya hemos comentado, la utilidad de la desviación típica es que, a diferencia de la varianza, se puede comparar. En consecuencia, podemos decir sin temor a equivocarnos frases como la siguiente: «la acción XYZ es más arriesgada que su mercado de referencia dado que presenta una volatilidad del 25%, mientras que la del mercado es 20%». Incluso podemos calcular el número de veces que un activo es más volátil que otro. El activo A es el doble de arriesgado que B porque su volatilidad es del 10%, mientras que la de B es del 5%.

La volatilidad de los mercados financieros, de un activo, de una cartera, de un fondo de inversión, de un plan de pensiones, suele oscilar entre 0,01%, que es la volatilidad de un activo similar a la liquidez, y el 25% / 30% que es la de una acción.

Pero puede haber carteras y activos con volatilidades superiores. Por ejemplo, ETF apalancados, dobles e inversos. O, incluso, activos como un strip con un vencimiento (y, por tanto, una duración de igual magnitud, dado que es un cupón cero) 30, 40 o 50 años cuya volatilidad puede ser el doble que la de la renta variable.

Figura 1. Nivel de volatilidad de los activos financieros

Por último, es importante señalar que, al igual que sucede con el rendimiento, la volatilidad se expresa en términos anualizados. Además, en el caso de la volatilidad, lo más habitual es realizar el cálculo con datos diarios. Así pues, la forma más común de calcular la volatilidad es anualizando la desviación típica de los rendimientos diarios. Para anualizar se multiplica el resultado por la raíz cuadrada de 250 (o por la de 20 para mensualizar, por la de 60 para trimestralizar, etc).

		ezbs index	EG00 Index	SX5E Index
x raíz 5	Diaria	0,01%	0,23%	1,43%
	Semanal	0,03%	0,52%	3,19%
x raíz 20	Mensual	0,05%	1,05%	6,38%
x raíz 60	Trimestral	0,09%	1,81%	11,05%
x raíz 250	Anual (raíz 250)	0,18%	3,70%	22,55%

		ezbs index	EG00 Index	SX5E Index
x raíz 5	Diaria	0,01%	0,23%	1,43%
	Semanal	0,03%	0,52%	3,19%
x raíz 4	Mensual	0,05%	1,05%	6,38%
x raíz 3	Trimestral	0,09%	1,81%	11,05%
x raíz 4	Anual (Trimestral; raíz 4)	0,18%	3,62%	22,09%

Tabla 2. Cálculos de volatilidad a partir de la frecuencia de datos para el cálculo

Por ejemplo, un fondo de inversión que durante un año (con 250 sesiones) presenta una volatilidad diaria del 0,41%, tiene una volatilidad anual del 6,48% (0,41% x). Pero atención porque, si ese cálculo (volatilidad diaria) se ha hecho con una muestra de, por ejemplo, 5 años, su volatilidad anualizada también es 6,48%, mientras que la mensualizada sería del 1,83% (0,41% x).

Para profundizar en el estudio, calculemos como ejemplo la volatilidad de cada una de las 2 carteras (ABC y XYZ) a partir de los rendimientos anuales (tabla 3).

Año	Rendimientos anuales	
	ABC	XYZ
1	7,0%	5,0%
2	15,0%	13,0%
3	5,0%	7,0%
4	-3,0%	-5,0%
5	1,0%	3,0%

Tabla 3. Rendimientos anuales

El primer paso es calcular el rendimiento medio, que para el caso de la cartera ABC es 5,00%, y del 4,60% para XYZ. A continuación, se resta a cada dato (7,0%, por ejemplo) su media (5,0%) y el resultado se eleva al cuadrado (0,04%). Se suman todos los resultados y se divide entre el número de datos (5)[3]. El resultado (0,37%) es la varianza y si se calcula la raíz cuadrada se obtiene la desviación típica (6,07%). La cartera ABC es más volátil que XYZ: 6,07% frente a 5,85%.

Año	Rendimientos anuales		Varianza	
	ABC	XYZ	ABC	XYZ
1	7,0%	5,0%	0,04%	0,00%
2	15,0%	13,0%	1,00%	0,71%
3	5,0%	7,0%	0,00%	0,06%
4	-3,0%	-5,0%	0,64%	0,92%
5	1,0%	3,0%	0,16%	0,03%
Media	5,00%	4,60%	**0,37%**	**0,34%**
Desviación típica			**6,07%**	**5,85%**

Tabla 4. Volatilidad de las carteras

---

[3] Calculamos la varianza y no la cuasivarianza.

5.1.3. La volatilidad es volátil

En el ejemplo anterior (tabla 1) se ha utilizado una ventana muestral de 10 sesiones para estimar la volatilidad del activo financiero. No existe consenso sobre el tamaño de la muestra para hacer el cálculo, lo que sin duda es un aspecto mucho más relevante de lo que se intuye. Y lo es porque «la volatilidad es volátil», es decir, un mismo activo presenta diferentes niveles de volatilidad en diferentes momentos del tiempo (de ahí que el cálculo sea sensible a la ventana muestral usada). Para ilustrarlo, en el gráfico 4 se representa la variación diaria del Eurostoxx 50. Se aprecia que en ocasiones se producen períodos en los que las variaciones (al alza y a la baja) son de más intensidad, esto es, en los que asistimos a más volatilidad (cluster de volatilidad). Los hemos marcado con un rectángulo. Es obvio que el cálculo de la volatilidad será distinto si incluimos o no esos períodos.

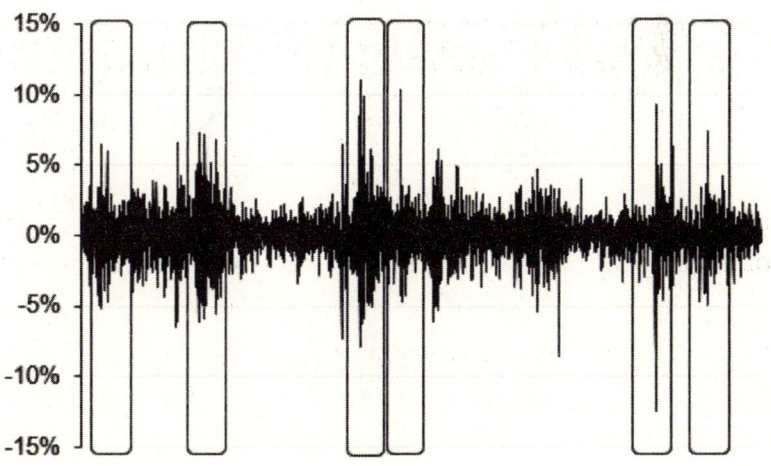

Gráfico 4. Variaciones diarias del Eurostoxx 50 y cluster de volatilidad

En el gráfico 5 se representa la evolución de la volatilidad del Eurostoxx 50 calculada con distintas ventanas muestrales. Si utilizamos todos los datos, la volatilidad histórica es del 23,1%. A medida que vamos reduciendo el tamaño de la ventana, el resultado se vuelve más volátil. Por ejemplo, usando datos de 3 meses, la volatilidad oscila entre el 7% y el 68%, mientras que de 12 meses lo hace entre el 10% y el 42%. ¿Cuál es el tamaño de la ventana recomendado? No existe una respuesta, sino que dependerá del horizonte temporal de inversión. Así, es habitual hacerlos coincidir. Para un inversor de muy corto plazo, resulta muy poco útil la volatilidad histórica, mientras que, para uno a largo plazo, el dato calculado con la muestra del último mes tampoco es representativo.

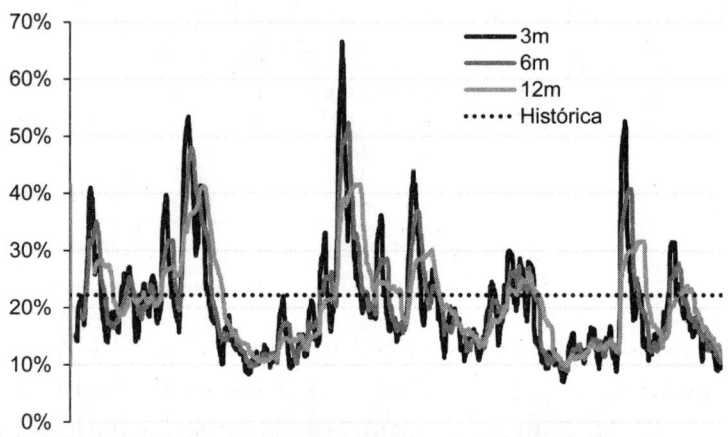

Gráfico 5. Evolución de la volatilidad del Eurostoxx 50 en distintas ventanas muestrales

En definitiva, la volatilidad depende del tamaño de la muestra utilizado y del momento en el que se haga el cálculo, dado que la volatilidad es volátil. ¿Y de qué depende? En gran medida, de la evolución del mercado: se produce la denominada «simetría especular». Como si de un espejo se tratara, las alzas en las cotizaciones bursátiles se reflejan en una caída de la volatilidad, mientras que los momentos en los que los índices ceden, entonces es habitual que nos encontremos en un cluster de volatilidad. Es decir, cuando los índices se revalorizan, las variaciones diarias son de menor intensidad que cuando caen. Es en las fases correctivas cuando se observan las mayores caídas (obvio), pero también las mayores subidas diarias (no tan obvio).

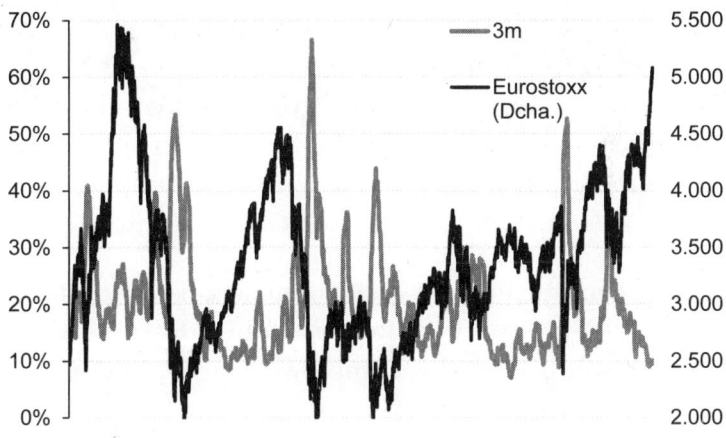

Gráfico 6. Evolución del Eurostoxx 50 y de la volatilidad (ventana muestral 3m)

Veamos ahora otro ejemplo y tomemos una cartera mixta (renta variable y renta fija) cuya volatilidad histórica es del 4,9%. Sin embargo, comprobamos que ha habido momentos en los que la volatilidad ha superado claramente esa media, con otros en los que, en sentido contrario, se ha situado por debajo (gráfico 7). Pero aquí, a diferencia de lo que veíamos en el caso del Eurostoxx 50, se debe distinguir entre el aumento y disminución de la volatilidad asociado al movimiento de los mercados financieros (recuerda, simetría especular) y el decidido por el gestor, que ha optado por incrementar o reducir el riesgo de su cartera modificando, por ejemplo, la exposición a renta variable.

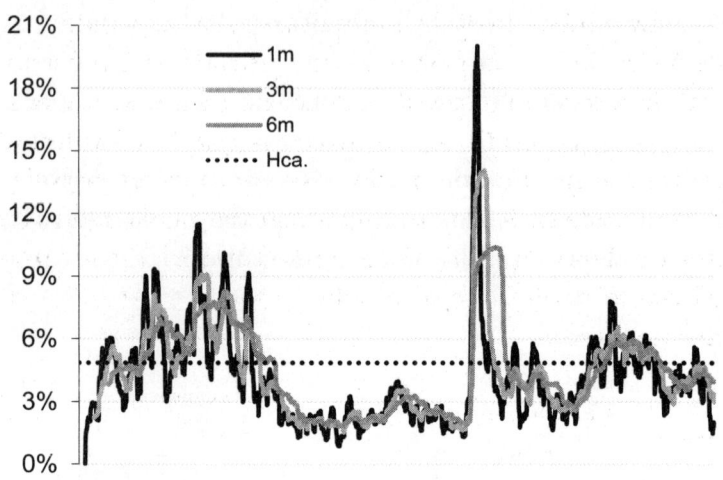

Gráfico 7. Evolución de la volatilidad de una cartera

Porque una cartera con una composición constante (gráfico 8) también experimenta variaciones de su volatilidad como consecuencia de los cambios de la volatilidad de los mercados financieros.

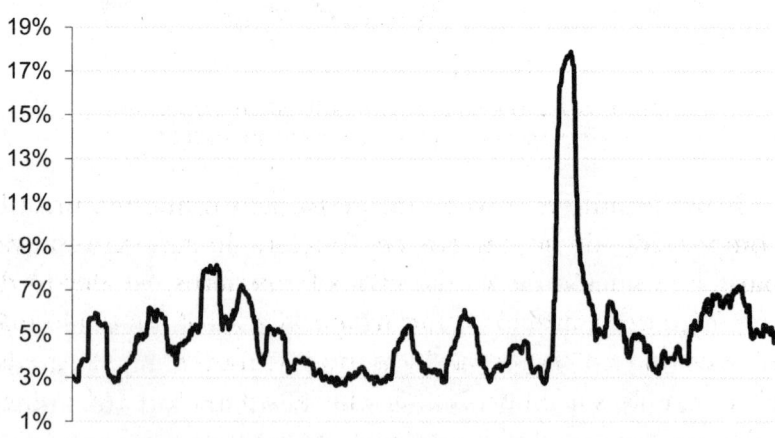

Gráfico 8. Evolución de la volatilidad de una cartera
con composición por activos constante

Comparemos ahora la evolución de la volatilidad de la cartera (en la que el gestor ha modificado la exposición a renta fija y a renta variable) con la de otra que tuviera los pesos fijos (gráfico 9). Comprobamos que la volatilidad de la cartera se ha incrementado y disminuido en mayor y en menor medida de lo que lo hace una cartera con pesos constantes (la denominados BMK, de *benchmark*). Estos cambios en el riesgo de la cartera se deben, por lo tanto, a las decisiones del gestor.

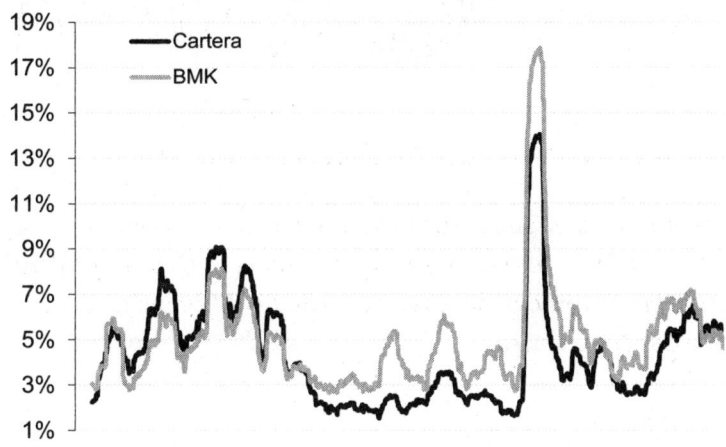

Gráfico 9. Evolución de la volatilidad de una cartera
gestionada y de una cartera con pesos fijos

Estamos ante el caso de un gestor activo que modifica la composición de su cartera en función de sus expectativas para la evolución de los mercados financieros. Se alejará de su índice de referencia (asumirá *tracking error*) tomando más o menos riesgo. Siguiendo la figura 2 se moverá a lo largo del eje de abscisas (eje horizontal). Hacia la derecha cuando considere que es acertado aumentar riesgo y hacia la izquierda cuando opte por disminuirlo. Por su parte, los mercados sufrirán un aumento de volatilidad (hacia arriba en el eje vertical) cuando corrijan y una disminución (hacia abajo en el eje de ordenadas) cuando se revaloricen. Se definen en consecuencia 4 cuadrantes que resumen la gestión de carteras desde el punto de vista la volatilidad. En los dos inferiores los mercados evolucionan favorablemente pero sólo en el de la derecha el gestor ha estado acertado incrementando el riesgo (genera alfa). En los dos cuadrantes superiores ha sido más conveniente adoptar posiciones defensivas, por lo que el cuadrante acertado es el superior izquierdo (en el superior derecho el alfa será negativo).

Figura 2. Variaciones de la volatilidad de la cartera y del mercado

En conclusión, la volatilidad es una herramienta de análisis de fácil cálculo (desviación típica de los rendimientos), interpretación (cuanto mayor sea, más riesgo estamos asumiendo) y comparación (un activo con el doble de volatilidad es el doble de arriesgado). Gestionar carteras consiste en gestionar volatilidad: aumentarla será una estrategia acertada si los mercados se revalorizan, pero incorrecta si corrigen (ante la simetría especular que presentan la variación de los precios y la volatilidad). En conclusión, una correcta gestión de carteras consiste en adecuar en cada momento la volatilidad al perfil de riesgo, al horizonte temporal y a las perspectivas para los mercados financieros.

5.2. Volatilidad esperada de un activo

Ya hemos calculado la rentabilidad esperada de un activo multiplicando la probabilidad de cada escenario por la expectativa de rentabilidad en cada uno de ellos. Pero también hemos advertido de que existe riesgo de que la rentabilidad que finalmente se consiga no coincida con la esperada. ¿Qué rango de rentabilidad se puede esperar? Para dar respuesta a esta pregunta recurrimos a calcular la varianza esperada del activo, a partir de la ecuación 3.

Ecuación 3. Volatilidad esperada de un activo

$$E[\sigma^2] = \sum_{i=1}^{n} (E[R_i] - E[R])^2 x\, w_i$$

Y, posteriormente, la volatilidad mediante la raíz cuadrada de la varianza.

Supongamos un activo para el que en el futuro se pueden esperar los cinco niveles de rentabilidad de la tabla 5, con diferentes probabilidades de ocurrencia. ¿Cuál es la volatilidad esperada?

Escenarios	Rentabilidad 12m	Probabilidad
Muy pesimista	-18%	10,0%
Pesimista	-6%	17,0%
Neutral	7%	50,0%
Optimista	12%	10,0%
Muy optimista	20%	13,0%
		100,0%

Tabla 5. Escenarios de rentabilidad

175

El primer caso es calcular la rentabilidad esperada que, según visto en el capítulo 3, se hace de la siguiente forma:

$$E[R] = \sum_{i=1}^{n} E[R_i] \times w_i \quad = -18\% \times 10\% + \ldots + 20\% \times 13\% = 4{,}48\%$$

Y ahora tenemos que aplicar la fórmula de la varianza esperada (ecuación 3).

$$E[\sigma^2] = (-18\% - 4{,}48\%)^2 \times 10\% + \ldots + (20\% - 4{,}48\%)^2 \times 13\% = 1{,}09\%$$

Por último, la volatilidad es la raíz cuadrada de la varianza: 10,46%. Es decir, esta cartera tiene una rentabilidad esperada del 4,48% y una volatilidad esperada del 10,46%. Esto se puede interpretar, como luego veremos, que el rendimiento se situará dentro del rango delimitado entre +14,94% y -5,98% (lo hemos calculado sumando y restando a la media la volatilidad). Parece, por tanto, que la media es poco representativa (esto también se puede observar de la tabla si tenemos en cuenta que los escenarios alternativos recogen alzas y caídas muy diferentes de la media calculada). Hagamos los mismos cálculos para la cartera de la tabla 6, que se diferencia de la anterior en las rentabilidades a 12 meses.

Escenarios	Rentabilidad 12m	Probabilidad
Muy pesimista	-10%	10,0%
Pesimista	1%	17,0%
Neutral	7%	50,0%
Optimista	8%	10,0%
Muy optimista	11%	13,0%
		100,0%

Tabla 6. Escenarios de rentabilidad

En este caso, la esperanza de rentabilidad es del 4,90%, mientras que la volatilidad es del 5,74% (te animo a que hagas los cálculos). ¿Cómo se interpretan estos resultados? Por un lado, que la cartera tiene, en principio, una rentabilidad esperada superior pero, sobre todo, que es menos volátil (casi la mitad menos) en el sentido de que los escenarios extremos son menos probables.

En la tabla 7 ponemos otro ejemplo. Ahora con los escenarios de la cartera inicial pero con diferentes probabilidades de ocurrencia. Esta cartera es menos arriesgada debido a que la probabilidad de los escenarios alternativos es más baja.

Escenarios	Rentabilidad 12m	Probabilidad
Muy pesimista	-18%	1,0%
Pesimista	-6%	5,0%
Neutral	7%	88,0%
Optimista	12%	5,0%
Muy optimista	20%	1,0%
		100,0%
	Esperanza matemática	6,48%
	Volatilidad	**4,62%**

Tabla 7. Escenarios de rentabilidad

El caso más extremo es el de la tabla 8 en el que tanto las probabilidades como los retornos de los casos diferentes al central son menores. Su volatilidad es de apenas el 3,06%, por lo que la esperanza matemática (6,62%) es más representativa de la rentabilidad que seguramente vamos a obtener.

Escenarios	Rentabilidad 12m	Probabilidad
Muy pesimista	-10%	1,0%
Pesimista	1%	5,0%
Neutral	7%	88,0%
Optimista	8%	5,0%
Muy optimista	11%	1,0%
		100,0%
	Esperanza matemática	6,62%
	Volatilidad	**3,06%**

Tabla 8. Escenarios de rentabilidad

5.3. Volatilidad de una cartera

Para calcular la varianza de una cartera formada por activos con riesgo, además del riesgo individual de cada uno de los títulos que la componen, es necesario conocer la relación de riesgo que existe entre ellos, esto es, la covarianza.

Una de las palancas más potentes para la gestión de carteras es la diversificación, esto es, incorporar activos que no estén alta y positivamente relacionados. La volatilidad de una cartera dependerá de la de los títulos que la componen (riesgo individual de cada uno de ellos), pero también de sus covarianzas (riesgo conjunto, tomando pares de títulos), así como del peso de cada título en la cartera. Matemáticamente se representa en la ecuación 4.

Ecuación 4. Volatilidad de una cartera de n títulos

$$\sigma_p^2 = \sum_{i=1}^{n} x_i^2 \sigma_i^2 + \sum_{\substack{i,j=1 \\ i \neq j}}^{n} x_i x_j \sigma_{i,j} = \sum_{i=1}^{n} \sum_{j=1}^{n} x_i x_j \sigma_{i,j}$$

Y para el caso de una cartera con dos activos, y expresando el riesgo a partir de la desviación típica en lugar de la varianza, la fórmula se expresa en la ecuación 5.

Ecuación 5. Volatilidad de una cartera de dos
títulos (usando la covarianza)

$$\sigma_p = \sqrt{x_1^2\sigma_1^2 + x_2^2\sigma_2^2 + 2x_1x_2\sigma_{1,2}}$$

Y, por último, si en lugar de usar la covarianza preferimos usar la correlación, la fórmula se transforma en la expresión de la ecuación 6.

Ecuación 6. Volatilidad de una cartera de dos títulos
(usando el coeficiente de correlación)

$$\sigma_p = \sqrt{x_1^2\sigma_1^2 + x_2^2\sigma_2^2 + 2x_1x_2\sigma_1\sigma_2\rho_{1,2}}$$

Recuerda que la correlación es el cociente entre la covarianza y el producto de las deviaciones típicas.

Ecuación 7. Correlación

$$\rho_{1,2} = \frac{\sigma_{1,2}}{\sigma_1\sigma_2}$$

Así pues, comprobamos el efecto que tiene la correlación en la reducción de la volatilidad de la cartera. Y es que el riesgo de una cartera siempre es menor o igual que la media ponderada de los riesgos de los activos que la componen. La diversificación reduce el riesgo y lo hace en mayor medida cuanto menor es la correlación entre los activos (ver capítulo 4).

Ejemplo. Los activos A y B tienen una volatilidad (desviación estándar) del 12% y del 23%, respectivamente y su correlación es -1. ¿Cuál sería la volatilidad de una cartera compuesta en un 50% por el activo A y el otro 50% por el activo B?

Aplicando la ecuación 6:

$$\sigma^2 = 50\%^2 \times 12\%^2 + 50\%^2 \times 23\%^2 + 2 \times 50\% \times 50\% \times 12\% \times 23\% \times (-1) = 0,303\%$$

$$\sigma = \sqrt{\sigma^2} = \sqrt{0,303\%} = 5,5\%$$

En este caso, la cartera tendría una volatilidad del 5,5%, es decir, muy por debajo del 12% o del 23% de cada uno de los activos. Y eso es gracias a la correlación negativa que presentan. Dejo para el lector el cálculo de la volatilidad si la correlación es -0,5, 0, 0,5 o 1,0, aunque le doy la respuesta: 10,0%, 13,0%, 15,4% y 17,5%.

Ejemplo. De nuevo, dos activos, A y B, con volatilidad 3,0% y 7,0%. ¿Cuál es la volatilidad de la cartera dependiendo de la correlación? Los resultados se muestran en la tabla 9.

	1	0,5	0	-0,5	-1
100%/0%	3,0%	3,0%	3,0%	3,0%	3,0%
25%/75%	4,0%	3,5%	2,9%	2,0%	0,5%
50%/50%	5,0%	4,4%	3,8%	3,0%	2,0%
75%/25%	6,0%	5,7%	5,3%	4,9%	4,5%
0%/100%	7,0%	7,0%	7,0%	7,0%	7,0%

Tabla 9. Volatilidad de una cartera de dos activos en función
del peso de cada uno y de la correlación entre los dos

Si la correlación es 1 (primera columna), la volatilidad es la combinación lineal en función del peso de cada activo en la cartera. Si la cartera está compuesta al 50%/50% (tercera línea), entonces la volatilidad será el 5,0% (la media). La volatilidad es más alta (baja) si pesa más (menos) el activo más volátil (nos estamos moviendo hacia abajo o hacia arriba en la primera columna). Quedémonos en la línea del 50%/50% (volatilidad 5,0%) y comprobemos el efecto de la descorrelación (nos movemos hacia la derecha) e, incluso, la correlación negativa (última columna). Comprobamos cómo la volatilidad de la cartera va cayendo hasta situarse en 2,0% (desde el 5,0% inicial).

¿Y qué impacto tiene en términos de rentabilidad? Para ello, necesitamos saber la expectativa de rentabilidad de cada activo. Supongamos que la de A es el 2,0% y la de B el 5,0%. En este caso, como es sabido, la expectativa de rentabilidad de la cartera es el resultado de sumar los productos de los pesos individuales por las expectativas de rentabilidad individuales. Los resultados aparecen en la tabla 10.

	1	0,5	0	-0,5	-1
100%/0%	2,00%	2,00%	2,00%	2,00%	2,00%
25%/75%	2,75%	2,75%	2,75%	2,75%	2,75%
50%/50%	3,50%	3,50%	3,50%	3,50%	3,50%
75%/25%	4,25%	4,25%	4,25%	4,25%	4,25%
0%/100%	5,00%	5,00%	5,00%	5,00%	5,00%

Tabla 10. Rentabilidad esperada de una cartera de dos activos en función del peso de cada uno y de la correlación entre los dos

Se comprueba que la expectativa de rentabilidad solo está condicionada por el peso de cada activo y no por la correlación de cada uno. Así pues, si la rentabilidad es la misma, pero conseguimos reducir la volatilidad, la recomendación está clara: ¡diversifique! En la tabla 11 se recogen las ratios de Sharpe[4], pudiéndose comprobar la utilidad de desplazarse hacia la derecha.

	1	0,5	0	-0,5	-1
100%/0%	0,17	0,17	0,17	0,17	0,17
25%/75%	0,19	0,21	0,26	0,35	0,85
50%/50%	0,20	0,23	0,27	0,35	0,64
75%/25%	0,21	0,22	0,24	0,27	0,30
0%/100%	0,22	0,22	0,22	0,22	0,22

Tabla 11. Ratio de Sharpe en función del peso de los activos y de la correlación

---

4　Ver capítulo 7.

Cálculo de la volatilidad para una cartera de 3 activos

Supongamos ahora el caso de una cartera que cuenta con 3 activos. Aplicando la ecuación general, llegamos a que se calcula siguiendo la ecuación 8.

Ecuación 8. Volatilidad de una cartera de tres títulos
(usando el coeficiente de correlación)

$$\sigma_p = \sqrt{x_1^2\sigma_1^2 + x_2^2\sigma_2^2 + x_3^2\sigma_3^2 + 2x_1x_2\sigma_1\sigma_2\rho_{1,2} + 2x_1x_3\sigma_1\sigma_3\rho_{1,3} + 2x_2x_3\sigma_2\sigma_3\rho_{2,3}}$$

Cálculo de la volatilidad para una cartera de n activos

Comprobamos cómo a medida que se va incrementando el número de activos se eleva la cuantía cálculos necesarios. Así, si en una cartera de 2 activos había que calcular una sola covarianza (o correlación), en la de 3 activos hay que calcular 3 datos (ecuación anterior), en una de 4 el número se eleva a 6, en una con 5 activos son necesarios 10, etc. En definitiva, el número de covarianzas necesario es la combinatoria del número de componentes de la cartera (n) tomados de 2 en 2 (ecuación 9.)

Ecuación 9. Número de covarianzas necesarias
para una cartera de n activos

$$\binom{n}{2} = \frac{n!}{2!(n-2)!}$$

De esta forma, surge la necesidad de contar con la denominada «matriz de varianzas y covarianzas». En la diagonal principal aparecen las varianzas y el resto, las covarianzas (obviamente, es una matriz simétrica).

De nuevo, con un ejemplo puede quedar más claro. Supongamos una cartera compuesta por cinco activos (cada uno pesa un 20%), cuya evolución diaria es la recogida en la tabla 12.

Sesión	1	2	3	4	5	Cartera
1	-0,29%	0,19%	-0,4%	-0,50%	-0,17%	-0,23%
2	-0,02%	-0,29%	-0,1%	-0,37%	-1,33%	-0,41%
3	-0,61%	-0,37%	-0,7%	-1,65%	-1,43%	-0,95%
4	0,05%	-0,07%	0,0%	-0,01%	0,29%	0,06%
5	-0,01%	0,13%	-0,2%	-0,05%	-0,63%	-0,15%
6	0,61%	-0,05%	0,6%	1,15%	0,05%	0,47%
7	-0,26%	-0,02%	-0,4%	-0,70%	-1,45%	-0,57%
8	0,66%	0,52%	0,5%	1,67%	-0,15%	0,64%
9	0,38%	0,29%	0,3%	0,98%	1,27%	0,65%
10	-0,27%	0,01%	-0,5%	-0,72%	-1,51%	-0,59%
11	0,62%	0,59%	0,5%	1,74%	-0,17%	0,66%
12	-0,31%	-0,70%	-0,4%	-1,41%	-0,26%	-0,61%
Volatilidad	**6,75%**	**5,79%**	**6,95%**	**17,95%**	**13,45%**	**9,03%**

Tabla 12. Rendimientos diarios de cada activo y de la cartera

En la última línea se mide la volatilidad de cada activo, así como del total de la cartera.

Comprobamos el grado de correlación de los activos (alta entre el 1 y el 3 y baja entre el 2 y el 5).

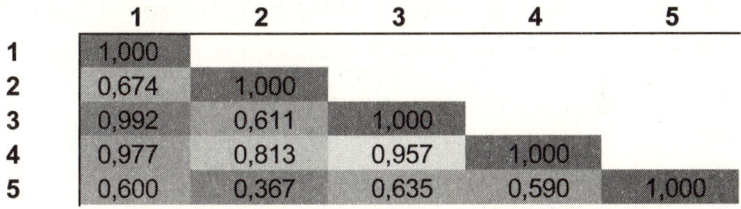

	1	2	3	4	5
1	1,000				
2	0,674	1,000			
3	0,992	0,611	1,000		
4	0,977	0,813	0,957	1,000	
5	0,600	0,367	0,635	0,590	1,000

Tabla 13. Matriz de correlaciones

El siguiente paso es calcular la matriz cuya diagonal principal son las varianzas (se puede comprobar que el activo 4 es el más volátil) y el resto de los datos son las covarianzas (es una matriz simétrica).

183

	1	2	3	4	5
1	0,002	0,002	0,004	0,011	0,005
2	0,002	0,003	0,002	0,008	0,003
3	0,004	0,002	0,004	0,011	0,005
4	0,011	0,011	0,011	0,030	0,013
5	0,005	0,013	0,005	0,013	0,017

Tabla 14. Matriz de varianzas y covarianzas

Aplicando la ecuación 4 para el cálculo de la volatilidad a partir de la matriz de varianzas y covarianzas, tenemos que la volatilidad de la cartera es 8,92%, esto es, menor que el resultado de multiplicar el peso de cada activo (20%) por su volatilidad: 10,18%. Se comprueba así el efecto de la diversificación.

5.4. Función de distribución normal

Uno de los supuestos en gestión de cartera es que los rendimientos de los activos financieros se distribuyen según una función de distribución normal, como la representada en

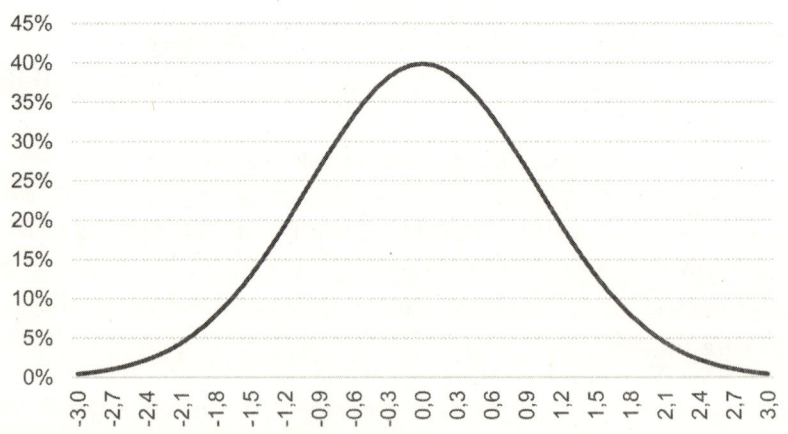

Gráfico 10. Función de distribución normal

el gráfico 10. En el eje de abscisas (eje X u horizontal) se representa la rentabilidad de un activo o cartera en un determinado período temporal (por ejemplo, en meses), mientras que en el de ordenadas (eje Y o vertical) la frecuencia de ocurrencia (según el gráfico, en un 5% de los meses la cartera pierde un 2% y otro 5% gana un 2%).

Los dos parámetros que definen la función de distribución normal (o campana de Gauss) son:

- La media (es decir, el centro de la función), representada por m
- La volatilidad (el grado de «apuntamiento» de la función), representada por s, parámetro del que ya hemos hablado.

La función de distribución normal tiene una serie de propiedades:

1. Tiene una única moda (es decir, un único valor, una única rentabilidad, que es el que más se repite), que coincide con su media y su mediana.

2. La curva es asintótica en el eje de abscisas, por lo que es posible cualquier rentabilidad; si bien la probabilidad de ocurrencia decrece, cada vez lo hace de forma menos proporcional.

3. Es simétrica con respecto a la media μ. Según esto, existe una probabilidad del 50% de observar una revalorización mayor que la media y un 50% de que sea inferior.

4. La distancia entre la línea trazada en la media y el punto de inflexión de la curva es igual a una desviación típica.

5. El área bajo la curva comprendida entre los valores situados aproximadamente a dos desviaciones estándar de la media es igual a 0,95. Es decir, existe un 95% de

probabilidad de observar un valor (una rentabilidad) comprendido en el intervalo (μ - 1,96 σ ; μ + 1,96σ). La probabilidad (el área de la curva) se eleva al 99% cuando el intervalo se amplía a +/- 3 desviaciones típicas. En definitiva, los intervalos de confianza se generan sumando o restando desviaciones típicas a la media. Así, m ± 1σ agrupa el 68% de la distribución, m ± 2σ agrupa el 95% de la distribución y m ± 3σ agrupa el 99% de la distribución. Como es obvio, cuanta mayor sea la desviación típica, más alejados estarán la rentabilidad máxima y mínima esperable, es decir, en línea con lo que comentábamos en la introducción del capítulo, más arriesgado es el activo o la cartera.

Probabilidad aproximada	Intervalo de rentabilidad
68%	Entre μ-σ y μ+σ
95%	Entre μ-2σ y μ+2σ
99%	Entre μ-3σ y μ+3σ
16%	Mayor que μ+σ Menor que μ–σ
2.5%	Mayor que μ+2σ Menor que μ–2σ

Tabla 15. Probabilidad en función del número de desviaciones típicas

6. La forma de la función depende de los parámetros μ y σ. La media indica la posición de la campana, de modo que para diferentes valores de μ la gráfica es desplazada a lo largo del eje horizontal (a la derecha cuanto mayor sea la media y a la izquierda cuanto menor sea).

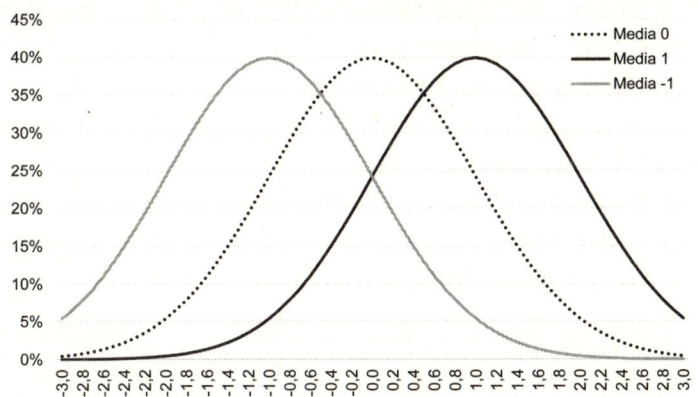

Gráfico 11. Distribuciones normales con diferentes
medias e igual desviación estándar

Por otra parte, y como ya hemos adelantado, la desviación estándar determina el grado de apuntamiento de la curva. Cuanto mayor sea el valor de σ, más se dispersarán los datos en torno a la media y la curva será más «plana» (más «platicúrtica»). Un valor pequeño de este parámetro indica, por el contrario, una gran probabilidad de obtener datos cercanos

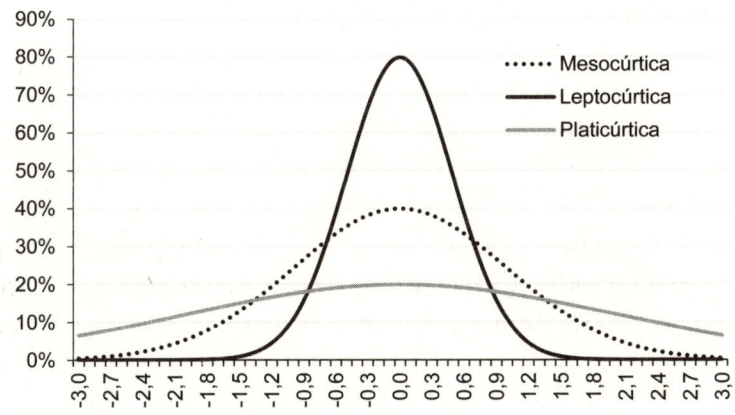

Gráfico 12. Distribuciones normales con distinta
desviación estándar e igual media

al valor medio de la distribución. O, dicho de otra forma, una cartera cuyos rendimientos se distribuyan según una función «leptocúrtica» (es así como se denomina cuando es más «puntiaguda») tiene menos riesgo que otra cartera cuya función sea más platicúrtica.

Si la distribución de los rendimientos de los activos o de la cartera es similar a una distribución normal, se facilitan mucho los cálculos relacionados con el riesgo.

- Existe un 68% de probabilidades de que el rendimiento se encuentre en un rango delimitado por media (en este caso, por simplificar suponemos 0,0%) menos una desviación estándar y más una desviación estándar.
- Las probabilidades de que un rendimiento se encuentre dentro de más /menos dos desviaciones estándar en torno a la media son del 95%.
- Finalmente, existe un 99% de probabilidades de que un rendimiento anual se encuentre dentro de tres desviaciones estándar respecto a la media.

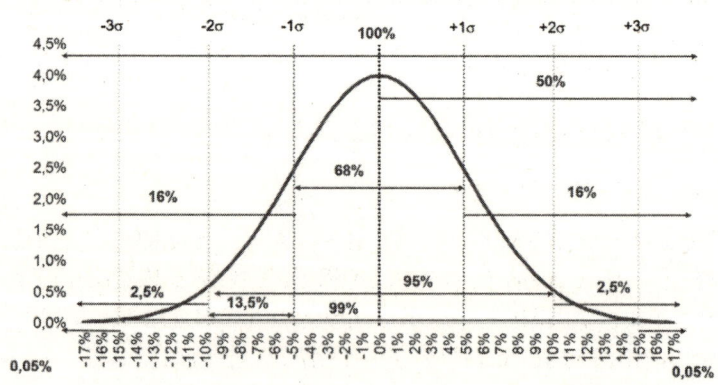

Gráfico 13. Función de distribución de los rendimientos de una cartera con media 0% y desviación típica 5%

188

Por ejemplo, un activo financiero cuyos rendimientos se distribuyen según una función de distribución normal con rentabilidad esperada del 2% y volatilidad del 2,525%, presenta las probabilidades para los intervalos de rentabilidad recogidos en la tabla 13. ¿Cómo se calcula el primer resultado? Sabemos que el rango delimitado entre la media menos una desviación típica y la media más una desviación típica agrupa el 68% de los casos. Así, con un 68% de probabilidad, el rendimiento estará entre -0,525% (2% - 2,525%) y 4,525% (2% + 2,525%)

Probabilidad	Intervalo de Rentabilidades
68%	Entre -0,525% y el 4,525%
16%	Más del 4,525%
16%	Menos del -0,525%
95%	Entre -3,05% y el 7,05%
2,5%	Más del 7,05%
2,5%	Menos del -3,05%

Tabla 16. Probabilidad para diferentes intervalos de rentabilidad

Veamos otro ejemplo: ¿cuál es la rentabilidad máxima y mínima con un 68%, 95% y 99% de probabilidad de un activo con rentabilidad media del 2% y volatilidad del 18%? Los resultados se pueden observar en el gráfico 14.

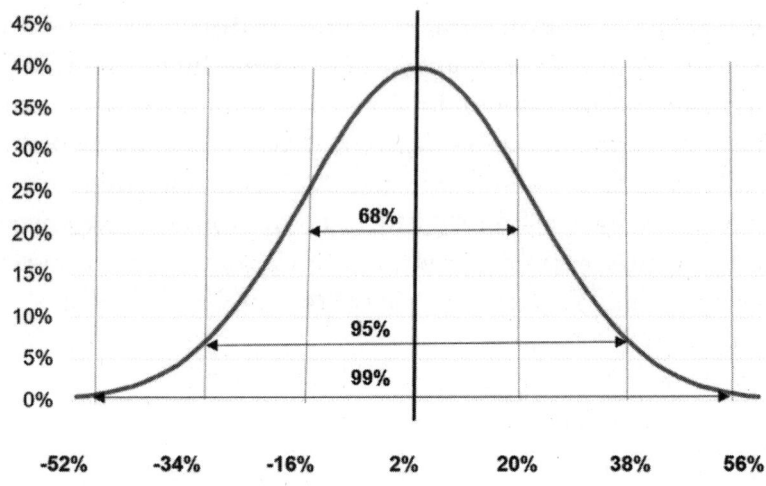

Gráfico 14. Función de distribución de los rendimientos
de un fondo con media 2% y volatilidad del 18%

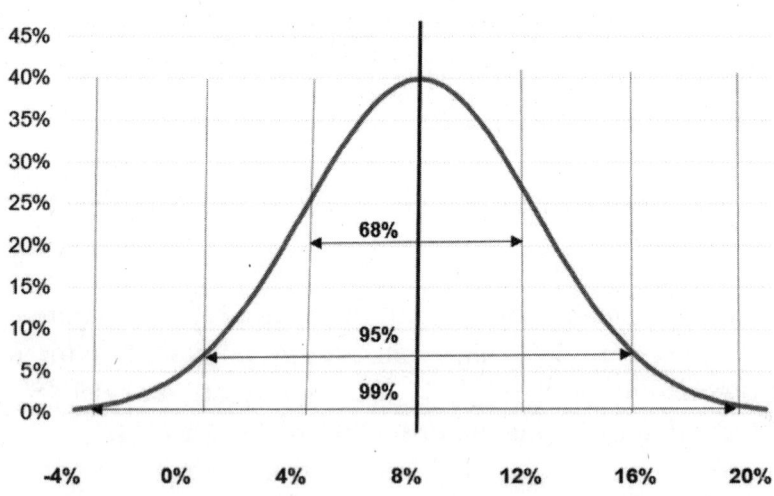

Gráfico 15. Función de distribución de los rendimientos
de un fondo con media 8% y volatilidad del 4%

Con un 99% de probabilidad el rendimiento se situará entre -52% y 56%. O, dicho de otra forma, con un 1% de probabilidad sufrirá una pérdida superior al 52% o una ganancia superior al 56%, lo que equivale a decir que con un 0,5% de probabilidad se perderá más de un 52% y que con un 0,5% de probabilidad se ganará más de un 56%.

Veamos otro ejemplo. Calcular la probabilidad de pérdida de un activo con rentabilidad esperada del 8% y volatilidad del 4% (gráfico 15).La probabilidad es del 2,5%, dado que media (8%) menos dos sigmas recoge el 95% de los casos. Atención porque en este cálculo también se incluye la cola derecha.

5.5. Asimetría

La asimetría permite identificar si los datos se distribuyen de forma uniforme alrededor del punto central o eje de simetría. La asimetría presenta tres estados diferentes (gráfico 16), cada uno de los cuales define cómo están distribuidos los datos respecto al eje de asimetría.

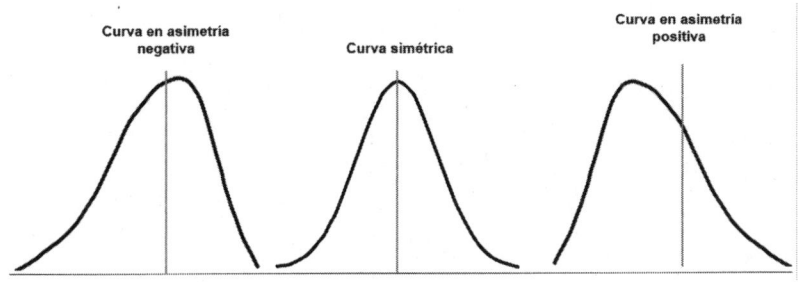

Gráfico 16. Tipos de simetría

La curva es simétrica cuando se distribuyen aproximadamente la misma cantidad de valores en ambos lados de la media. Se dice que la asimetría es positiva cuando la mayoría de los datos se encuentran por encima del valor de la media aritmética y se conoce como asimetría negativa cuando la mayor cantidad de datos se aglomeran en los valores menores que la media. Explicado de otra manera, hay asimetría positiva (o a la izquierda) si la «cola» a la izquierda de la media es más larga o ancha que la de la derecha, es decir, si hay valores más separados de la media a la derecha. Diremos que hay asimetría negativa (o a la derecha) si la «cola» a la derecha de la media es más larga o ancha que la de la izquierda, es decir, si hay valores más separados de la media a la izquierda.

Así, en asimetría positiva ocurre que la media es superior a la mediana y ésta es superior a la moda. En asimetría negativa la media es inferior a la mediana y ésta es inferior a la moda. Por último, en una función perfectamente simétrica coinciden la media, la mediana y la moda.

El coeficiente de asimetría se calcula mediante la ecuación 10.

Ecuación 10. Coeficiente de asimetría

$$g_1 = \frac{\sum_{i=1}^{n} (x_i - \bar{x})^3 \, x \, \frac{n_i}{n}}{\left(\frac{1}{n} \sum_{i=1}^{n} (x_i - \bar{x})^2 \, x \, n_i\right)^{\frac{3}{2}}} = \frac{m_3}{\sigma^3}$$

Donde:

g_1 es el coeficiente de asimetría

X_i es cada uno de los valores

$\bar{x}$ es la media de la muestra

n_i es la frecuencia absoluta de cada valor

En la ecuación 10 hemos escrito de forma más «elegante» la ecuación como el cociente del «momento de orden 3» entre la desviación típica al cubo.

Veamos un cálculo a modo de ejemplo. En la tabla 17 se recogen los rendimientos mensuales durante los últimos 15 años de 4 carteras diferentes. Las rentabilidades se han agrupado en nueve rangos diferentes: entre -2,25 y -1,75 en el primer caso hasta 1,75 – 2,25. Es decir, en los últimos 5 años, la cartera A ha mostrado una rentabilidad de entre el -2,25% y el -1,75% en 3 ocasiones, mientras que la D se ha revalorizado entre un 1,75% y un 2,25% un total de 10 veces. 3 y 10 son frecuencias absolutas (n_i) de un total de 180 datos (n).

Rango	Marca	A	B	C	D
-2,25 - -1,75	-2,00	3	9	1	10
-1,75 - -1,25	-1,50	8	15	4	13
-1,25 - -0,75	-1,00	21	37	10	21
-0,75 - -0,25	-0,50	32	73	18	28
-0,25 - 0,25	0,00	50	22	23	32
0,25 - 0,75	0,50	34	11	33	28
0,75 - 1,25	1,00	20	8	50	23
1,25 - 1,75	1,50	9	4	30	15
1,75 - 2,25	2,00	3	1	11	10

Tabla 17. Rentabilidad mensual de cuatro carteras

En el gráfico 17 ya se puede observar que presentan diferentes simetrías. La A y la D parecen simétricas, mientras que B tiene simetría positiva y C simetría negativa. Para comprobarlo vamos a calcular los coeficientes de simetría.

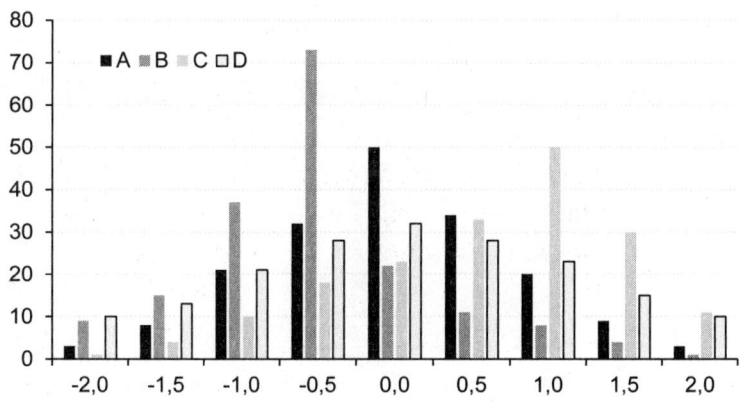

Gráfico 17. Función de distribución de los rendimientos mensuales (eje y: frecuencia absoluta)

193

El primer paso es calcular el promedio. Para ello multiplicamos cada dato (utilizamos la «marca» o punto central del rango) por la frecuencia absoluta, sumamos los nueve resultados y lo dividimos entre el número total de datos (180). En la tabla 18 se recogen los resultados, constatándose que las medias son diferentes (0,01%, -0,51%, 0,59% y 0,03% para A, B, C y D, respectivamente).

Rango	Marca	A	B	C	D
-2,25 - 1,75	-2,00 -	6,00 -	18,00 -	2,00 -	20,00
-1,75 - -1,25	-1,50 -	12,00 -	22,50 -	6,00 -	19,50
-1,25 - -0,75	-1,00 -	21,00 -	37,00 -	10,00 -	21,00
-0,75 - -0,25	-0,50 -	16,00 -	36,50 -	9,00 -	14,00
-0,25 - 0,25	0,00	-	-	-	-
0,25 - 0,75	0,50	17,00	5,50	16,50	14,00
0,75 - 1,25	1,00	20,00	8,00	50,00	23,00
1,25 - 1,75	1,50	13,50	6,00	45,00	22,50
1,75 - 2,25	2,00	6,00	2,00	22,00	20,00
	Suma	1,50 -	92,50	106,50	5,00
	Promedio	0,01 -	0,51	0,59	0,03

Tabla 18. Rentabilidad promedio de cada cartera

Una vez tenemos la media ya podemos calcular el momento de orden 3. Para ello, a cada dato le restamos la media y elevamos el resultado al cubo. Multiplicamos este resultado por la frecuencia absoluta y lo dividimos entre el número total de datos. La m_3 es la suma de esos nueve datos (tabla 19).

Rango	Marca	A	B	C	D
-2,25 - 1,75	-2,00	-0,14	-0,16	-0,10	-0,46
-1,75 - -1,25	-1,50	-0,15	-0,08	-0,20	-0,26
-1,25 - -0,75	-1,00	-0,12	-0,02	-0,22	-0,13
-0,75 - -0,25	-0,50	-0,02	0,00	-0,13	-0,02
-0,25 - 0,25	0,00	0,00	0,02	-0,03	0,00
0,25 - 0,75	0,50	0,02	0,06	0,00	0,02
0,75 - 1,25	1,00	0,11	0,15	0,02	0,12
1,25 - 1,75	1,50	0,17	0,18	0,12	0,27
1,75 - 2,25	2,00	0,13	0,09	0,17	0,43
	m3	**0,00**	**0,24**	**-0,37**	**-0,04**

Tabla 19. Cálculo del momento de orden 3 (m_3) de cada cartera

194

Vayamos ahora con el denominador. Para ello, calculamos la desviación típica. Recuerda: cada dato menos su media, elevando al cuadrado el resultado; luego se suman todos y se dividen entre el número de datos. Así hemos obtenido la varianza, cuya raíz es la desviación típica, resultado que tendremos que elevar al cubo. Dividimos la m_3 entre la varianza al cubo y tenemos el coeficiente de asimetría (tabla 17). La cartera A tiene un coeficiente de 0,0, la B del 0,56, C del -0,57% y D del -0,04.

Rango	Marca	A	B	C	D
-2,25 - 1,75	-2,00	12,100	19,877	6,717	41,119
-1,75 - -1,25	-1,50	18,201	14,586	17,500	30,343
-1,25 - -0,75	-1,00	21,351	8,743	25,334	22,183
-0,75 - -0,25	-0,50	8,269	0,014	21,451	7,799
-0,25 - 0,25	0,00	0,003	5,810	8,052	0,025
0,25 - 0,75	0,50	8,219	11,308	0,277	6,244
0,75 - 1,25	1,00	19,668	18,335	8,337	21,740
1,25 - 1,75	1,50	20,026	16,223	24,752	32,512
1,75 - 2,25	2,00	11,900	6,320	21,817	38,897
	Varianza	0,67	0,56	0,75	1,12
	Sigma	0,82	0,75	0,86	1,06
	Sigma al cubo	0,54	0,42	0,64	1,18
	Coef. asimetría	**0,00**	**0,56**	**-0,57**	**-0,04**

Tabla 20. Cálculo de la sigma y del coeficiente de asimetría

Los resultados se interpretan de la siguiente forma:

- Si $g_1 = 0$ la distribución es simétrica, es decir, existe aproximadamente la misma cantidad de valores a los dos lados de la media. Este valor es difícil de conseguir por lo que se tiende a tomar los valores que son cercanos ya sean positivos o negativos ($\pm 0{,}25$).
- Si $g_1 > 0$ la curva es asimétricamente positiva por lo que los valores se tienden a reunir más en la parte izquierda que en la derecha de la media.
- Si $g_1 < 0$ la curva es asimétricamente negativa por lo que los valores se tienden a reunir más en la parte derecha de la media.

En cualquier caso, cuanto mayor sea el coeficiente, mayor será la distancia que separa la aglomeración de los valores con respecto a la media (más asimétrica es la función de distribución de los rendimientos).

Comprobamos lo que ya nos decía la observación del gráfico 17: la cartera A y D son simétricas (en mayor medida la A) mientras que la B tiene asimetría positiva y la cartera C presenta asimetría negativa.

5.6. Curtosis

La curtosis es una medida determina el grado de concentración que presentan los valores en la región central de la distribución. Por medio del coeficiente de curtosis (g_2), podemos identificar si existe una gran concentración de valores (leptocúrtica), una concentración normal (mesocúrtica) o una baja concentración (platicúrtica).

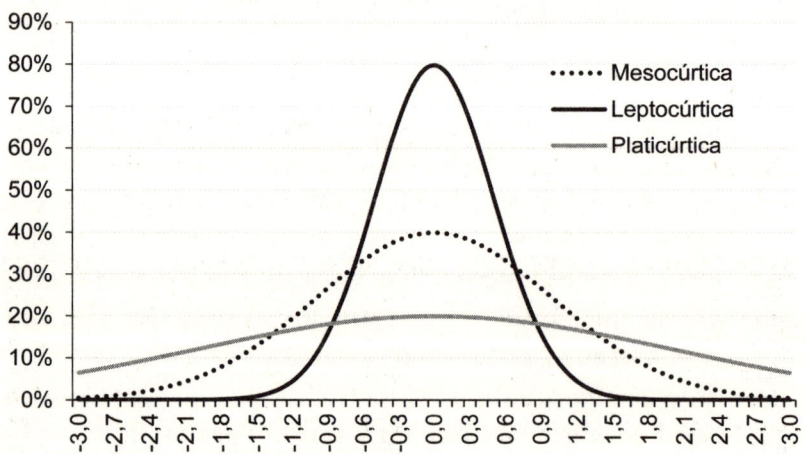

Gráfico 18. Tipos de curtosis

Para calcular el coeficiente de curtosis se utiliza la ecuación 11

Ecuación 11. Coeficiente de curtosis

$$g_2 = \frac{\sum_{i=1}^{n}(x_i - \bar{x})^4 \times \frac{n_i}{n}}{\left(\frac{1}{n}\sum_{i=1}^{n}(x_i - \bar{x})^2 \times n_i\right)^2} = \frac{m_4}{\sigma^4}$$

Donde:

g_2 es el coeficiente de curtosis
x_i es cada uno de los valores
$\bar{x}$ es la media de la muestra
n_i es la frecuencia de cada valor

Dado que en la distribución normal se cumple que $m_4 = 3 \times \sigma^4$, está más extendido el uso de la ecuación 12 (en este caso, también se denomina «exceso de curtosis»).

Ecuación 12. Coeficiente de curtosis o exceso de curtosis

$$g_2 = \frac{\sum_{i=1}^{n}(x_i - \bar{x})^4 \times \frac{n_i}{n}}{\left(\frac{1}{n}\sum_{i\,1}^{n}(x_i - \bar{x})^2 \times n_i\right)^2} - 3 = \frac{m_4}{\sigma^4} - 3$$

Aplicamos los cálculos al ejemplo inicial. En la tabla 21 se recogen los resultados del momento de orden 4 (es decir, la diferencia entre el dato y la media se eleva a la cuarta potencia).

Rango	Marca	A	B	C	D
-2,25 - 1,75	-2,00	0,27	0,24	0,25	0,94
-1,75 - -1,25	-1,50	0,23	0,08	0,43	0,39
-1,25 - -0,75	-1,00	0,12	0,01	0,36	0,13
-0,75 - -0,25	-0,50	0,01	0,00	0,14	0,01
-0,25 - 0,25	0,00	0,00	0,01	0,02	0,00
0,25 - 0,75	0,50	0,01	0,06	0,00	0,01
0,75 - 1,25	1,00	0,11	0,23	0,01	0,11
1,25 - 1,75	1,50	0,25	0,37	0,11	0,39
1,75 - 2,25	2,00	0,26	0,22	0,24	0,84
	m4	1,26	1,23	1,55	2,83

Tabla 21. Cálculo del momento de orden 4 (m_4) de cada cartera

Y en la tabla 22 se pueden ver los coeficientes de curtosis, tanto los calculados según la ecuación 11 como la ecuación 12.

Rango	Marca	A	B	C	D
-2,25 - 1,75	-2,00	12,100	19,877	6,717	41,119
-1,75 - -1,25	-1,50	18,201	14,586	17,500	30,343
-1,25 - -0,75	-1,00	21,351	8,743	25,334	22,183
-0,75 - -0,25	-0,50	8,269	0,014	21,451	7,799
-0,25 - 0,25	0,00	0,003	5,810	8,052	0,025
0,25 - 0,75	0,50	8,219	11,308	0,277	6,244
0,75 - 1,25	1,00	19,668	18,335	8,337	21,740
1,25 - 1,75	1,50	20,026	16,223	24,752	32,512
1,75 - 2,25	2,00	11,900	6,320	21,817	38,897
	Varianza	0,67	0,56	0,75	1,12
	Sigma	0,82	0,75	0,86	1,06
	Sigma a la cuarta	0,44	0,32	0,56	1,25
	Coef. Curtosis	**2,85**	**3,88**	**2,79**	**2,27**
	Exceso de curtosis	**-0,15**	**0,88**	**-0,21**	**-0,73**

Tabla 22. Cálculo de la sigma y del coeficiente de curtosis

Los resultados del coeficiente se interpretan como siguen (vamos a tomar el exceso de curtosis):

- Si $g_2 = 0$ la distribución es mesocúrtica: Al igual que en la asimetría, es bastante difícil encontrar un coeficiente de curtosis de cero (0), por lo que se suelen aceptar los valores cercanos (± 0,25).
- Si $g_2 > 0$ la distribución es leptocúrtica
- Si $g_2 < 0$ la distribución es platicúrtica

En el ejemplo, comprobamos que la cartera A es relativamente mesocúrtica, como también lo es la C, al tiempo que D es platicúrtica (es más «achatada») y B es leptocúrtica (más «puntiaguda»). Tras hacer los cálculos y el análisis, es útil mirar los gráficos de la función de distribución pudiéndose comprobar las diferencias de simetría y curtosis

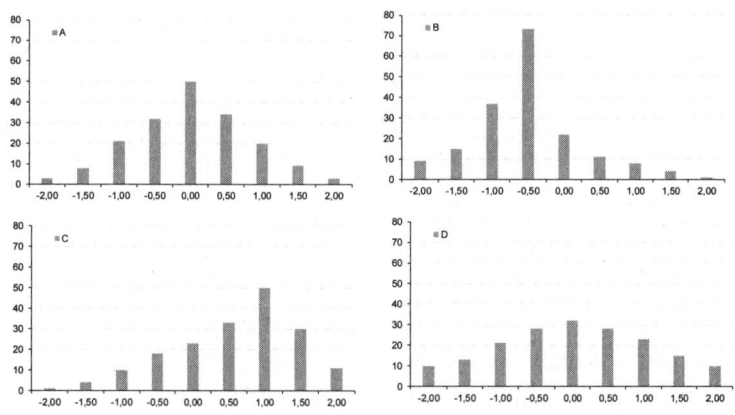

Gráfico 19. Función de distribución de los rendimientos mensuales

Por último, hay que señalar que la función de distribución es normal cuando el coeficiente de asimetría (g_1) y el de curtosis (g_2) son cercanos a 0. Cuanto más se alejen los valores de 0 en un determinado activo o cartera, menos se parecerá su función de distribución de los rendimientos a una normal, con importantes implicaciones para lo que estudiará a continuación.

5.7. VaR

El Value at Risk (VaR) es una medida de riesgo que calcula la máxima pérdida posible de un activo financiero, de una cartera, de un fondo de inversión, etc. en un periodo de tiempo determinado (un día, una semana, un trimestre, un año, etc.) con un nivel de confianza dado (es habitual que sea 95% o 99%). De este modo, cuando hablamos de una inversión con un VaR del 2% al 95% de confianza a un año (por ejemplo), se interpreta como una inversión que, con una probabilidad del 95%, no va a perder más de un 2% en un año (o que con un 5% de probabilidad va a perder más de ese 5%). Y si aplicamos ese porcentaje al volumen de la cartera podemos expresar el VaR en términos monetarios. Es decir, el VaR, que insistimos en que es una máxima pérdida potencial con una determinada probabilidad, se puede expresar en porcentaje o en unidades monetarias. Como es lógico, el VaR es mayor para un nivel de confianza superior. Es decir, en el ejemplo anterior, frente a un VaR del 2,0% al 95%, el VaR al 99% puede ser del 2,8%. Estudiar el VaR con el rigor necesario exige profundizar en aspectos que, dado el carácter de este libro, no es posible contemplar aquí. En cualquier caso, consideramos que es útil para todo gestor de carteras saber interpretar el VaR, así como conocer sus ventajas e inconvenientes.

Existen diversas formas para estimar el VaR.

1. Simulaciones de evoluciones futuras (Montecarlo)

Se simulan posibles evoluciones de la cotización del valor de mercado del activo o de la catera. Según los datos obtenidos en estas simulaciones se obtiene el punto en el que se dividen las pérdidas entre el 95% de los casos y el 5% restante (o 99% / 1% si calculamos el VaR al 99%). Entre los problemas de esta aproximación se encuentra cómo simular la evolución futura, siendo uno de los métodos más frecuentes la denominada «simulación de Montecarlo».

2. Simulación histórica - VaR no paramétrico

Con esta metodología se calculan los rendimientos del activo financiero en un determinado horizonte temporal. A continuación, se obtiene el nivel de pérdida que separa el 95% de los casos, es decir, el percentil 95% (o el percentil 99% si calculamos el VaR con un nivel de confianza del

99%). Es un método de cálculo muy transparente y que apenas exige supuestos (ni siquiera la naturaleza de la distribución de los rendimientos), aunque uno de ellos es muy relevante: que las variaciones futuras de los precios responderán a la misma función de distribución que generó históricamente los rendimientos. Su gran inconveniente es que muy intensivo computacionalmente (requiere un importante número de cálculos frente al mero empleo de una fórmula del VaR paramétrico se vemos ahora).

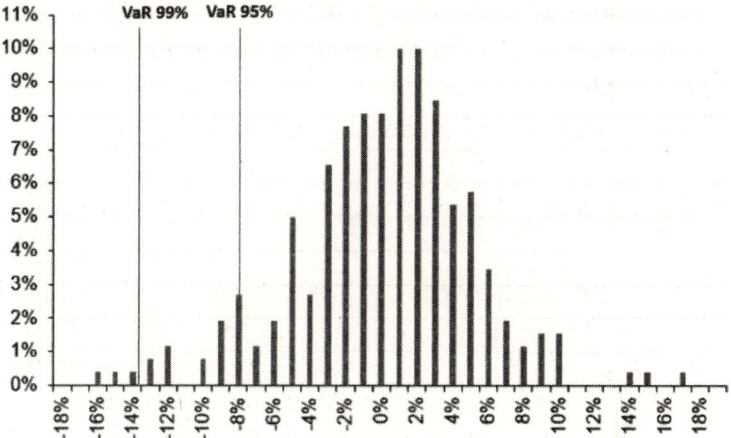

Gráfico 20. Función de distribución de los rendimientos y cálculo del VaR no paramétrico al 95% y 99%

3. Datos históricos - VaR paramétrico

En este caso, se asume habitualmente una distribución normal de los rendimientos, por lo que los únicos datos que requieren son la media y la desviación típica (ver ecuación 5.13).

Ecuación 13. VaR

$$VaR = E[R] - \sigma_i \times N\sigma \times \sqrt{t}$$

201

Donde:

E[R] es la expectativa de rentabilidad del activo o de la cartera.

σ_i es la volatilidad del activo o de la cartera

$N\sigma$ es el número de desviaciones estándar que hay dentro del nivel de confianza escogido y de la distribución estadística elegida. Como generalmente es la distribución normal, el valor es 1,65 para un nivel de confianza del 95% y 2,33 para uno del 99%.

t es el tiempo utilizado para calcular la volatilidad. Este tiempo será 250 si el dato de volatilidad es diario, 52 si es semanal o 12 si es mensual. En definitiva, lo que se hace es anualizar la volatilidad, si se quiere expresar el VaR en términos anualizados (que es lo habitual).

En el gráfico 21 se recoge un ejemplo para una función de media 0,0% y volatilidad 5%. En este caso, el VaR al 95% es -8,25% (0,0% -1,65 x 5%) y el VaR al 99% es -11,65% (0,0% -2,33 x 5%). Es decir, a la izquierda del -8,25% se recoge un área del 5% del total, mientras que a la izquierda de -11,65% el área por debajo de la función equivale a un 1% de todos los casos.

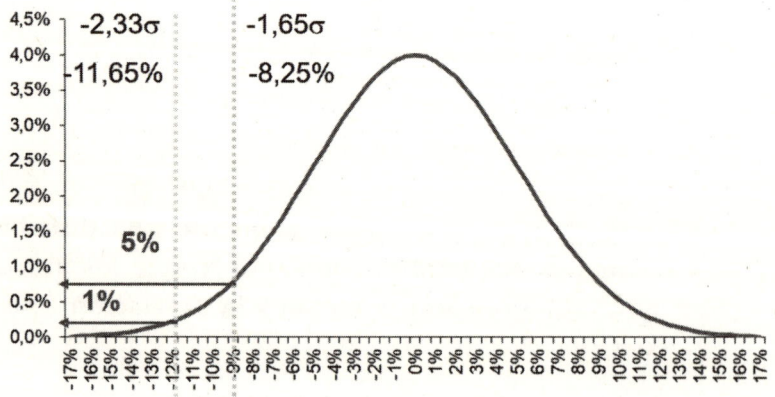

Gráfico 21. Función de distribución de los rendimientos de una cartera y VaR al 95% y al 99%

202

En el gráfico 22 lo que representamos es la frecuencia acumulada, por lo que el eje vertical y empieza en 0,0% y acaba en 100% (se puede observar cómo cambia la curvatura, es decir, cómo se modifica el ritmo al que va aumentando la probabilidad). Como pasaba en el gráfico 16, a la izquierda de la rentabilidad -11,65% queda se agrupa un 1% de los casos, mientras que a la izquierda de -8,25%, es un 5% (en definitiva, el concepto de VaR al 99% y al 95%, respectivamente).

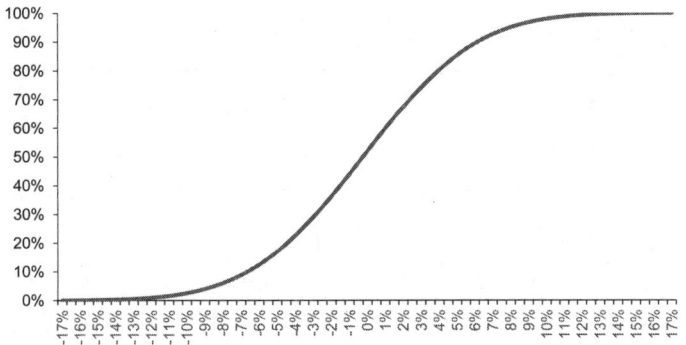

Gráfico 22. Función de distribución acumulada de los rendimientos de una cartera y VaR al 95% y al 99%

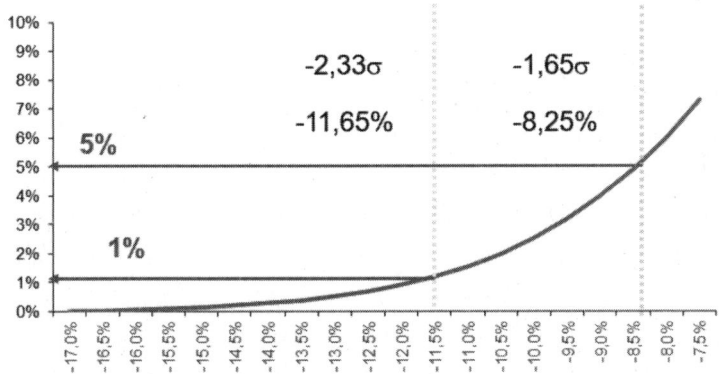

Gráfico 23. Función de distribución acumulada de los rendimientos de una cartera y VaR al 95% y al 99% (zoom)

203

En el gráfico 23 se ha hecho zoom en la parte izquierda de la función de distribución acumulada (que es la que interesa para el cálculo del VaR).

En definitiva, para el cálculo del VaR paramétrico también recurrimos a la evolución histórica, pero, a diferencia del VaR histórico, su cálculo es más sencillo ya que sólo necesitamos saber la media y la volatilidad de los rendimientos, que se utilizarán en la fórmula pertinente. También aquí vamos a suponer que la historia es un buen predictor del futuro, es decir, que la volatilidad histórica se va a repetir en el futuro. Un supuesto éste que, como es sabido, no siempre se confirma (además del otro ya comentado de que función de distribución de los rendimientos se asemeja a una normal).

Entre las ventajas del VaR como indicador del riesgo de una cartera se pueden citar:

1. Captura el riesgo de una inversión en un solo número
2. Está expresado en una unidad comprensible: unidades monetarias o porcentaje sobre el volumen de la cartera.
3. Es comparable entre activos y carteras.

Entre los inconvenientes del VaR se pueden citar:

1. No estima los eventos poco frecuentes (los denominados «eventos de cola»).
2. No estima la pérdida máxima. El empleo de un intervalo de confianza supone dejar fuera del cálculo los casos no contemplados en el VaR. Es decir, el VaR diario al 95% supone no contemplar qué ocurre en el 5% de los días peores. Esto puede causar un sesgo en las posiciones cuando el VaR sea un elemento de decisión. Por ejemplo, podría favorecerse una posición que tenga una pérdida máxima de 1.000 unidades mone-

tarias al día en el 95% de los casos frente a la posición que suponga una pérdida máxima de 1.100 unidades monetarias al día. Sin embargo, puede suceder que en el 5% de los casos restantes la primera posición presente pérdidas extremadamente elevadas, superando ampliamente las 1.000 unidades monetarias (pero en el segundo caso no superen, por ejemplo, las 1.200 unidades monetarias). En estas condiciones, suponer que la primera posición es menos arriesgada porque su VaR es inferior conduce a un error de gestión.

5.8. Volatilidad implícita

Frente a la volatilidad que experimenta un activo financiero en un determinado horizonte temporal «pasado», existe una expectativa de volatilidad. Es decir, ¿qué volatilidad se espera que se produzca en el futuro? Nos referimos a la denominada volatilidad implícita, también conocida como volatilidad cotizada ya que es la que cotizan los mercados financieros. Así, frente a la volatilidad histórica del Eurostoxx 50 o del S&P 500 existe una expectativa de la volatilidad, denominada VSTOXX y VIX, respectivamente. Pero no solo se cotiza volatilidad para los índices bursátiles, sino también para un buen número de activos financieros. En principio, para todos aquellos sobre los que existen opciones cotizadas.

Activo	Último	Fecha 1	Diferencia	Fecha 2	Diferencia	Fecha 3	Diferencia	Media
S&P 500	13,9	12,5	1,4	22,6	-8,8	21,7	-7,8	19,5
Euro Stoxx	14,0	13,6	0,5	18,0	-4,0	20,9	-6,8	23,6
Nasdaq	20,2	20,2	0,0	25,4	-5,2	27,1	-6,8	19,4
Nikkei	19,4	17,5	1,9	17,9	1,5	19,9	-0,5	23,9
MSCI Emerging	17,7	21,1	-3,5	23,2	-5,6	24,2	-6,6	23,2
Brent	32,3	33,8	-1,6	37,2	-5,0	45,2	-12,9	34,6
Cobre	17,7	17,6	0,1	24,2	-6,4	29,0	-11,3	25,7
Oro	11,2	13,8	-2,6	13,2	-1,9	15,6	-4,4	17,6
USD/EUR	6,2	6,9	-0.7	8,5	-2,4	8,6	-2,4	9,3

Tabla 23. Volatilidad implícita o cotizada (actual, en diferentes fechas y media histórica)

Las opciones son un tipo de derivado financiero (junto a los futuros y las permutas financieras[5]) que otorgan el derecho al comprador a comprar (opción CALL) o a vender (opción PUT) un activo financiero a cambio de pagar una prima. Uno de los parámetros clave en la determinación de esa prima es la probabilidad de la variación del precio del subyacente (cuanto mayor sea, mayor será la prima). Como ya hemos visto, esa probabilidad depende de la «forma» que tenga la función de distribución de los rendimientos, que está condicionada por la desviación típica. Y también hemos estudiado ya que la volatilidad es volátil. Así, un activo financiero que históricamente ha mostrado una volatilidad del 20%, por ejemplo, ha podido registrara una volatilidad en los últimos 6 meses del 15% (seguramente acompañada de un alza en las cotizaciones, tan típica de la ya comentada «simetría especular»), pero su volatilidad implícita es del 23%. ¿Cómo se interpreta esto? Que el mercado está descontando un aumento de la volatilidad en el futuro. Como analistas, esta situación (aumenta de la volatilidad implícita hasta una cota superior a la media histórica) nos puede advertir de una situación de más «tensión» en los mercados financieros. En sentido contrario, si la volatilidad implícita es baja, será característico de un entorno «tranquilo» en los mercados financieros. En el gráfico 24 se compara la evolución de la volatilidad implícita y de la volatilidad realizada, pudiéndose comprobar que hay una alta correlación entre las dos.

Por último, y dado que la volatilidad es volátil, es posible tomar apuestas direccionales con el objetivo de generar alfa en las carteras. En concreto, cuando consideremos que la volatilidad implícita es alta, entonces deberemos «venderla», lo que, en terminología profesional, de denomina «vega ne-

---

[5] El alcance de este libro no permite entrar a estudiar los derivados financieros.

gativa» (gráfico 25). En sentido contrario, cuando pensemos que vamos a asistir a un aumento de la volatilidad, entonces adoptaremos «vega positiva» en nuestra cartera. La gestión de la vega es un aspecto que bien merece ampliar y profundizar, pero excede del alcance de este libro.

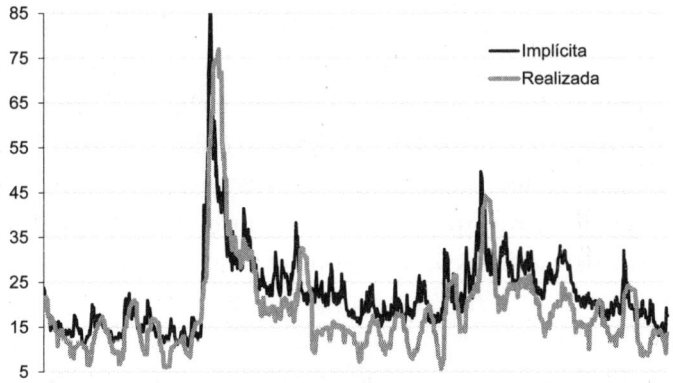

Gráfico 24. Evolución de la volatilidad realizada (3 meses) y de la volatilidad implícita sobre un índice bursátil

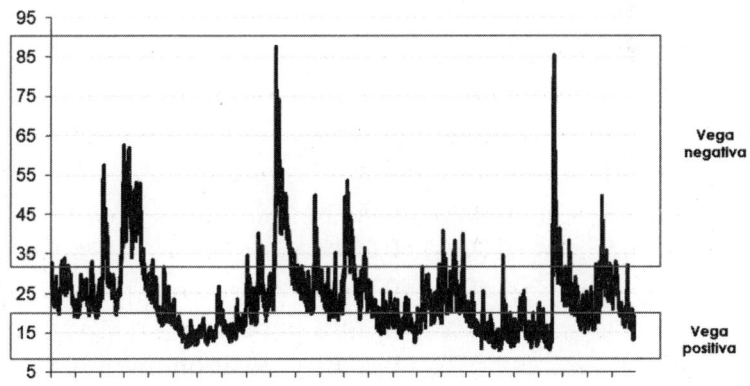

Gráfico 25. Evolución de la volatilidad implícita y «vega» de la cartera

Recuadro 1.
Cálculo la volatilidad de la cartera ABC cuyas rentabilidades diarias han sido 0,8%, -1,2%, +0,3%, -0,8%, -0,3% y +1,3%

La volatilidad se expresa a través de la desviación típica de los rendimientos. Como ya nos los dan, nos ahorramos un paso (atención porque si nos dieran los precios del activo o los valores liquidativos de la cartera tendríamos que calcular los rendimientos; la volatilidad no se calcula como la desviación típica de los precios sino de los rendimientos). Lo primero que tenemos que calcular es el rendimiento medio (R) que, en este caso, es 0,02% (más concretamente, 0,01667%).

Cálculo de la varianza

$$\sigma_i^2 = \frac{\sum_{h=1}^{n}\left(R_{i,h} - \bar{R}\right)^2}{n}$$

Cálculo de la desviación típica

$$\sigma_i = \sqrt{\sigma_i^2}$$

Día	Dato	Media	
1	0,80%	0,006%	
2	-1,20%	0,015%	
3	0,30%	0,001%	
4	-0,80%	0,007%	
5	-0,30%	0,001%	
6	1,30%	0,016%	
Media	0,02%	0,008%	Varianza
		0,874%	Desviación típica
		13,83%	Volatilidad

Tabla 24. Cálculo de la volatilidad

Lo primero que tenemos que calcular es el rendimiento medio ($\bar{R}$) que, en este caso, es 0,02% (más concretamente, 0,01667%). A partir de ahí, a cada dato de rentabilidad le restamos la media y, para evitar la compensación cuando sumemos los resultados, los elevamos al cuadrado. Ahora sí, podemos sumarlos y dividir el resultado entre el número de datos. En definitiva, lo que hacemos es calcular el promedio de las diferencias al cuadrado. Este resultado es la varianza. Y si calculamos su raíz cuadrada (es decir «deshacemos» la elevación al cuadrado que hemos hecho previamente para evitar compensaciones) obtenemos la desviación típica. En este ejemplo, es del 0,874%. Este es el dato que utilizamos para medir el riesgo de la cartera. Lo hemos calculado utilizando rendimientos diarios, que es lo más habitual. Pero también lo es expresar el resultado en términos anualizados. Para ello se multiplica por la raíz de 250 (15,81138). Así, el resultado en este caso es 13,83%. Así pues, podemos decir que la volatilidad de esta cartera es del 13,83%.

Recuadro 2.
Cálculo de la volatilidad en una ventana muestral móvil

Para poner en evidencia que la volatilidad es volátil, lo que se hace es comparar el resultado en diferentes ventanas muestrales. Así, si tenemos una serie con, por ejemplo, 60 datos, podemos calcular la volatilidad de los primeros 20, luego la de los segundos 20 y, por último, los últimos 20 datos. Las diferencias en los resultados, si las hay, evidenciarían diferentes entornos de volatilidad. Otra alternativa es recurrir a la ventana móvil. En este caso, calculamos la volatilidad en las últimas 5 sesiones (de nuevo, es un ejemplo y se puede elegir otro número de sesiones). Para el siguiente cálculo nos desprendemos del primer dato de rendimiento y añadimos el siguiente. La muestra será siempre de 5 sesiones, pero en cada caso con un dato diferente.

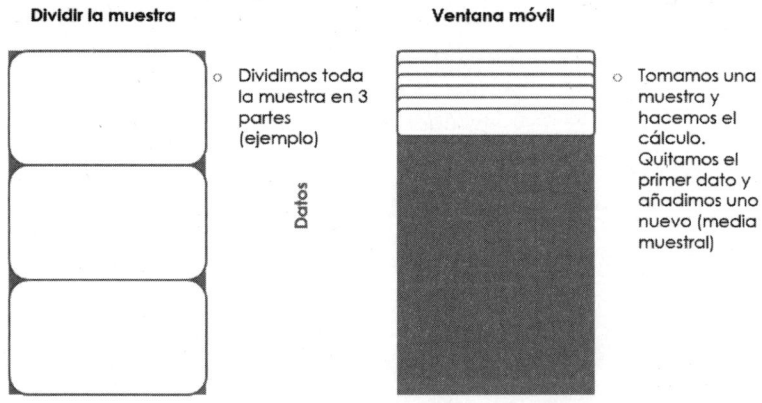

Figura 3. Metodologías de cálculo

Eso es lo que hacemos en la tabla 25, en la que se recoge la evolución del precio de un activo durante 19 sesiones. Su volatilidad para toda la muestra es del 13,90%, pero obsérvese cómo si calculamos la media móvil 5 sesiones (esto es, en cada cálculo se toman las últimas 5 sesiones) el resultado oscila entre 6,21% y el 19,45%. Por eso decimos que la volatilidad es volátil.

Día	Valor	Rendimiento	Rend - Media	(Rend - Media)^2	Media móvil 5s
1	56,35				
2	56,46	0,20%	0,32%	0,001%	
3	57,02	0,99%	1,11%	0,012%	
4	57,12	0,18%	0,30%	0,001%	
5	57,03	-0,16%	-0,04%	0,000%	
6	56,85	-0,32%	-0,19%	0,000%	8,57%
7	57,15	0,53%	0,65%	0,004%	9,46%
8	57,35	0,35%	0,47%	0,002%	6,21%
9	58,05	1,22%	1,34%	0,018%	11,15%
10	57,28	-1,33%	-1,20%	0,015%	14,03%
11	57,48	0,35%	0,47%	0,002%	14,35%
12	56,98	-0,87%	-0,75%	0,006%	14,59%
13	56,8	-0,32%	-0,19%	0,000%	14,27%
14	56,13	-1,18%	-1,06%	0,011%	13,02%
15	55,01	-2,00%	-1,87%	0,035%	16,51%
16	55,03	0,04%	0,16%	0,000%	16,20%
17	54,93	-0,18%	-0,06%	0,000%	15,32%
18	55,8	1,58%	1,71%	0,029%	19,45%
19	55,61	-0,34%	-0,22%	0,000%	18,02%
20	55,02	-1,06%	-0,94%	0,009%	13,91%
	Media	-0,12%	0,00%	0,008%	Varianza
				0,879%	Desviación típica diaria
				13,90%	Desviación típica anualizada

Tabla 25. Cálculo de volatilidad

Recuadro 3.
La importancia de la diversificación
....

Todo inversor busca la composición de una cartera que optimice el binomio rentabilidad-riesgo, esto es, obtener la mayor rentabilidad para un determinado nivel de riesgo, u obtener el menor nivel de riesgo para una rentabilidad determinada.

Para lograr esta composición óptima, además de rentabilidad y riesgo, debemos trabajar con otro concepto: el grado de correlación entre los diversos activos que componen la cartera. Gracias a la combinación de activos con distintas correlaciones, podremos lograr los objetivos de optimización de este binomio.

- Puesto que existe la incertidumbre, y el riesgo nos preocupa, diversificar tiene sentido.
- Concentrar en una única clase de activos puede no ser lo mejor desde el punto de vista rentabilidad – riesgo. Una combinación de activos (monetario, renta fija, renta variable) con distintas correlaciones, puede ser mejor que una única apuesta.
- El horizonte de inversión condiciona el riesgo de la inversión y, por tanto, debe tenerse en cuenta a la hora de combinar activos con diferentes horizontes de inversión.
- El objetivo de la construcción de cartera debe ser la reducción del riesgo y no tanto maximizar la rentabilidad.

En la tabla 26 aparecen los cálculos de la volatilidad de una cartera para distintas ponderaciones de A y B (cuyas volatilidades son del 3,0% y del 7,0%, respectivamente) en función de la correlación entre ellas. La fórmula utilizada es la que ya hemos expuesto en la ecuación 5.

	Activo A	Activo B
Rentabilidad	0,5%	3,5%
Volatilidad	3,0%	7,0%

Ponderaciones		Ponderaciones		Ponderaciones		Ponderaciones		Ponderaciones	
100%	0,0%	75%	25,0%	50%	50,0%	25%	75,0%	0%	100,0%
Correlación	Vola. cartera	Correlación	Vola. cartera	Correlación	Vola. cartera	Correlación	Vola. cartera	Correlación	Vola. cartera
-1	3,0%	-1	0,5%	-1	2,0%	-1	4,5%	-1	7,0%
-0,9	3,0%	-0,9	1,0%	-0,9	2,2%	-0,9	4,6%	-0,9	7,0%
-0,8	3,0%	-0,8	1,4%	-0,8	2,5%	-0,8	4,7%	-0,8	7,0%
-0,7	3,0%	-0,7	1,6%	-0,7	2,7%	-0,7	4,8%	-0,7	7,0%
-0,6	3,0%	-0,6	1,8%	-0,6	2,9%	-0,6	4,8%	-0,6	7,0%
-0,5	3,0%	-0,5	2,0%	-0,5	3,0%	-0,5	4,9%	-0,5	7,0%
-0,4	3,0%	-0,4	2,2%	-0,4	3,2%	-0,4	5,0%	-0,4	7,0%
-0,3	3,0%	-0,3	2,4%	-0,3	3,4%	-0,3	5,1%	-0,3	7,0%
-0,2	3,0%	-0,2	2,6%	-0,2	3,5%	-0,2	5,2%	-0,2	7,0%
-0,1	3,0%	-0,1	2,7%	-0,1	3,7%	-0,1	5,2%	-0,1	7,0%
0	3,0%	0	2,9%	0	3,8%	0	5,3%	0	7,0%
0,1	3,0%	0,1	3,0%	0,1	3,9%	0,1	5,4%	0,1	7,0%
0,2	3,0%	0,2	3,1%	0,2	4,1%	0,2	5,4%	0,2	7,0%
0,3	3,0%	0,3	3,2%	0,3	4,2%	0,3	5,5%	0,3	7,0%
0,4	3,0%	0,4	3,4%	0,4	4,3%	0,4	5,6%	0,4	7,0%
0,5	3,0%	0,5	3,5%	0,5	4,4%	0,5	5,7%	0,5	7,0%
0,6	3,0%	0,6	3,6%	0,6	4,6%	0,6	5,7%	0,6	7,0%
0,7	3,0%	0,7	3,7%	0,7	4,7%	0,7	5,8%	0,7	7,0%
0,8	3,0%	0,8	3,8%	0,8	4,8%	0,8	5,9%	0,8	7,0%
0,9	3,0%	0,9	3,9%	0,9	4,9%	0,9	5,9%	0,9	7,0%
1	3,0%	1	4,0%	1	5,0%	1	6,0%	1	7,0%

Tabla 26. Volatilidad de una cartera de 2
activos en función de la correlación

En el primer caso (toda la cartera está invertida en el activo A), así como en el último (todo en el activo B), la correlación entre sendos activos es indiferente, ya que la volatilidad de la cartera es la del activo (3,0% y 7,0%, respectivamente).

Cuando la cartera está compuesta por los dos activos, es entonces cuando entra en juego la correlación. Así, si es 1 (última fila) la volatilidad de la cartera equivale a la combinación lineal de los pesos (en el caso de la cartera central, 0,5 x 3,0% + 0,5 x 7% = 5,0%). Esta es la máxima volatilidad. A partir de ahí, a medida que la correlación va reduciéndose, también lo hace la volatilidad, que es mínima cuando la correlación es -1.

Así, en determinadas condiciones, con dos activos con volatilidad positiva se puede construir una cartera con riesgo reducido.

Recuadro 4.
La importancia del número de activos en la diversificación

Según se incrementa el número de valores o de activos de una cartera, y siempre que no tengan una correlación 1, la volatilidad total se va reduciendo. Ello es gracias a la disminución del riesgo no sistemático o diversificable. Ahora bien, se llega a un punto en el que por muchos más títulos o activos que se incluyan, la cartera ya no reduce su riesgo. Este nivel mide el riesgo sistemático asumido. En el gráfico 26 se recoge el comportamiento del riesgo total de una cartera en función del número de valores que se van introduciendo. Diversos trabajos empíricos cifran en 20 el número de valores a partir de los cuales no se introducen ganancias significativas en la reducción del riesgo total, porque el específico empieza a ser residual.

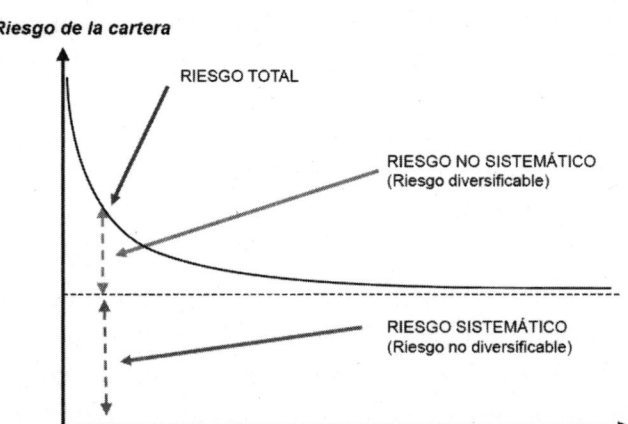

Gráfico 26. Disminución del riesgo gracias a la diversificación

En este punto, por lo tanto, es importante recordar varios aspectos:

- Incrementar el número de acciones (en una cartera de renta variable) o de bonos (en una de renta fija) o de activos (en una global) disminuye el riesgo total de la cartera vía reducción del riesgo no sistemático, pero si y solo si (o esa reducción es más intensa) las correlaciones son inferiores a 1 (de hecho, la reducción del riesgo es mayor cuanto menor sea la correlación). Así, aunque en una cartera tengamos, por ejemplo, 20 títulos, si todos ellos tienen correlación cercana a 1, no estaremos diversificando. Diversificar consiste en incorporar «muchos» activos o títulos, sí, pero si y sólo si no están alta y positivamente correlacionados.
- Por otro lado, existe un límite de reducción en la volatilidad. Supongamos una cartera de renta variable. Llega a un punto en el que, aunque metamos un buen número de acciones que presentan «baja» correlación, la cartera tendrá riesgo, ya que no lo olvidemos, es una cartera de acciones.
- Por último, una cartera con pocos títulos puede ser muy diversificada si la correlación entre ellos es alta y negativa (cercana a -1).

Recuadro 5.
Downside risk frente a volatilidad
....

Como es sabido, la medida de riesgo más utilizada es la desviación estándar (también denominada volatilidad). Sin embargo, ésta no distingue entre el *upside risk* y el *downside risk*, esto es, entornos de revalorización y de caídas, que son tratados por igual (impactan de igual manera al alejarse los rendimientos de la media).

Una medida de riesgo propuesta por Markovitz en 1959, que se concentra en las pérdidas (o en los rendimientos por debajo de un determinado «umbral») es el *downside risk*, que utiliza para su cálculo solo las desviaciones negativas, entendiéndose como tales las que están por debajo de un determinado «umbral», que no tiene por qué ser 0% (si bien, es lo normal).

Su fórmula es recoge en la ecuación 14.

Ecuación 14. Cálculo del *downside risk*

$$Downside\ risk = \sqrt[2]{\frac{1}{n-1}\sum_{i=1}^{n}(L_i)^2}$$

$$L_i \begin{cases} X_i - \bar{X} & si\ (X_i - \bar{X}) < 0 \\ 0\% & si\ (X_i - \bar{X}) > 0 \end{cases}$$

$\bar{X}$: umbral de rentabilidad (suele ser 0%)
n: número de veces que $(X_i - \bar{X}) < 0$

Esta medida («volatilidad dañina») permite diferenciar el tipo de riesgo que presentan determinadas carteras con la misma volatilidad, pero con asimetrías en el riesgo. Así:

- Si la varianza se concentra en rentabilidades positivas, tomarán valores pequeños.

- Si la distribución de rentabilidades presenta asimetrías negativas tomarán valores altos y nos informará mejor del riesgo de caída de un fondo que la desviación estándar.

Como ejemplo, supongamos las tres carteras de la tabla 27. Todas tienen la misma volatilidad (1,50%) pero la función de distribución de los rendimientos diarios de cada una es diferente. Esto se refleja en el *downside risk*, que difieren: 2,18%, 0,98% y 2,72%. Comenzamos con el segundo caso, en el que es inferior a la volatilidad (0,98% vs 1,50%). El motivo es que el fondo ha sufrido más volatilidad en los procesos alcistas (las variaciones al alza son más intensas). Podríamos decir que la volatilidad de este fondo es favorable, ya que se produce cuando el mercado sube. En sentido contrario, la tercera cartera, aun teniendo la misma volatilidad (1,50%) presenta un *downside risk* superior (2,72%). Esto es consecuencia de que cuando cae el valor de mercado de la cartera lo hace con una mayor volatilidad que cuando sube (y más que las otras dos carteras). Es decir, la cartera 2 y la 3 tienen la misma volatilidad, pero siendo más precisos en el análisis, podríamos decir que la 3 es más peligrosa, ya que en contextos de caída sufre una mayor volatilidad.

Variación diaria	(x - media) ^2	Variación diaria	(x - umbral) ^2		Variación diaria	(x - media) ^2	Variación diaria	(x - media) ^2		Variación diaria	(x - media) ^2	Variación diaria	(x - media) ^2
0,30%	0,00%				0,60%	0,00%				0,10%	0,01%		
1,20%	0,02%				2,40%	0,04%				0,10%	0,01%		
-1,00%	0,00%	-1,00%	0,01%		-0,40%	0,01%	-0,40%	0,00%		-1,50%	0,00%	-1,50%	0,02%
-0,50%	0,00%	-0,50%	0,00%		-0,20%	0,01%	-0,20%	0,00%		-1,35%	0,00%	-1,35%	0,02%
0,30%	0,00%				0,60%	0,00%				1,20%	0,04%		
0,80%	0,01%				1,60%	0,01%				0,10%	0,01%		
2,00%	0,05%				4,00%	0,12%				0,30%	0,01%		
0,80%	0,01%				1,60%	0,01%				0,10%	0,01%		
-2,50%	0,05%	-2,50%	0,06%		-1,20%	0,03%	-1,20%	0,01%		-4,00%	0,10%	-4,00%	0,16%
-3,00%	0,07%	-3,00%	0,09%		-1,40%	0,04%	-1,40%	0,02%		-3,00%	0,05%	-3,00%	0,09%
-2,50%	0,05%	-2,50%	0,06%		-1,00%	0,02%	-1,00%	0,01%		-2,00%	0,01%	-2,00%	0,04%
0,20%	0,00%				0,40%	0,00%				0,25%	0,01%		
0,30%	0,00%				0,60%	0,00%				0,10%	0,01%		
-1,00%	0,00%	-1,00%	0,01%		-0,50%	0,01%	-0,50%	0,00%		-2,00%	0,01%	-2,00%	0,04%
-0,33%	0,29%	-1,75%	0,24%		0,51%	0,29%	-0,78%	0,05%		-0,83%	0,29%	-2,31%	0,37%
	1,50%		**2,18%**			**1,50%**		**0,98%**			**1,50%**		**2,72%**
	Volatilidad		**Downside risk**			**Volatilidad**		**Downside risk**			**Volatilidad**		**Downside risk**

Tabla 27. Volatilidad y *donwnside risk*

Recuadro 6.
Análisis de la simetría y la curtosis de una cartera

··

Uno de los supuestos más elegantes en los mercados financieros es que los rendimientos de los activos y de las carteras se distribuyen siguiendo una función de distribución normal. Pero por desgracia (o por suerte, en función de lo activo que sea el gestor y lo acertado que esté en la toma de decisiones) la realidad es que no es así. En el gráfico 27 se representa la función de distribución de los rendimientos mensuales de una cartera y se compara con la campana de Gauss. Se comprueba que esta cartera presenta asimetría negativa (el coeficiente g_1 es de -1,22) ya que hay más frecuencia de datos a la derecha de la media que a su izquierda. Si bien la diferencia no es muy significativa, podemos decir que la cartera gana más que la media con más frecuencia (aunque sea 51% vs 49%). Pero, además, y esto es mucho más visible en este ejemplo, la cartera presenta una mayor curtosis, es decir, es leptocúrtica, como demuestra que su coeficiente g_2 sea de 6,34.

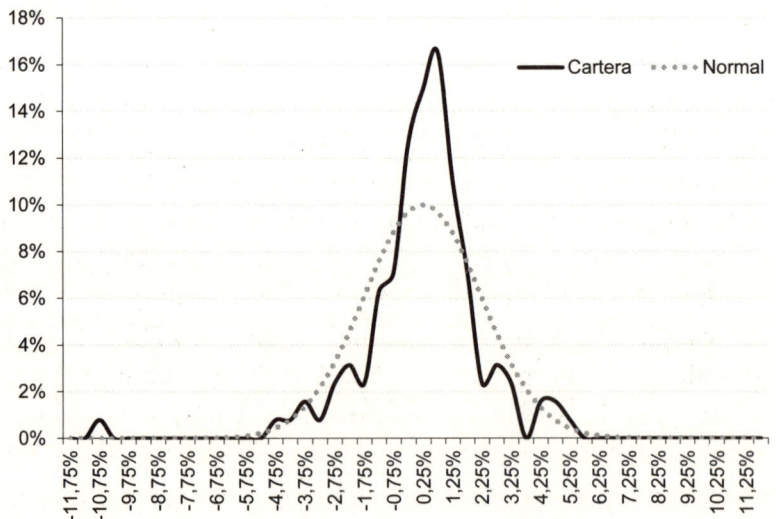

Gráfico 27. Función de distribución de los rendimientos mensuales

218

Para verlo con más claridad, en el gráfico 28 se ha acotado la variación mensual. Se puede comprobar que la función de rendimientos de la cartera es más «puntiguada» que la función normal.

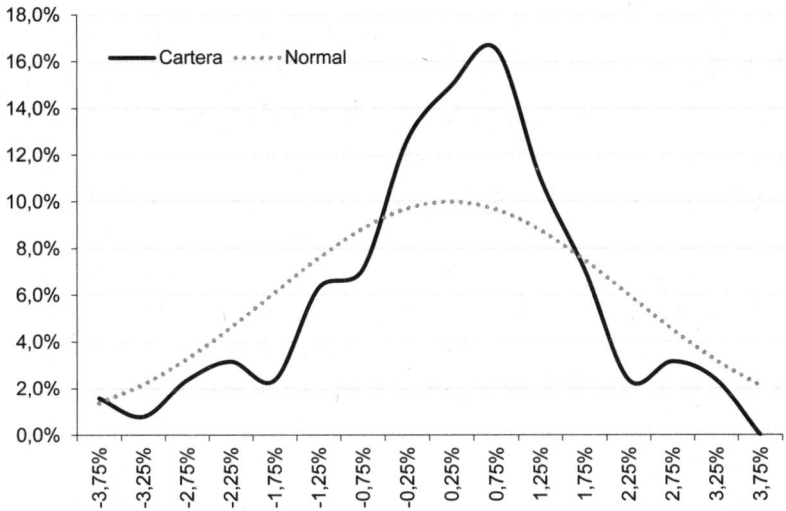

Gráfico 28. Función de distribución de los rendimientos mensuales (zoom)

A cambio de esta mayor frecuencia de datos en torno a la media, presenta menos casos en la zona «intermedia» (ver gráfico 29), en el que también se puede comprobar otra «anomalía». Nos referimosa la mayor frecuencia (0,8% de los casos) con los que se ha producido una corrección muy importante (-10,75%) que, desde luego, queda muy lejos de lo habitual. De hecho, si tenemos en cuenta la sigma de la cartera (2,02%) y su rentabilidad media (0,22%), la caída equivale a media menos casi 5 sigmas. La probabilidad de que se produzca una cesión de esa cuantía, si la función fuera normal, es de 1 entre 3,5 millones, es decir, 0%. Pero, como se observa en este ejemplo, ese caso se dió. Este retorno tan extremadamente negativo es otra de las causas que provoca que la funcion de rentabilidades mensuales del ejemplo tenga asimetría negativa.

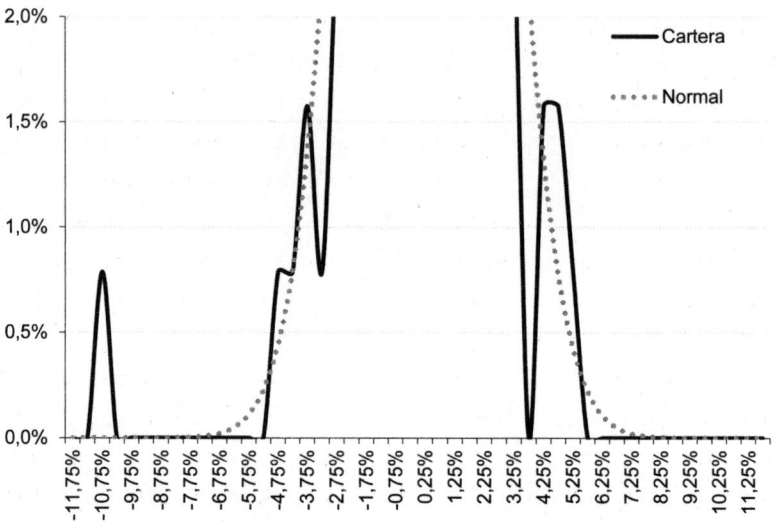

Gráfico 29. Función de distribución de los rendimientos mensuales (zoom)

Recuadro 7.
Conditional VaR y *Component* VaR
....

Cuando se estudia el VaR se tienen que tener en cuenta, al menos, dos conceptos adicionales: *conditional* VaR y *component* VaR. El primero, también denominado *expected shortfall*, *tail* VaR o *expected tail loss* (ETL) es la pérdida esperada una vez superado el VAR. Es decir, mide la pérdida media para los casos extremos o condicionada a que estamos en el (100-X)% de la cola izquierda de la distribución. Supongamos una cartera con un valor de mercado de 1.000.000 u.m. Si el VaR al 95% es 175.000 u.m., sabemos que en un 5% de los años vamos a sufrir una pérdida que supera esa cantidad. ¿Y qué pérdida se pude esperar? Ese es, precisamente, el conditional VaR. Supongamos que es 232.545 u.m. Entonces, podremos decir que es la pérdida media esperada para 1 de cada 20 años.

Por su parte, *contribution* VaR o VaR marginal es la cantidad adicional de riesgo que una nueva posición de inversión añade a una cartera. Dado que el VaR total se ve afectado por las correlaciones de las distintas posiciones, no es suficiente considerar de forma aislada el VaR de cada una de ellas, sino que debe tenerse en cuenta la cartera en su totalidad para calcular qué contribución hace al VaR. Una inversión puede tener un VaR alto individualmente, pero si está negativamente correlacionada con el resto, puede aportar un VaR muy inferior.

Por ejemplo, supongamos una cartera con dos inversiones. Tanto la A como la B tienen un VaR de 2.500 u.m. Supongamos ahora una tercera (activo C) con un VaR de 3.000 u.m. A priori, debería incrementar el VaR total en esa cantidad. ¿Pero qué sucede si A y B están alta y positivamente correlacionadas (r cercano a 1) y C tiene una correlación con A y B de -0,8? Imaginemos que el VaR total es ahora de 5.100 u.m. Podemos decir que el *contribution* VaR de C es de 100 u.m. Incluso, puede ser que este VaR marginal sea negativo. Sería el caso en el que, tras la incorporación de C, el VaR total fuera inferior a 3.000 u.m.

Cuando se miden los efectos del cambio de posición en el riesgo de la cartera, los VAR individuales no son adecuados, porque la volatilidad mide la incertidumbre en la rentabilidad de un activo de forma aislada. Como parte de una cartera, lo que importa es la contribución del activo al riesgo de la cartera. El VaR marginal ayuda a aislar el riesgo añadido específico de seguridad de la adición de un dólar adicional de exposición.

El VaR marginal (valor en riesgo) permite a los gestores de riesgo estudiar los efectos de sumar o restar posiciones de una cartera de inversión.

Recuadro 8.
Backtesting y stress testing

Backtesting es el proceso de comprobar la evolución histórica de una estrategia o una cartera antes de implantarla. Es decir, analizar qué habría sucedido si hubiéramos actuado de determinada manera, con la intención de contar con señales sobre su evolución futura. Esta es, precisamente, una de las limitaciones de este método, que puede que en el futuro no se repitan ni las condiciones ni la evolución de los mercados financieros del pasado. Por otro lado, otro de los inconvenientes consiste en que es necesario similar el pasado, sin que exista consenso sobre cuánto debe ser el horizonte temporal de ese pasado. Y, al mismo tiempo, puede suceder que activos sobre los que queramos analizar su comportamiento histórico, son de reciente creación (por ejemplo, las criptodivisas o acciones de compañías de inteligencia artificial).

Stress testing es un procedimiento por el cual se somete a una determinada cartera de activos financieros a perturbaciones muy intensas. A diferencia del *backtesting*, en el que se analiza lo que habría sucedido en el pasado, con el *stress testing* se analiza «qué pasaría si». Es decir, se contemplan escenarios que no tienen por qué haber sucedido o, que, si así ha sido, han podido ser por menos intensidad. O, por último, si se han materializado en el pasado, no han sucedido todos al mismo tiempo. La probabilidad de ocurrencia de lo contemplado en un *stress testing* es muy reducida, pero se quiere analizar la capacidad de resistencia o el impacto de la cartera en un escenario de «cisne negro» (*black swan*).

Recuadro 9.
Cálculo del VaR de una cartera

Supongamos que gestionamos una cartera con un valor de mercado de 2.500.000 de unidades monetarias. Queremos calcular la máxima pérdida que puede sufrir con una probabilidad del 95% y del 99% en un año y para ello tenemos la evolución diaria de valor de mercado de la cartera. A partir de ello, podemos calcular la volatilidad, que suponemos es igual a 0,15%. Supondremos que la volatilidad histórica (este 0,15%) se va a mantener a futuro, así como que los rendimientos se distribuyen según una función de distribución normal y que la expectativa de rentabilidad de la cartera es del 0,0%. Como queremos calcular el VaR anual, debemos anualizar la volatilidad diaria. Para ello multiplicamos por la raíz cuadrada de 250: el resultado es 2,37%. Multiplicamos esta volatilidad por 1,65 y 2,33 y por el valor de mercado de la cartera (2,5 millones de u.m.) ya obtenemos el VaR al 95% y al 99%, respectivamente: 97.833 um y 138.152 u.m., respectivamente, que equivalen al 3,9% y al 5,5% del valor de la cartera.

MVC	2.500.000,0		MVC	2.500.000,0		MVC	2.500.000,0	
Vola. diaria	0,15%		Vola. diaria	0,35%		Vola. diaria	1,52%	
Vola. anual	2,37%		Vola. anual	5,53%		Vola. anual	24,03%	
	1,65	2,33		1,65	2,33		1,65	2,33

VaR (u.m.)

	VaR 95%	VaR 99%		VaR 95%	VaR 99%		VaR 95%	VaR 99%
Anual	97.833,0	138.152,0	Anual	228.276,9	322.354,7	Anual	991.374,0	1.399.940,3
Trimestral	47.928,2	67.680,4	Trimestral	111.832,4	157.920,9	Trimestral	485.672,1	685.827,9
Mensual	27.671,3	39.075,3	Mensual	64.566,5	91.175,7	Mensual	280.402,9	395.962,9
Semanal	13.835,7	19.537,6	Semanal	32.283,2	45.587,8	Semanal	140.201,5	197.981,5
Diario	6.187,5	8.737,5	Diario	14.437,5	20.387,5	Diario	62.700,0	88.540,0

Pérdida (% del VM)

	VaR 95%	VaR 99%		VaR 95%	VaR 99%		VaR 95%	VaR 99%
Anual	3,9%	5,5%	Anual	9,1%	12,9%	Anual	39,7%	56,0%
Trimestral	1,9%	2,7%	Trimestral	4,5%	6,3%	Trimestral	19,4%	27,4%
Mensual	1,1%	1,6%	Mensual	2,6%	3,6%	Mensual	11,2%	15,8%
Semanal	0,6%	0,8%	Semanal	1,3%	1,8%	Semanal	5,6%	7,9%
Diario	0,2%	0,3%	Diario	0,6%	0,8%	Diario	2,5%	3,5%

Tabla 28. Cálculo del VaR

En la tabla 28 se recogen los resultados. Además de los expresados en términos anuales, se expresan en términos trimestrales, mensuales, semanales y diarios. Para estos últimos se aplica de forma directa la volatilidad diaria (0,15%) mientras que para los otros tres ésta se multiplica por la raíz de 90, de 12 y de siete. En la columna central y derecha se recogen otros dos ejemplos, que se diferencian del primero en la volatilidad. A mayor volatilidad, mayor VaR. En la parte inferior de la tabla se recoge el cálculo del VaR expresado como porcentaje del valor de mercado de la cartera.

Recuadro 10.
Análisis de tres carteras
· ·

Para recapitular algunos de los conceptos estudiados en este capítulo, vamos a analizar el riesgo de las tres carteras de la tabla 29.

Escenarios	Rentabilidad 12m	A Probabilidad	B Probabilidad	C Probabilidad
Muy pesimista	-18%	10,0%	2,5%	0,50%
Pesimista	-6%	15,0%	15,5%	6,00%
Neutral	7%	50,0%	64,0%	87,00%
Optimista	12%	15,0%	15,5%	6,00%
Muy optimista	20%	10,0%	2,5%	0,50%
		100,0%	100,0%	100,0%

Tabla 29. Escenarios de rentabilidad de tres carteras

El primer paso consiste en calcular la rentabilidad esperada mediante la esperanza matemática. Recuerda: hay que multiplicar cada rentabilidad esperada (-18%, -6%, ...) por su probabilidad de ocurrencia (10%, 15%, ...) y sumar los resultados. La cartera A tiene una rentabilidad esperada del 4,60%, la B del 5,46% y la C del 6,46%. El siguiente paso es calcular la volatilidad, siguiendo la ecuación 3. Los resultados son 10,14%, 6,90% y 3,91%, respectivamente.

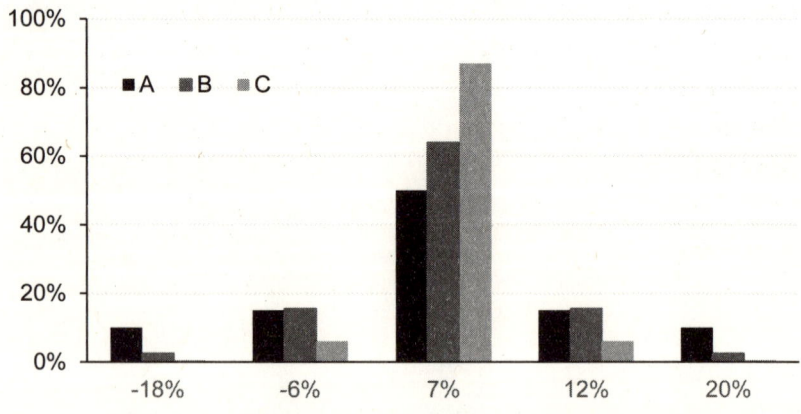

Gráfico 30. Función de distribución de los rendimientos de las tres carteras

En el gráfico 30 se representan las funciones de distribución de los rendimientos, pudiéndose comprobar que la cartera B es mesocúrtica, la A es platicúrtica y la C leptocúrtica, lo que queda validado por el cálculo de la volatilidad (es menor en C y A presenta el menor riesgo).

Escenarios	Rentabilidad 12m	A Probabilidad	B Probabilidad	C Probabilidad
Muy pesimista	-18%	10,0%	2,5%	0,50%
Pesimista	-6%	15,0%	15,5%	6,00%
Neutral	7%	50,0%	64,0%	87,00%
Optimista	12%	15,0%	15,5%	6,00%
Muy optimista	20%	10,0%	2,5%	0,50%
		100,0%	100,0%	100,0%
	Esperanza matemática	4,60%	5,46%	6,46%
	Volatilidad	10,14%	6,90%	3,91%
	Rango 95% Platicúrtica	-15,3%	24,5%	
	Rango 95% Mesocúrtica	-8,1%	19,0%	
	Rango 95% Leptocúrtica	-1,2%	14,1%	
	VaR 95%	-12,12%	-5,92%	0,00%
	VaR 99%	-19,02%	-10,61%	-2,66%

Tabla 30. Resultados

En la tabla 30 se recogen otros resultados, como los rangos de rentabilidad al 95% de probabilidad, que se obtienen a partir de la media restando y suman 1,96 veces la desviación típica (ver apartado 5.4.). Como es sabido, el rango es menor en la función leptocúrtica (la C) que en la mesocúrtica (la A). Por último, se calcula el VaR paramétrico al 95% y al 99% restando a la media 1,65 veces y 2,33 veces la volatilidad (ver apartado 5.7.).

6.
MERCADO DE DIVISAS

Introducción

El mercado de divisas es aquel en el que se compran monedas (dólares de EE.UU., euros, pesos mejicanos, yenes japoneses, etc.) a cambio de otras a un determinado precio denominado tipo de cambio. En este capítulo se introducen algunos de los aspectos fundamentales del mercado de divisas, uno de los de mayor tamaño. Cualquier cartera de activos financieros, sobre todo si tiene un carácter global, tiene exposición a la fluctuación de los tipos de cambio, lo que implica generar oportunidades de rentabilidad y de diversificación, pero también de riesgo. Porque los tipos de cambio tienen una volatilidad superior a la que habitualmente se piensa. Por todo ello, consideramos que es necesario estudiar el mercado de divisas si se quiere tener una visión completa de los fundamentos para la gestión de carteras.

6.1. Tipo de cambio al contado

El tipo de cambio refleja el precio de una moneda en términos de otra. Puede expresarse de dos formas:

- Cotización directa o americana. Cuando se expresa una cantidad entera de unidades monetarias de la moneda extranjera (1 dólar de EE.UU.) por la cantidad intercambiada de la moneda doméstica (euros). Por ejemplo, cuando decimos «el tipo de cambio del euro es 0,85 euros por 1 dólar estadounidense». En este caso, la moneda doméstica es la cotizada y la extranjera es la base.

- Cotización indirecta o europea. Cuando se refiere una unidad doméstica en términos de la cantidad de unidades extranjeras a las que equivale. Por ejemplo, 1,09 dólares estadounidenses por 1 euro. En este caso, la moneda doméstica (el euro) es la base y la extranjera (el dólar) es la cotizada.

ISO	Nombre	ISO	Nombre
USD	Dólar estadounidense	MXN	Peso mexicano
EUR	Euro	BRL	Real brasileño
GBP	Libra esterlina	CLP	Peso chileno
CHF	Franco suizo	COP	Peso colombiano
NOK	Corona noruega	ARS	Peso argentino
DKK	Corona danesa	PEN	Nuevo sol peruano
SEK	Corona sueca	VEF	Bolívar venezolano
CAD	Dólar canadiense	UYU	Peso uruguayo
JPY	Yen japonés	ECS	Sucre ecuatoriano
AUD	Dólar australiano	DOP	Dólar dominicano
CNY	Yuan chino	RUB	Rublo ruso
INR	Rupia india	TRY	Lira turca
IDR	Rupia indonesa	ZAR	Rand sudafricano
THB	Bath tailandés	PLN	Zloty polaco
MYR	Ringgit malayo	HUF	Florín húngaro
KRW	Won koreano	BGN	Lev búlgaro
NTD	Nuevo dólar taiwanés	CZK	Corona checa
HKD	Dólar de Hong Kong	UAH	Rivnia ucraniana
SGD	Dólar de Singapur	MAD	Dirham marroquí
PHP	Peso filipino	EGP	Libra egipcia

Tabla 1. Códigos ISO 4217 de divisas

Las divisas se denominan a partir del código ISO 4217, un estándar internacional que define todas las divisas con tres letras. Las dos primeras son las del código del país según el estándar ISO 3166 - 1 y la tercera suele ser la inicial de la divisa (tabla 1). De esta forma se eliminan posibles confusiones al mencionar monedas que son ampliamente utilizadas como el dólar o el peso. En el caso del «dólar», se podrá distinguir entre el dólar estadounidense (USD), el dólar australiano (AUD) y el dólar canadiense (CAD). En el caso del peso, el mejicano se denomina MXN, mientras que el peso chileno es CLP y el peso colombiano COP.

La cotización de un tipo de cambio se compone de dos partes: el tipo de cambio comprador o bid y el tipo de cambio vendedor o ask. El tipo comprador o bid es aquel precio al que la entidad que cotiza está dispuesta a comprar la moneda cotizada, mientras que el tipo vendedor o ask es aquel al que la entidad que cotiza está dispuesta a vender la moneda cotizada.

Por ejemplo, si una entidad cotiza el tipo de cambio USD/EUR[6] a 1,1803 - 1,1805 USD/EUR (es decir, cotización indirecta, siendo el EUR la base y el USD la cotizada), indica que comprará un EUR a cambio de 1,1803 USD (ask), mientras que venderá un EUR a cambio de 1,1815 USD (bid). Por su parte, el receptor de la cotización comprará un EUR dando a cambio 1,1815 USD, mientras que venderá un EUR recibiendo 1,1803 USD (tabla 2).

	Venta / Ask	Compra / Bid
USD/EUR	1,1803	1,1815

Tabla 2. Cotización USD/EUR al contado

---

[6] Es más habitual en los mercados financieros nombrar este cruce como EURUSD. En este capítulo seguiremos la nomenclatura USD/EUR.

Por último, hay que señalar que se dice que una moneda se aprecia cuando se encarece o fortalece y que se deprecia cuando se abarata o debilita. Así, el EUR en su cruce contra el USD se aprecia cuando el tipo de cambio sube (pasa de 1,10 USD/EUR a 1,11 USD/EUR), ya que se necesitan más USD para comprar un EUR. Y se dice que el EUR se deprecia cuando el tipo de cambio cae (pasa de 1,10 USD/EUR a 1,09 USD/EUR), ya que por cada euro se reciben a cambio menos USD (o, de forma equivalente, se necesitan menos EUR para comprar un USD).

Y aunque en ocasiones se utiliza de forma indistinta revaluación y apreciación, así como devaluación y depreciación, existen diferencias entre estos conceptos. Una moneda se revalúa cuando se encarece, como en una apreciación, pero por decisión de las autoridades del país. Por su parte, una moneda se devalúa cuando la pérdida de valor es decidida por las autoridades competentes, como medida de política económica o monetaria.

Gráfico 1. Evolución del tipo de cambio USD/EUR

6.2. Tipo de cambio a plazo

Las operaciones en el mercado a plazo (*forward*) se caracterizan porque el precio (en este caso el tipo de cambio) se fija en el momento del acuerdo, pero la liquidación (a ese precio ya fijado) tiene lugar en el futuro. Las operaciones *forward* son muy comunes en todos los mercados financieros (renta fija, renta variable, materias primas, etc.), pero en este capítulo vamos a centrarnos en el de divisas.

En el momento actual podemos comprar USD, entregando a cambio EUR, al tipo de cambio al contado (*spot*). Pero, de forma alternativa, hoy podemos acordar el precio al que compraremos los USD dentro de un determinado plazo (por ejemplo, 6 meses). En este caso, nos referimos al tipo de cambio *forward* o tipo de cambio a plazo (también denominado «seguro de cambio»).

El tipo de cambio spot y el *forward* están vinculado por el arbitraje de intereses de cobertura, que indica que, siempre que el diferencial de tipos de interés entre dos activos sea superior a la depreciación en el tipo de cambio al término de la vida de la inversión, se puede obtener un rendimiento superior invirtiendo en la divisa de mayores tipos de interés. En consecuencia, en equilibrio, el margen *forward* (como luego se verá, la diferencia entre la cotización a plazo y al contado) de dos divisas será igual a la diferencia entre los tipos de interés a dicho plazo, desapareciendo oportunidades rentables de arbitraje. A partir de ello, se calcula el tipo de cambio a plazo, tal y como se recoge en la ecuación 1[7].

---

[7] Es importante comentar que el tipo de cambio *forward* no es una expectativa del mercado sobre dónde cotizará el tipo de cambio al contado en el futuro. Es, como acabamos de comentar, el resultado del tipo de cambio al contado y del diferencial de tipos de interés.

Ecuación 1. Tipo de cambio a plazo *(forward)*

$$F_w = S \times \frac{(1 + i^* \times t)}{(1 + i \times t)}$$

Donde:

F_w = tipo de cambio a plazo

S = tipo de cambio al contado

i^* = tipo de interés de la moneda cotizada

i = tipo de interés de la moneda base

t = plazo expresado en la base del tipo de interés

Por ejemplo, con estas cotizaciones en el mercado al contado:

- i_{USD}: interés libre de riesgo a 6 meses del USD: 5,25%
- i_{EUR}: interés libre de riesgo a 6 meses del EUR: 3,65%
- Tipo de cambio spot: 1,0925 USD/EUR.

El tipo de cambio *forward* a 6 meses será igual a 1,1011 USD/EUR. Como a continuación comentaremos, en este ejemplo el USD cotiza con descuento dado que su tipo de interés es superior al del EUR. Si el tipo de cambio a 6 meses del USD no fuera 1,0925 USD/EUR, existiría una oportunidad de arbitraje (no se estaría dando la «paridad de los tipos de interés») que algún operador aprovecharía hasta que el tipo de cambio *forward* fuera, precisamente, el que nos dice la ecuación 1 (en este caso, 1,1011 USD/EUR)[8].

$$F_w = 1,0925 \times (1 + 5,25\% \times 0,5) / (1 + 3,65\% \times 0,5) = 1,1011 \text{ USD/EUR}$$

$$F_{USD/EUR} = S_{USD/EUR} \times \frac{(1 + i_{USD} \times t)}{(1 + i_{EUR} \times t)}$$

---

[8] Insistimos: el tipo de cambio *forward* no es una expectativa sino que es el resultado de una relación financiera.

234

Spot (contado)	*Forward* 1m	*Forward* 3m	*Forward* 6m	*Forward* 12m
1,3085	1,3095	1,3142	1,3225	1,3312

Tabla 3. Tipo de cambio al contado y tipos de cambio *forward* USD/EUR

El tipo de cambio a plazo se puede expresar de dos formas:

- *Outright forward*: precio al que se podrá comprar y vender una unidad de moneda cotizada (como en las operaciones al contado).
- *Swap,* margen *swap* o puntos *swap*: diferencia entre la cotización *outright forward* y el tipo al contado (*spot*). Se pueden dar tres situaciones:
  - Descuento, *forward discount* o puntos *swap* negativos: el tipo al contado es superior al tipo a plazo.
  - Prima, *forward premium* o puntos *swap* positivos: el tipo al contado es inferior al tipo a plazo.
  - *Flat*: no hay diferencia entre el contado y el plazo, debido a que los tipos de interés a ese plazo son idénticos (está situación es muy poco común).

A partir de los puntos *swap*, para obtener el tipo de cambio *forward* se deben sumar, divididos entre 10.000, al tipo de cambio *spot* (ecuación 2).

Ecuación 2. Tipo de cambio a plazo a partir de los puntos *swap*

$$F_w = S + \frac{\text{Puntos swap}}{10.000}$$

Por ejemplo, si el tipo de cambio al contado USD/EUR es 1,1823 USD/EUR y los puntos *swap* a 12 meses son 198, sabemos que el tipo de cambio *forward* es 1,2021 USD/EUR.

$$F_w = S + \frac{\text{Puntos swap}}{10.000} = 1,1823 + \frac{198}{10.000} = 1,2021$$

En este caso diremos que el USD cotiza con descuento (el EUR con prima) al plazo de 12 meses (esto será debido a que el tipo de interés del USD a 12 meses es superior al del EUR).

Spot (contado)	1 mes	3 meses	6 meses	12 meses
1,0793	13,05	40,52	85,15	181,74

Tabla 4. Tipo de cambio al contado y puntos *swap*

Supongamos ahora que el tipo de interés del USD a 3 meses es menor que el del EUR. Entonces, los puntos *swap* serán negativos y el tipo de cambio *forward* cotizará por debajo (será inferior) al tipo de cambio al contando. Diremos que el USD cotiza con prima.

La prima o descuento a plazo, que estará en función, como ya sabemos, del diferencial de tipos de interés se puede calcular según la ecuación 3 (no es más que el cálculo de la variación porcentual entre el *forward* y el *spot*).

Ecuación 3. Margen *forward*

$$\text{Margen } forward = \frac{F_w}{S} - 1$$

Si lo aplicamos al ejemplo en el que calculábamos el tipo de cambio *forward* a 6 meses, comprobamos que el margen *forward* es del 0,79%, lo que está en línea con el diferencial de tipos de interés (5,25% - 3,65% = 1,60%), si tenemos en cuenta que es a 6 meses.

Si el tipo de cambio *forward* es mayor que el tipo de cambio *spot*, el margen *forward* será positivo, por lo que la moneda base cotizará con prima y la cotizada con descuento. En cambio, si el tipo de cambio *forward* es menor que el tipo de cambio *spot* el margen *forward* será negativo y la moneda base cotizará con descuento y la cotizada con prima.

Llegados a este punto, es posible que ahora se entienda mejor lo que antes decíamos sobre el hecho de que el vínculo entre el tipo de cambio *spot* y el *forward* lo establece el «arbitraje de intereses de cobertura». Porque el tipo de cambio *forward* se determina a partir de la teoría de la paridad de los tipos de interés que, en síntesis, afirma que, en equilibrio, el margen *forward* es igual al diferencial en los tipos de interés, desapareciendo oportunidades de arbitraje. Es decir, la prima o el descuento a un determinado plazo de una moneda debe ser igual a la diferencia entre los tipos de interés a ese mismo plazo existentes en los mercados financieros correspondientes a las monedas presentes en el tipo de cambio. Así es como se llega al tipo de cambio a plazo.

6.3. Teoría de la paridad descubierta de los tipos de interés

La teoría de la paridad descubierta de los tipos de interés establece que la variación del tipo de cambio al contado debe ser igual al diferencial de los tipos de interés (ver ecuación 4). Es decir, según esta teoría, las monedas con tipos de interés más altos deben depreciarse frente a las que tienen tipos más bajos.

Ecuación 4. Tipo de cambio esperado en el futuro según la paridad descubierta de los tipos de interés

$$\text{Tipo USD/EUR esperado} = \text{Spot}_{USD/EUR} \times \frac{1 + \text{Tipo de interés}_{USD} \times \text{plazo}}{1 + \text{Tipo de interés}_{EUR} \times \text{plazo}}$$

Por ejemplo, si el tipo de interés del USD a 12 meses es del 3% y el tipo de interés a ese mismo plazo del EUR es del 1%, para un tipo de cambio al contado de 1,40 USD/EUR, se debe esperar, según la teoría de la paridad descubierta de los tipos de interés, que el USD se deprecie un 2% (el resultado de 3% - 1%) frente al EUR en los próximos 12 meses.

La evidencia sobre el incumplimiento de esta teoría es abundante, como demuestra la elevada volatilidad del mercado de divisas, que excede, y mucho, el diferencial de los tipos de interés. Así, por ejemplo, en el caso del USD, del EUR, de la GBP o del JPY, el diferencial de tipos es, en media, del orden del 1,0% - 2,0% anual, lo que contrasta con la volatilidad que se sitúan en el rango 5% - 15% (ver apartado 6.7.).

6.4. *Carry trade*

Como hemos comentado en el apartado anterior, no se suele cumplir la teoría de la paridad descubierta de los tipos de interés. Por lo tanto, las monedas con tipos de interés más altos pueden no solo no depreciarse frente a las de tipos de interés más bajos, sino todo lo contrario, es decir, apreciarse. Por ello, tiene sentido llevar a cabo las denominadas estrategias de *carry trade* que consisten en endeudarse en monedas con tipos de interés más bajos e invertir en las de tipos de interés más altos. Obviamente, este tipo de estrategias tienen riesgo, ya que no son estrategias de arbitraje.

Como decimos, se instrumentalizan mediante el endeudamiento en la moneda con tipos de interés más bajos, su conversión automática a la moneda con tipos de interés más altos y la inversión en ella, apostando a que a futuro se va a apreciar. Incluso, aunque se deprecie, la estrategia generará valor si la moneda en la que se ha invertido se deprecia, pero por una magnitud inferior al diferencial de los tipos de interés. Si se cumpliese la paridad descubierta de los tipos de interés esta estrategia no tendría sentido porque la moneda con tipos de interés más altos teóricamente va a tender a depreciarse precisamente en el diferencial de los tipos de interés. Lo que se gana vía diferencial de tipos de interés se perdería en la conversión a la moneda en la que invierto. Como no se cumple, el tipo de cambio *forward* no es un buen estimador del tipo de cambio de *spot* en el futuro.

6.5. Teoría de la paridad cubierta de los tipos de interés

Como ya hemos expuesto, en el mercado de divisas definimos el margen *forward* como la diferencia porcentual entre el tipo de cambio a plazo y el tipo de cambio al contado. A partir de este término, la teoría de la paridad cubierta de los tipos de interés indica que el tipo de cambio *forward* tiene que ser igual al tipo de cambio *spot* por el diferencial de los tipos de interés. Y debe ser así porque si no lo es, se puede arbitrar la posición. Partiendo de esta proposición vamos a llegar a la expresión del tipo de cambio a plazo (ecuación 1).

Supongamos el proceso llevado a cabo por un inversor:

1. Endeudamiento en el mercado doméstico por un importe equivalente a una unidad monetaria doméstica, a un tipo de interés i por un período de tiempo «t». Al vencimiento deberá pagar las siguientes unidades de moneda doméstica:

$$(1 + i \times t)$$

2. Conversión de la unidad de moneda doméstica por unidades de moneda extranjera al tipo de cambio spot (S), por lo que obtiene 1/S unidades de moneda extranjera.

3. Inversión de las 1/S unidades de moneda extranjera al tipo de interés i* por un plazo igual a «t». Al final del

período de inversión obtendrá las siguientes unidades de moneda extranjera:

$$\frac{1}{S} \times (1 + i^* \times t)$$

Al vencimiento de la inversión, deberá convertir todas estas unidades de moneda extrajera a unidades domésticas para amortizar la deuda adquirida en el mercado local en el momento inicial. Y esa conversión la hará al tipo de cambio spot que haya en el futuro del vencimiento de la inversión (S_t). El riesgo que asume es que la divisa extranjera se haya depreciado por una magnitud superior al diferencial de tipo de interés. Las estrategias de *carry trade* se basan, precisamente, en apostar por que esa depreciación no se produzca. Pero ahora estamos estudiando todo lo contrario: el inversor se quiere cubrir. ¿Qué podrá hacer? Recurrir, en el momento inicial, al mercado de divisas a plazo.

4. Efectivamente, en el momento inicial el inversor sabe la cantidad de moneda extranjera que va a obtener, dado que tanto el tipo de cambio al contado como los dos tipos de interés son conocidos. Así, venderá $\frac{1}{S} \times (1 + i^* \times t)$ unidades de moneda extranjera a plazo. Si suponemos que las vende al tipo de cambio *forward* F_w, entonces cobrará estas unidades de moneda doméstica en el futuro:

$$\frac{F_w}{S} \times (1 + i^* \times t)$$

Este resultado final habrá que compararlo con el valor final de la deuda captada por el inversor en el mercado nacional:

$$(1 + i \times t) = \frac{F_w}{S} \times (1 + i^* \times t)$$

Si esta igualdad no se cumple, existirían oportunidades de arbitraje, esto es, el inversor podría obtener un beneficio sin asumir riesgo alguno. Por ejemplo, si el valor final de la inversión en moneda extranjera, una vez realizada la cobertura a plazo, fuera superior al coste del endeudamiento, al inversor arbitrajista le interesaría endeudarse en moneda nacional e invertir en moneda extranjera. Si, por el contrario, el valor final de la inversión extranjera fuese menor que el valor final de la deuda captada el inversor realizaría el proceso opuesto, endeudándose en moneda extranjera e invirtiendo en moneda doméstica. La posibilidad de realizar el arbitraje de intereses desaparece cuando el coste de endeudarse en la moneda extranjera es igual a la ganancia en moneda extranjera de un préstamo en moneda local. De la igualdad anterior obtenemos la expresión del tipo de cambio a plazo, que ya vimos en la ecuación 1.

$$F_w = S \; x \; \frac{(1 + i^* \, x \, t)}{(1 + i \, x \, t)}$$

Partiendo de estas expresiones obtenemos las siguientes conclusiones:

- si i = i* el tipo *forward* será igual al tipo *spot*
- si i > i* la moneda base debería cotizar con descuento a plazo (por debajo del *spot*)
- si i < i*, la moneda base debería cotizar con prima a plazo (por encima del *spot*)

Ejemplo. Supongamos que el tipo de cambio al contado es 1,18 USD/EUR, que el tipo de interés del EUR a 3 meses es del 6,0% y que el tipo de interés del USD a 3 meses es del 4,0%.

En el esquema 1 se realizan los cálculos según la paridad cubierta de los tipos de interés. Si seguimos la secuencia expuesta anteriormente, sabemos que si nos endeudamos hoy a 3 meses (suponemos 0,25 años) al 6,0% por un importe de 985.221,67 EUR deberemos devolver al vencimiento 1.000.000 EUR. Y también sabemos que al tipo de cambio al contado (1,1800 USD/EUR) nos darán 1.162.561,58 USD (aplicando 1,18 USD/EUR) que, invertidos al 4,0% al cabo de 3 meses se convertirán en 1.174.187,19 USD. Para evitar el riesgo de perder dinero en caso de que el USD se deprecie, en el momento inicial cerramos el precio al que podremos vender los USD al cabo de 3 meses (es decir, vendemos los USD en *forward*). El tipo de cambio *forward* debe ser 1,1742 USD/EUR ya que, en caso contrario, podríamos hacer arbitraje.

Esquema 1. Flujos y equivalencias de tipos de cambio según la teoría de la paridad cubierta de los tipos de interés

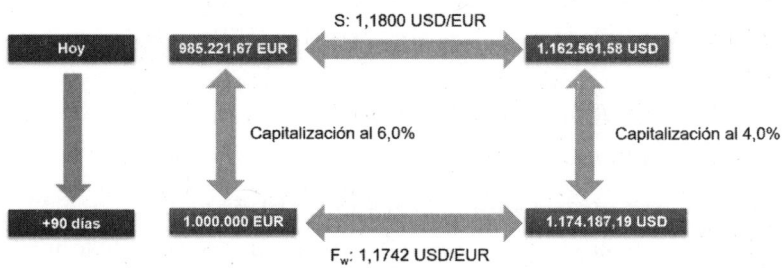

Si el tipo de cambio *forward* fuese 1,12 USD/EUR obtendríamos un beneficio seguro ya que al cabo de los 3 meses nos darían 1.174.187,19 EUR, que excede el millón de EUR que tenemos que devolver. Es decir, el beneficio seguro sería de 174.187,19 EUR.

Si el tipo de cambio *forward* fuese 1,22 USD/EUR, entonces haríamos la operación contraria, es decir, nos endeudaríamos en el momento inicial por 1.162.561,58 USD que cambiaríamos a EUR a 1,1800 USD/EUR. Con los 985.221,67 EUR obtenidos en el momento inicial conseguiríamos 1 millón al cabo de 3 meses al haberlos invertido al 6,0%. Al cabo de esos 3 meses los cambiaríamos al tipo de cambio *forward* acordado (1,22 USD/EUR) obteniendo a cambio 1.220.000 USD. Amortizaríamos la deuda de 1.174,187,19 USD (es la cantidad que tendríamos que devolver por los 1.162.561,28 USD al 4,0% a 3 meses) y obtendríamos un beneficio seguro de 45.812,81 USD.

Regresamos a la estrategia *carry trade* en la que hacemos todo el proceso del esquema 1, salvo la venta de los USD en *forward* en el momento inicial. Es decir, nos endeudamos en USD al 4,0% por un importe de 1.162.561,58 USD e invertimos los 985.221,67 EUR que nos dan al tipo de cambio spot al 6% a 3 mees de tal forma que obtendremos 1.000.000 EUR que tendremos que convertir en USD. Siempre que a vencimiento el USD se haya depreciado o, incluso apreciado, pero no por debajo de 1,1741 USD/EUR, ganaremos dinero. Es obvio que si el USD se apreciado por una magnitud superior al 0,5% (2% x 0,25), entonces perderemos dinero (1,1800 x 99,5% = 1,1741 USD/EUR).

Aceptando la anterior, señalar que la manera más sencilla de hacer *carry trade*, y de hecho más común en los mercados, es operar en el *forward* esperando que en el momento de la liquidación del contrato el tipo de cambio spot sea distinto al *forward* habiéndose movido a nuestro favor.

6.6. Teoría de la paridad del poder de compra

En su versión absoluta, la paridad del poder adquisitivo (PPA) es una generalización de la «ley del precio único» que establece que, en condiciones ideales de flexibilidad de precios y ausencia de restricciones a los intercambios, el precio de una misma mercancía debe ser idéntico en diferentes países, de modo que el tipo de cambio se situará a un nivel que iguale el poder de compra de las dos monedas, como se refleja en la ecuación 5.

Ecuación 5. Nivel de precios

$$P_0 = \frac{S_0}{P_0^*}$$

Donde:

P_0 es el precio de la mercancía en el mercado nacional en el momento inicial

P^*_0 es el precio de la mercancía en el mercado extranjero en el momento inicial

S_0 es el tipo de cambio *spot*

En su versión más suavizada, conocida como forma relativa, la teoría de la paridad del poder de compra considera como excesivamente rígida la exigencia de igualdad permanente en los precios, admitiendo que el tipo de cambio difiera de los precios relativos, de manera que serían las variaciones del tipo de cambio las que deberían compensar las variaciones en los niveles de precios nacional y extranjero.

Si suponemos que existe inflación en las dos economías, el precio de la mercancía se elevará hasta P_1 y P^*_1, respectivamente, al tiempo que el tipo de cambio spot también puede ser diferente (S_1). Así:

$$P_0 = \frac{S_0}{P_0^*} \; y \; P_1 = \frac{S_1}{P_1^*}$$

mientras que la versión relativa sería:

$$\frac{P_1}{P_0} = \frac{\dfrac{S_1}{P_1^*}}{\dfrac{S_0}{P_0^*}} = \frac{S_1 x P_0^*}{S_0 x P_1^*}$$

o, lo que es lo mismo,

$$\frac{S_1}{S_0} = \frac{\frac{P_1}{P_0}}{\frac{P_1^*}{P_0^*}} = \frac{1 + \Pi}{1 + \Pi^*}$$

Donde:

Π e Π^* son las tasas de inflación doméstica y extranjera, respectivamente.

Para magnitudes reducidas de Π e Π^*, la expresión anterior puede simplificarse a:

$$\frac{S_1}{S_0} = 1 + \Pi - \Pi^*$$

de donde:

$$d = \frac{S_1}{S_0} - 1 \cong \Pi - \Pi^*$$

es decir, el porcentaje de depreciación (apreciación) de una moneda debería ser igual al diferencial de inflación entre ambos países. Si la inflación doméstica fuera mayor que la extranjera esperaríamos una depreciación de la moneda nacional, mientras que si fuera inferior entonces la moneda nacional se apreciaría.

La dificultad de que la PPA se cumpla en el corto plazo procede de la rigidez de los precios. Pero a medida que los precios (y los salarios) se vayan ajustando, debería existir convergencia entre el tipo de cambio real y el calculado a partir de la PPA. A la hora de calcular la PPA en el corto plazo habrá por tanto que determinar el momento temporal en el que la desviación del mercado respecto de la paridad es 0, o, en otras palabras, determinar el momento en el que se produce el equilibrio.

El tipo de cambio definido por la PPA será el de la ecuación 6.

Ecuación 6. Tipo de cambio según la PPA (a partir de un tipo de cambio de equilibrio)

$$S_{PPAt} = S_{eq}\left(\frac{I_t^*}{I_t}\right)$$

Donde:
S_{eq} es un tipo de cambio de equilibrio hipotético
I_t^* es el índice de precios del país de la moneda cotizada
I_t es el índice de precios del país de la moneda base

En la práctica la contrastación de la PPA presenta importantes limitaciones:

- La hipótesis de ausencia de costes de transacción en el intercambio internacional de bienes y servicios es cuestionable
- Los bienes y servicios incluidos en la PPA deberían ser únicamente los intercambiados internacionalmente
- A la hora de comparar índices de precios es evidente que la construcción de los mismos difiere entre los diferentes países
- La PPA funciona con más exactitud en el caso de países de elevada inflación, de tal forma que sus monedas tienden a depreciarse, precisamente, por la elevada inflación.

6.7. La volatilidad en el mercado de divisas

Los tipos de cambio no son referencias estáticas. Varían cada día, en cada instante, en función de las expectativas que la evolución económica y política de un país transmita a los inversores. Además, el tipo de cambio es una medida relativa entre dos economías, por lo que su nivel dependerá de un acontecimiento que afecte a cualquiera de ellas. Parece lógico que, si un país crece a un ritmo más elevado y si en él se puede obtener una mayor rentabilidad por los capitales invertidos, su moneda se fortalezca, es decir, su tipo de cambio se aprecie respecto a otras divisas.

Este dinamismo de los mercados de divisas es el causante del denominado riesgo de cambio. No vamos a entrar aquí a exponer los factores que pueden afectar un tipo de cambio, pero sí a señalar que los tipos de cambio son volátiles, es decir, que fluctúan con una intensidad superior a la que normalmente se piensa.

En la tabla 5 se recogen las volatilidades de los principales tipos de cambio del EUR, de la que se pueden realizar los siguientes comentarios. El primero, que no todos los cruces son igual de volátiles, ya que el JPY/EUR (11,1%) es más volátil que el GBP/EUR (7,9%). Pero, ¿qué significa una volatilidad de, por ejemplo, el 8,9% anual? Pues que, de forma simplificada, y como vimos en el capítulo 5, que es relativamente normal que en un año el USD se pueda apreciar o depreciar frente al EUR en algo más de un 15% frente al EUR. En conclusión, si bien es cierto que los tipos de cambio no son tan volátiles como las bolsas (del orden de la mitad), sí se debe ser consciente de que es un activo financiero con una variabilidad en su precio destacada, especialmente en algunas divisas.

USD/EUR	GBP/EUR	JPY/EUR	CHF/EUR	SEK/EUR
8,9%	7,9%	11,1%	7,1%	6,6%

Tabla 5. Volatilidad de los tipos de cambio del EUR

Como sucede con el resto de los activos, la volatilidad de los tipos de cambio es volátil, presentado cluster de volatilidad que no se reparten de forma uniforme a lo largo del tiempo. Por eso, como se observa en los gráfico 2 y 3 no es lo mismo calcularla con los datos del último mes, del último año o de los últimos 10 años. Y también es diferente si se toma una ventana móvil de 3 meses o de 12 meses (por ejemplo). Lo habitual es tomar una ventana muestral de 1 año, 6 meses o 3 meses, siendo recomendable hacer coincidir el tamaño de la muestra con el horizonte temporal de inversión (o de medición del riesgo).

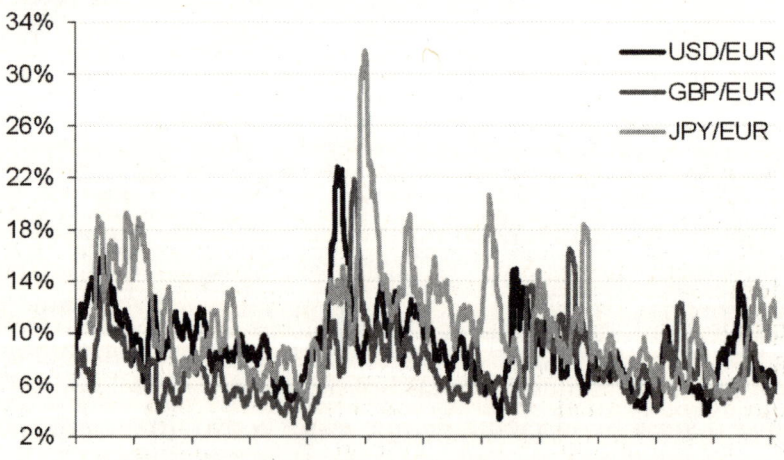

Gráfico 2. Volatilidad del USD/EUR, JPY/EUR y GBP/EUR según una ventana muestral de 3 meses

248

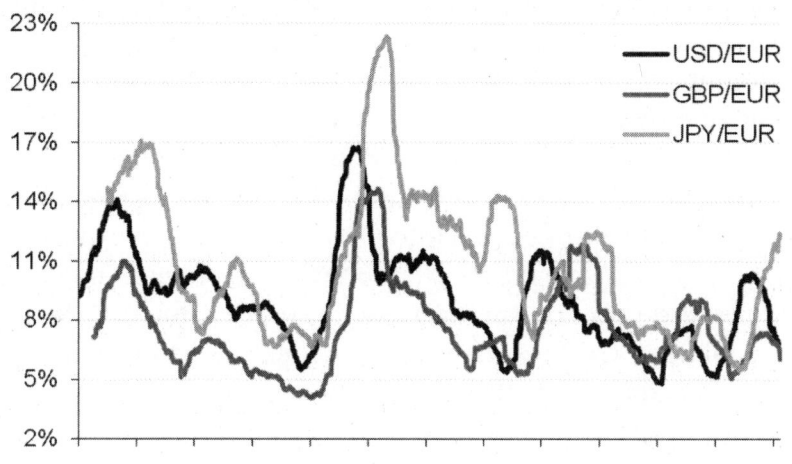

Gráfico 3. Volatilidad del USD/EUR, JPY/EUR y GBP/
EUR según una ventana muestral de 12 meses

6.8. Gestión del riesgo divisa en la gestión de carteras

Como se ha puesto de manifiesto, los tipos de cambio son volátiles. Y ello genera un intenso debate en la gestión de carteras en varios frentes. Por un lado, si la cartera tiene un enfoque internacional, se estará asumiendo riesgo de tipo de cambio derivado de las inversiones en acciones, bonos y demás activos denominados en una divisa diferente a la doméstica. ¿Qué debe hacer el gestor ante este riesgo? Hay quien considera que lo que debe hacer es cubrirlo, de tal forma que a la evolución de su cartera solo le impacte lo que sucede con el precio de los activos y no cómo evolucione el tipo de cambio. Así, consideran que lo que buscan es la revalorización de las acciones de EE.UU., por ejemplo, y que es un error dejar abierto el riesgo a que el USD se deprecie. Otros, en sentido contrario, consideran que lo que hay que hacer es, precisamente, dejar abierto ese riesgo, que es consustancial al proceso inversor cuando éste tiene un enfoque internacional. Es decir, que si se decide invertir, por ejemplo, en una cartera de bonos emitidos por empresas del Reino Unido, no se debe cubrir el riesgo de que la GBP se deprecie. Así, el resultado final de esa posición será la evolución del precio de los bonos más la evolución del tipo de cambio de la GBP. Con esta estrategia (no cubrir el riesgo de tipo de cambio) puede suceder que, por la potencial descorrelación de las cotizaciones la cartera esté más diversificada y, con ello, tenga un menor riesgo total (capítulo 4). Por último, existe otra versión intermedia según la cual la gestión de la exposición a la divisa debe ser activa, tratando de generar alfa (ver capítulo 7). Así, manteniendo una cartera de acciones de EE. UU, Japón y Suiza, por ejemplo, el gestor tendrá que cubrir y descubrir el riesgo de cambio del USD, JPY y CHF, respectivamente, cuando considere que estas monedas se van a depreciar y a apreciar. En el primer caso cubrirán y en el segundo descubrirán. Para ello, podrán utilizar instrumentos derivados como los futuros, las opciones y los *swaps*. Pero también los tipos de cambio a plazo que ya hemos estudiado en el apartado 6.2.

Veamos a continuación un ejemplo. Supongamos que un inversor europeo tiene una posición de 30.000 acciones de la compañía estadounidense ZZZ que cotiza en USD. En concreto, cada título tiene un precio de 150 USD. Así, el valor de su inversión será de 4.500.000 USD. Si el tipo de cambio spot es de 1,15 USD/EUR, el contravalor en EUR será de 3.913.043,18 EUR (4.500.000 USD / 1,15 USD/EUR). Si quiere cubrir el riesgo puede vender los 4,5 millones de USD en *forward*, por ejemplo, a 3 meses. Si, suponemos que los tipos de interés del USD en el momento actual son superiores a los del EUR, entonces el margen *forward* será positivo y el USD cotizará depreciado, por ejemplo, en un 1%. Así, el tipo de cambio a plazo será de

1,1615 USD/EUR. Si el inversor vende los USD en *forward* sabrá que su posición en EUR será de 3.874.300,47 EUR. Es decir, parte de una pérdida del 1% derivada del diferencial de tipo de interés. Si la situación fuera la contraria (tipos del USD más bajos que los del EUR), entonces mediante el *forward* se obtendría una plusvalía. En cualquier caso, la cobertura no sería del todo eficaz ya que el inversor se ha comprometido a vender 4,5 millones de USD dentro de 3 meses pero, ¿qué pasa si la acción ZZZ se revaloriza un 20%? Que solo estaría cubriendo un 80% de la posición. ¿Y si su precio corrige un 15%? Entonces tendría un exceso de cobertura. Un último comentario: al vencimiento del forward no tendría por qué entregar los USD, ya que podría «rolar» la posición, es decir, cerrarla justo antes del vencimiento y abrir una similar para otros 3 meses (en caso de que quiera seguir con la cobertura). Como pasa con otros temas comentados en este libro, profundizar en las técnicas de cobertura del riesgo de tipo de cambio exigiría mucho más espacio del que no disponemos aquí.

Recuadro 1.
Tipos de cambio cruzados

Si se asume que ningún agente puede arbitrar (o que ya lo ha hecho y, por lo tanto, hay «ausencia de oportunidades de arbitraje» o AOA), el tipo de cambio entre dos divisas debe estar directamente vinculado con el tipo de cambio de cada una de ellas en relación con una tercera. Así, el tipo de cambio cruzado se puede calcular a partir de los tipos de cambio de otras dos divisas. Sea S_1 el tipo de cambio spot entre dos monedas A y B y S_2 el tipo de cambio spot entre dos monedas B y C. El tipo de cambio entre la moneda A y la moneda C se obtendrá cruzando ambos tipos de cambio según la ecuación 7.

Ecuación 7. Tipo de cambio cruzado

$$S(A/C) = \frac{S(A/B)}{S(C/B)}$$

Donde:
S (A/C) es el tipo de cambio spot entre A y C
S(A/B) es el tipo de cambio spot entre A y B
S(B/C) es el tipo de cambio spot entre B y C

Por ejemplo, si el tipo de cambio USD/EUR es 1,0802 USD/EUR, y el tipo de cambio CHF/EUR es 0,9730 GBP/EUR, el tipo de cambio cruzado CHF/USD es 0,7959 CHF/USD.

$$S\left(\frac{CHF}{USD}\right) = \frac{S\left(\frac{CHF}{EUR}\right)}{S\left(\frac{USD}{EUR}\right)} = \frac{0,9730 \, CHF/EUR}{1,0802 \, USD/EUR} = 0,9007 \, CHF/USD$$

Recuadro 2.
Los riesgos del endeudamiento en divisa

Como es sabido, es posible captar financiación, es decir, endeudarse, en una moneda distinta a la del país de residencia. En el caso de un ciudadano de la zona euro, se puede contratar un préstamo denominado en USD, en JPY, en CHF, en GBP, etc. (ver tabla 1).

Los tipos de interés de referencia del préstamo, tanto si se contrata a tipo fijo como a tipo variable, serán los de la moneda de endeudamiento, que puede que no tengan nada que ver, ni en su nivel ni en su evolución, con los del euro. Este es el primer aspecto que conviene conocer: cada divisa, como respuesta a las, entre otras causas, decisiones del banco central, tiene unos tipos de interés distintos. Si se contrata un préstamo en USD a tipo de interés variable se debe saber que se pagará una mayor o menor cuota en función de las decisiones que tome la Reserva Federal de EE.UU., que dependerán de la situación económica de aquel país.

Pero el principal riesgo para una financiación en una moneda distinta a la que se obtienen los ingresos o están denominadas las inversiones que uno posee reside en la variación del tipo de cambio. En concreto, para un residente del Área euro, su riesgo es que se deprecie el EUR o, de forma equivalente, que se aprecie el USD, el JPY… En definitiva, el riesgo es que se aprecie la moneda en la que tiene denominada la financiación porque si se esto se produce, su deuda tendrá un mayor valor una vez convertida a euros.

Como ejemplo, supongamos que un ciudadano del Área euro desea endeudarse por un importe de 150.000 EUR a un plazo de 25 años. Puede hacerlo en EUR, a tipo de interés variable del EUR, referenciado al EURIBOR, o en USD, en este caso al LIBOR. Más allá del riesgo de evolución del tipo de interés, que condicionará el coste financiero, el principal riesgo es la variación del tipo de cambio. En concreto, que el USD se aprecie.

Así, supongamos que en el momento de la contratación el cruce es 1,30 USD/EUR. La alternativa es solicitar 195.000 USD (150.000 EUR x 1,30 USD/EUR). El problema surge si en un determinado momento del tiempo, el USD se aprecia y el tipo de cambio pasa a 1,20 USD/EUR. Supongamos que en ese momento la deuda viva era de 185.000 USD. Aplicando el tipo de cambio vigente, quien se ha endeudado comprobará que su deuda asciende a 154.166,67 EUR. Es decir, debe más que al principio. Es verdad que puede producirse el caso contrario, esto es, que el USD se deprecie frente al EUR y entonces el valor de la deuda caiga de forma intensa. Si el tipo de cambio se eleva hasta 1,40 USD/EUR, los 185.000 USD equivalen a 132.142,86 EUR.

Lo que queremos ilustrar con este ejemplo es que endeudarse en una moneda distinta a la que están denominados los ingresos o los activos que sirven para hacer frente a la deuda implica asumir un riesgo, en concreto, de tipo de cambio. Dado que los mercados de divisas se caracterizan por su elevada volatilidad, podemos decir que tomar financiación en moneda distinta a la nacional es una decisión de elevado riesgo.

7.
MEDIDAS DE LA CALIDAD DE GESTIÓN DE CARTERAS (RATIOS DE *PERFORMANCE*)

Introducción

Como es obvio, para valorar la gestión de una cartera de activos financieros se deben medir los resultados conseguidos. Por un lado, porque es uno de los principales sistemas para la provisión de información útil para la gestión. Por otro, porque favorece, en la medida de lo posible, un proceso consistente y disciplinado de dicha gestión. Pero para medir bien los resultados no sólo se debe tener en cuenta la rentabilidad alcanzada, sino también el riesgo asumido, tanto en términos absolutos como relativos frente al índice de referencia o *benchmark* o a una alternativa de inversión (normalmente el activo libre de riesgo).

Algunos de los aspectos que caracterizan a un buen gestor de carteras son:

- Obtener una rentabilidad por encima del índice de referencia manteniendo un riesgo equivalente.
- Obtener una rentabilidad como la del índice de referencia manteniendo un riesgo inferior.
- Obtener un binomio de rentabilidad-riesgo superior al del índice de referencia.

En consecuencia, lo que se pretende con los denominados ratios de *performance* es comprobar si la rentabilidad que ha conseguido un gestor es superior con un riesgo equivalente, si es igual, pero con una menor volatilidad, o si el binomio rentabilidad / riesgo es superior.

Para ello es importante señalar que los cálculos deben hacerse:

1. En distintos escenarios de mercados (alcista, bajista, situaciones límite, etc.)

2. A lo largo de un periodo de tiempo suficiente (al menos entre 3 años y 5 años) y en distintas ventanas temporales (desde el inicio, últimos 12 meses, en el año actual, último mes, etc.).

Y, además, que los resultados se deben comparar con los obtenidos por otras carteras que invierten en mercados similares, con estilos de gestión parecidos, así como con el índice de referencia o *benchmark*.

Dada la cantidad de medidas disponibles, en este capítulo se estudian aquellas que se consideran más relevantes para el análisis y que se encuentran en la mayoría de las fichas de presentación de fondos de inversión y de carteras de activos financieros. En definitiva, son los ratios de *performance* más habituales.

7.1. Ratio de Sharpe

Uno de los indicadores más utilizados en el análisis de la calidad de gestión de una cartera de activos financieros es el ratio de Sharpe. Desarrollado en 1966 por William F. Sharpe, es una medición de la recompensa por el riesgo asumido. Se calcula como la diferencia entre la rentabilidad de la cartera y la del activo libre de riesgo por cada punto de volatilidad (desviación típica) de la cartera.

La fórmula se recoge en la ecuación 1.

Ecuación 1. Ratio de Sharpe

$$S = \frac{R_C - R_f}{\sigma_C}$$

Donde:

R_c es la rentabilidad de la cartera.

R_f la rentabilidad del activo libre de riesgo

σ_c es la volatilidad de la cartera.

Los tres parámetros deben calcularse en el mismo horizonte temporal (por ejemplo, últimos cinco años) y expresarse en la misma base (lo más habitual es anualizada). En este punto es importante evitar el error que se comete con cierta frecuencia al calcular la rentabilidad en términos acumulados. Lo más correcto es calcular la rentabilidad anualizada (tanto de la cartera como del activo libre de riesgo) y dividir la diferencia entre la volatilidad, también anualizada, de la cartera.

Por definición, cualquier inversión con riego que ofrezca una menor rentabilidad que el activo libre de riesgo tendrá un ratio de Sharpe negativo y, por lo tanto, debería ser, en principio, rechazada.

Se consideran niveles aceptables de este ratio todos aquellos superiores a 0,5. De esta forma, la rentabilidad anualizada de la cartera debe ser 0,5 veces la volatilidad, más la rentabilidad libre de riesgo.

Así si, por ejemplo, el activo libre de riesgo ofrece una rentabilidad del 3% y la volatilidad de un activo o cartera es del 8%, su rentabilidad debe ser, al menos, del 7%, para que el ratio de Sharpe supere 0,5x ((7% - 3%) / 8% = 0,5).

Partiendo de una determinada rentabilidad del activo libre de riesgo , a mayor volatilidad de la cartera , mayor debe ser la rentabilidad esperada. Es decir, acabamos de darnos cuenta de que el ratio de Sharpe es la pendiente de la Línea del Mercado de Capitales (LMC) o Capital Market Line (CML) que es aquella que relaciona la volatilidad y la rentabilidad (gráfico 1).

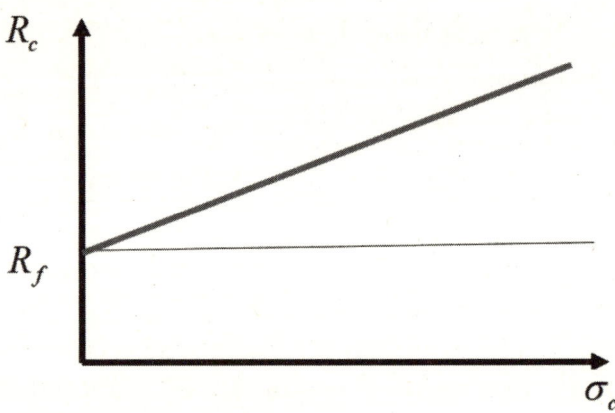

Gráfico 1. Línea del Mercado de Capitales

El ratio de Sharpe se utiliza generalmente de forma comparativa para valorar los resultados de una estrategia de inversión (o de la cartera total) respecto a otras, identificando cuál ha generado más beneficios por cada unidad de riesgo. Sin embargo, no puede utilizarse de forma directa como método de selección de la cartera óptima, ya que habrá que considerar si la rentabilidad y riesgo esperados son consistentes con los objetivos, restricciones y preferencias del inversor.

Es decir, de nada nos sirve un ratio de Sharpe muy alto (por ejemplo 1,2x) en una cartera de baja volatilidad si buscamos una rentabilidad elevada. Así, suponiendo un tipo de interés libre de riesgo del 2% y una volatilidad del 1%, sabremos que esa cartera ha conseguido un 3,2% de rentabilidad ((3,2% - 2%) / 1%). Si nuestro objetivo es lograr rentabilidades superiores (por ejemplo, del 10%), no es adecuada para nosotros, por muy alta que sea la calidad de esa cartera.

Supongamos ahora que el ratio de Sharpe de una cartera compuesta por diversas acciones es 0,53 y que, en el mismo periodo, una cartera de activos de renta fija consiguió un ratio de Sharpe de 0,25. ¿Qué cartera debe elegirse? El primer análisis que se puede hacer es que la cartera de acciones muestra una mejor gestión según un criterio de rentabilidad ajustada a riesgo, ya que ha tenido un exceso de rentabilidad del 0,53% por cada unidad de riesgo asumido. Por su parte, la cartera de bonos consigue una recompensa de 25 puntos básicos por unidad de riesgo soportado. En este sentido, un inversor que busque optimizar la rentabilidad ajustadas al riesgo optaría por la cartera de acciones. Pero ¿puede soportar el nivel de volatilidad de la renta variable? El ratio de Sharpe no aporta información sobre el riesgo que ha asumido la cartera.

Por último, cabe señalar que, en comparación con otros ratios, el de Sharpe tiene muy pocos problemas estadísticos. Este indicador no presupone la verificación de ningún modelo de valoración, mide el riesgo de forma global y es aplicable a un amplio espectro de carteras (renta variable, renta fija, mixtas, etc.). Por supuesto, si la distribución de las rentabilidades de los activos no es normal o asimilable, la desviación típica es solo una medida de dispersión y no una representación perfecta del riesgo.

Ejemplo. Vamos a calcular el ratio de Sharpe y a dibujar la línea del mercado de capitales a partir de las rentabilidades anuales que se recogen en la tabla 1, suponiendo una rentabilidad del activo libre de riesgo del 2,0%

Para calcular el ratio de Sharpe es necesario calcular la rentabilidad y la volatilidad. Vamos a calcular sendas variables en términos anuales, ya que es lo más habitual (para calcular la TAE y la volatilidad, ver capítulo 3 y 5). Los resultados, así como el ratio de Sharpe, se recogen en la tabla 2.

Fondo 1

Año	Rentabilidad
1	10%
2	8%
3	-5%
4	16%
5	-8%

Fondo 2

Año	Rentabilidad
1	4%
2	7%
3	-2%
4	4%
5	-2%

Tabla 1. Rentabilidad anual del fondo 1 y del fondo 2

	Fondo 1	Fondo 2
Rent. Acum	20,44%	11,15%
TAE	3,79%	2,14%
Volatilidad	9,17%	3,60%
Sharpe	0,20	0,04

Tabla 2. Ratios del fondo 1 y del fondo 2

Por lo tanto, el fondo 1 presenta un mejor ratio de Sharpe, como también se pone de manifiesto en la mayor pendiente de su línea del mercado de capitales (gráfico 2).

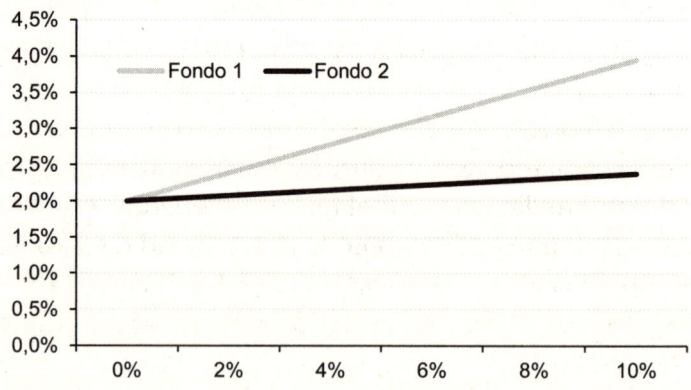

Gráfico 2. Línea del Mercado de Capitales del fondo 1 y del fondo 2

260

7.2. Beta

La beta o riesgo relativo frente al índice de referencia mide la sensibilidad de la rentabilidad de un título, fondo o cartera de activos a la rentabilidad de su índice de referencia o *benchmark*. Puede considerarse como un indicador del riesgo sistemático, es decir, del riesgo vinculado al conjunto del mercado. De esta forma, conocer la beta sirve para saber la respuesta de la rentabilidad de un activo frente a la de su índice de referencia, es decir, para tener conocimiento sobre su mayor o menor exposición a los riesgos sistemáticos del mercado en el que se invierte.

Una beta alta implica un mayor riesgo y, por lo tanto, debería estar vinculado a una mayor rentabilidad. Por el contrario, las carteras, fondos o acciones con betas bajas implican riesgos y rentabilidades esperadas inferiores.

La rentabilidad de cualquier activo financiero se puede explicar por medio de la regresión expresada en la ecuación 2.

Ecuación 2. Rentabilidad del activo

$$R_{Activo} = \alpha + \beta_{Activo} R_{índice}$$

Donde:

R_{ACTIVO} mide la rentabilidad del activo que estamos analizando,

α es la constante de la recta de regresión (denominada línea característica del título, ver apartado 4.5.), es decir, el corte de la línea con el eje de ordenadas, por lo que se puede interpretar como la rentabilidad de la cartera, fondo o acción ante variaciones nulas del mercado.

β_{ACTIVO} es la pendiente de la recta de regresión, por lo que mide la sensibilidad de la rentabilidad de una cartera respecto a las variaciones de rentabilidad de su índice o mercado de referencia.

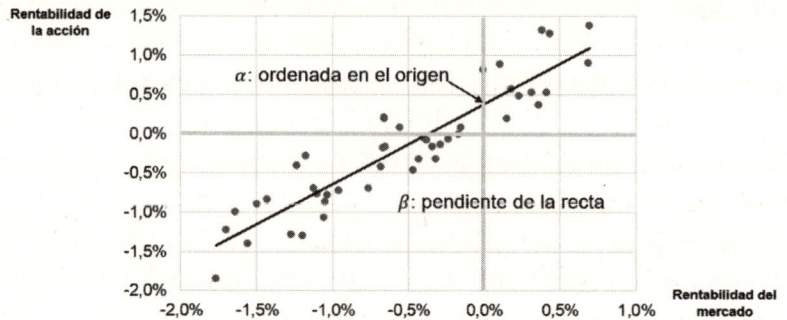

Gráfico 3. Línea característica del título

A partir de aquí, se pueden distinguir tres tipos de líneas características en función del mayor o menor riesgo, esto es, en función de la beta (gráfico 4):

Títulos neutros ($\beta = 1$): El título tiende a fluctuar igual que el mercado.

Títulos agresivos o cíclicos ($\beta > 1$): El título tiende a fluctuar más que el mercado.

Títulos defensivos ($\beta < 1$): El título tiende a fluctuar menos que el mercado.

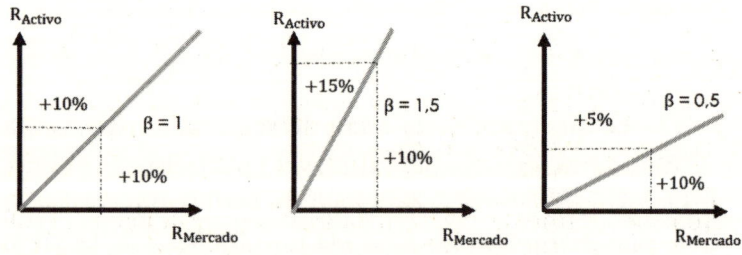

Gráfico 4. Línea característica de una acción/fondo/cartera neutral, agresiva y defensiva (a partir de la beta)

Es importante señalar que el grado en el que la beta puede explicar el comportamiento de un título o de un fondo depende del poder explicativo de la regresión de la

262

cual proviene. Es decir, hay que tener en cuenta la R^2 (ver apartado 4.4). De esta forma, si la R^2 es reducida (por debajo de 0,75), el resultado de la beta no es significativo o, dicho de otra forma, no se puede tener en consideración. Porque la beta sólo poder interpretarse si las dos variables tienen una alta correlación.

La beta se calcula dividiendo la covarianza de los rendimientos del activo y del mercado entre la varianza de los rendimientos del mercado (ecuación 3).

Ecuación 3. Cálculo de la beta

$$\beta = \frac{S_{x,y}}{\sigma_x^2}$$

Dado que sabemos que la correlación es el cociente de la covarianza entre el producto de las desviaciones típicas (ver capítulo 4), otra vía para calcular la beta es multiplicando la correlación por el cociente de las desviaciones típicas (ecuación 4).

Ecuación 4. Cálculo de la beta a partir de la correlación

$$\beta = r \times \frac{\sigma_x}{\sigma_y}$$

Un último comentario. Para calcular la beta (al igual que la covarianza, la correlación, etc.) no se debe hacer con los precios o cotizaciones de los activos, de las carteras o de sus índices de referencia, sino con las tasas de variación, es decir, con los rendimientos.

Ejemplo. Vamos a calcular la beta entre la acción ABC y su mercado de referencia (denominado XYZ) a partir de los rendimientos de la tabla 3.

Año	ABC	XYZ
1	7,0%	5,0%
2	15,0%	13,0%
3	5,0%	7,0%
4	-3,0%	-5,0%
5	1,0%	3,0%

Tabla 3. Rendimientos anuales

Para calcular la beta necesitamos hallar la covarianza de los rendimientos de la acción y de su mercado, así como la varianza de los rendimientos del mercado Para ello, calculamos los rendimientos medios de la acción (5,0%) y del mercado (4,6%). A partir de aquí, restamos a cada rendimiento anual su media y multiplicamos cada resultado, sumándolos todos ellos y dividendo este resultado entre el número de datos. De esta forma, obtenemos la covarianza: 0,3360%. Para calcular la varianza del mercado restamos cada rendimiento anual menos su media, elevamos al cuadrado, sumamos todos los resultados y dividimos entre el número de datos. La varianza del mercado es 0,3424%. Dividimos covarianza (0,3360%) entre varianza (0,3424%) y obtenemos la beta: 0,9813.

	Rendimientos anuales			
Año	ABC	XYZ	ABX y XYZ	XYZ
1	7,0%	5,0%	0,01%	0,00%
2	15,0%	13,0%	0,84%	0,71%
3	5,0%	7,0%	0,00%	0,06%
4	-3,0%	-5,0%	0,77%	0,92%
5	1,0%	3,0%	0,06%	0,03%
Media	5,00%	4,60%	**0,336%**	**0,342%**

Tabla 4. Rendimientos anuales

Otra forma de calcular la beta es obteniendo la línea característica del título, ya que, como ya hemos visto, la beta coincide con su pendiente (0,9813).

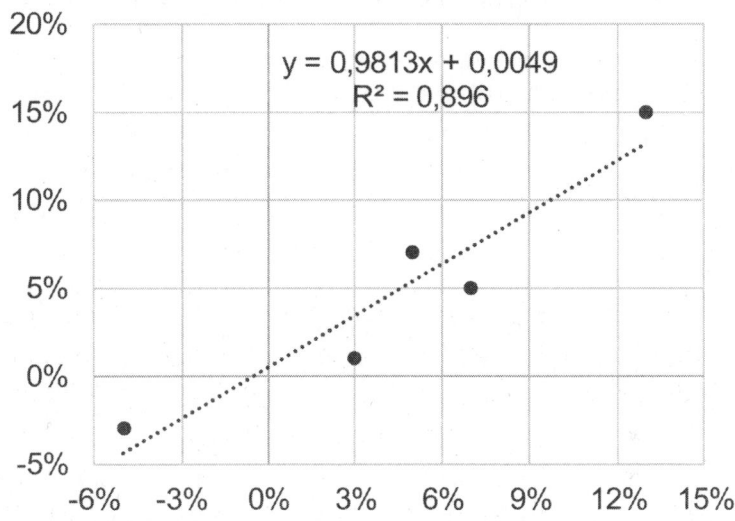

$$y = 0,9813x + 0,0049$$
$$R^2 = 0,896$$

Gráfico 5. Línea característica del título

Por otro lado, sabemos que el coeficiente de correlación se calcula como el cociente de la covarianza entre el producto de desviaciones típicas. Éstas son 5,851% (mercado) y 6,066% (fondo), por lo que el coeficiente de correlación es 0,947. Y, por lo tanto, la R^2 es 0,896 (este resultado aparece en el gráfico). Como la R^2 es alta, entonces «me fío» del resultado de la beta, es decir, se puede interpretar. Como ya hemos comentado, debemos distinguir entre correlación y beta, y ésta se puede tener en cuenta e interpretar solo una vez que hemos comprobado que las dos variables tienen alta correlación. En este caso, podemos decir que la cartera (eje Y) «se mueve» por una cuantía menor respecto a los cambios en el mercado de referencia. En media, cada 1% que suba o baje el mercado (eje X) la cartera subirá o bajará, respectivamente, un 0,9813%. Ahora bien, el gestor es capaz de conseguir un extra de rentabilidad del 0,49% anual (es el alfa).

7.3. Ratio de Treynor

Otra de las medidas clásicas de la calidad de gestión es la ratio de Treynor (propuesto en 1965), que descansa sobre los principios del modelo de mercado conocido como CAPM (por las siglas en inglés de Capital Asset Pricing Model[9]) y la importancia del riesgo sistemático (medido, como ya hemos visto, con la beta).

En efecto, la diferencia entre este ratio y el de Sharpe es la consideración del riesgo sistemático (en lugar de la volatilidad) como riesgo relevante a la hora de relativizar la rentabilidad obtenida, en tanto en cuanto es el único riesgo que, por no ser diversificable, debe ser remunerado (esto es así, suponiendo que se cumple el modelo de valoración CAPM).

El ratio de Treynor supone que la beta es un buen indicador del riesgo sistemático total de la cartera, asumiendo, en cierta manera, la verificación del CAPM, lo que por otra parte, podría limitar su utilidad frente al índice de Sharpe y otros ratios que no asumen estos supuestos. Como ya hemos comentado, mide el diferencial de rentabilidad obtenido sobre el activo libre de riesgo por unidad de riesgo, representado éste la beta, tal y como se recoge en la ecuación 5.

Ecuación 5. Ratio de Treynor

$$T = \frac{R_c - R_f}{\beta_c}$$

Donde:

R_c es la rentabilidad de la cartera.

R_f es la rentabilidad del activo libre de riesgo.

β_c es la beta de la cartera.

---

[9] $Rentabilidad_{Activo} = R_{Activo\ libre\ de\ riesgo} + \beta \times (R_{Mercado} - R_{Activo\ libre\ de\ riesgo})$

Según esta fórmula y considerando una β_c positiva, un ratio positivo indica que el gestor ha obtenido un nivel de rentabilidad mayor que el activo libre de riesgo. Podríamos decir que, en principio, equivale a una buena gestión, ya que ha obtenido una rentabilidad superior por asumir un determinado riesgo (medido con la beta). Sin embargo, habrá que comparar el ratio de Treynor con el *benchmark* y otras referencias para completar el análisis.

Podría darse el caso de ratios de Treynor negativos a causa de una β negativa, pero con rentabilidad por encima de la rentabilidad del activo sin riesgo. En este caso, la gestión también sería destacable. Asimismo, puede darse el caso de ratios positivos con β negativas y excesos de rentabilidad igualmente negativas. Por estos motivos, la interpretación no es tan directa como la de la medida de Sharpe y hay que conocer los signos de numerador y denominador.

El ratio de Treynor es la pendiente de la línea del mercado de valores (LMV) o Security Market Line (SML). Es decir, mide la relación entre rentabilidad y riesgo de la cartera (gráfico 6), por lo que podemos compararla con cualquiera referencia (por ejemplo, el conjunto del mercado) de forma directa. A través de la LMV se estima el rendimiento esperado de una cartera en función de su riesgo de mercado medido éste con la beta (ecuación 6).

Ecuación 6. Rentabilidad de una cartera

$$R_c = R_f + \beta_c(R_m - R_f)$$

Donde:
R_c es la rentabilidad de la cartera
R_f es la rentabilidad del activo libre de riesgo
R_m es la rentabilidad del mercado de referencia
β_c es la beta de la cartera.

Al igual que el ratio de Sharpe, el ratio de Treynor puede interpretarse como una medida de recompensa al riesgo, pero no nos indica si la rentabilidad alcanzada es suficiente para batir al mercado. Únicamente cuando se compara con la de otros gestores o con el *benchmark* puede decidirse si se produjo una gestión satisfactoria con respecto al riesgo asumido. En el gráfico 7 se puede ver un ejemplo de un fondo que ha obtenido un ratio de Treynor positivo (la pendiente de su línea de mercado de valores es mayor que la del *benchmark* o BMK) ya que ha conseguido más rentabilidad y, además, con una beta (con un riesgo) menor que el índice (que, como es sabido, tiene una beta igual a 1). En concreto, la beta de la catera ha sido 0,8.

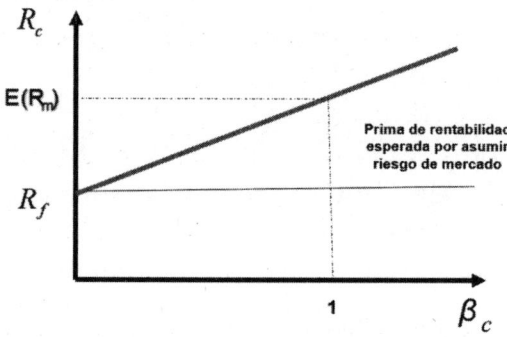

Gráfico 6. Línea del Mercado de Valores

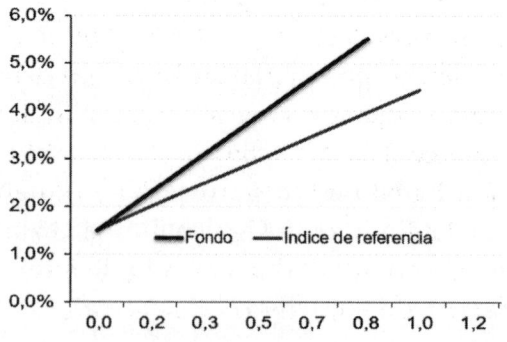

Gráfico 7. Línea del Mercado de Valores

Como ya sabemos, el ratio de Sharpe y el de Treynor difieren en la elección de la referencia de riesgo utilizada, ya que mientras Treynor utiliza la beta como medida de riesgo de una cartera que supone bien diversificada, Sharpe utiliza la desviación típica de los rendimientos de la cartera y tanto el riesgo sistemático como el no sistemático están incluidos en su valor (si las carteras analizadas estuvieran perfectamente diversificadas, deberían ser equivalentes; en caso contrario, que es lo más habitual, las ratios presentarán valores diferentes).

En la tabla 5 se recogen los ratio de Sharpe y de Treynor de varias carteras.

	I	II	III	IV	V	VI	VII	BMK	Libre de riesgo
Rentabilidad	8,4%	4,8%	0,3%	-0,5%	2,0%	6,2%	8,3%	5,0%	2,0%
Volatilidad	19,4%	10,2%	2,5%	2,1%	5,2%	4,8%	2,1%	15,0%	
Beta	1,90	1,30	0,25	0,05	0,70	0,65	0,30	1,00	
Tracking error	5,3%	1,2%	4,3%	7,3%	5,4%	8,0%	5,0%		
Sharpe	0,33	0,27	-0,67	-1,17	0,00	0,88	3,00	0,20	
Treynor	0,03	0,02	-0,07	-0,50	0,00	0,06	0,21		

Tabla 5. Ratios de Sharpe y Treynor de siete carteras diferentes

7.4. Alfa de Jensen

Como ya sabemos, muchos gestores de carteras siguen estrategias de gestión activa con el objetivo de alcanzar rentabilidades superiores a las que podrían obtenerse a través de una exposición pasiva a una referencia o índice, replicando su comportamiento. De esta forma, existe un primer cálculo del «alfa» como la diferencia entre la rentabilidad de la cartera y la del índice de referencia.

Si un fondo ha conseguido un 15% de rentabilidad y su referencia un 12%, entonces ha generado un alfa del 3%. Pero, ¿significa esto que ha habido una gestión de calidad? ¿o acaso se debe a que ha asumido más riesgo?

La medición del éxito de un gestor que «ha conseguido alfa» a la hora de generar un exceso de rentabilidad requiere primero un ajuste a las características de riesgo global de sus estrategias y, posteriormente, la comprobación de que las rentabilidades obtenidas son superiores a aquellas alcanzadas al seguir una estrategia de riesgo similar.

Michael Jensen desarrolló una ratio que, al igual que el de Treynor, reconoce que una cartera podría no estar completamente diversificada pero que el riesgo sistemático o riesgo de mercado sigue siendo el más relevante para relativizar la rentabilidad alcanzada. Es decir, recurre a la beta.

Así, el alfa de Jensen mide la diferencia entre la rentabilidad de una cartera y su rentabilidad esperada dado el riesgo sistemático. Este ratio es una medición más precisa de la calidad de la gestión, puesto que ajusta la rentabilidad por el nivel de riesgo frente al índice (medido a través de la beta).

Volvamos al caso anterior. Si sabemos que el fondo ha conseguido un 15% pero con una beta de 2, entonces no ha generado alfa (de Jensen), ya que para ese nivel de riesgo tendría que haber ganado un 24% (recordar que el mercado se ha revalorizado un 12%). Es decir, su alfa de Jensen es negativo (-9%). Pongamos otro caso. Supongamos que otra cartera ha ganado un 10%. Lo que en principio es un alfa negativo del 2% se convierte en un alfa de Jensen positivo si tenemos en cuenta que su beta ha sido de 0,5. Es decir la rentabilidad comparable no es ahora del 12% sino del 6%, por lo que ha obtenido un alfa de Jensen del 4%.

De acuerdo con el alfa de Jensen, la rentabilidad de una cartera puede descomponerse en dos elementos: la habilidad del gestor para tomar posiciones en su cartera conforme a las circunstancias del mercado, así como para reducir el riesgo inherente a su cartera mediante una adecuada diversificación.

El alfa de Jensen es el término independiente de la estimación empírica del CAPM (ver ecuación 7) y se calcula según se recoge en la ecuación 7.

Ecuación 7. Alfa de Jensen

$$\alpha = (R_c - R_f) - \beta_c(R_m - R_f)$$

Donde:
R_c es la rentabilidad de la cartera
R_f es la rentabilidad del activo libre de riesgo
R_m es la rentabilidad del mercado de referencia
β_c es la beta de la cartera.

Si $\alpha > 0$, y estadísticamente significativa, el gestor está aportando valor añadido al lograr batir al mercado teniendo en cuenta el riesgo asumido.

Si $\alpha = 0$, el gestor está obteniendo una rentabilidad igual a $R_f + \beta_c(R_m - R_f)$, es decir, está replicando al mercado teniendo en cuenta el riesgo asumido.

Si $\alpha < 0$, la gestión llevada a cabo no logra obtener la rentabilidad que correspondería al riesgo asumido. En este caso, la rentabilidad de la cartera es menor que la rentabilidad del mercado ajustada por el riesgo sistemático de la cartera (β_c).

Con este ratio, Jensen da un paso más respecto a Sharpe y Treynor ya que no sólo proporciona el exceso de rentabilidad obtenido por unidad de riesgo, sino que también nos informa directamente sobre si la cartera ha logrado batir o no a su referencia.

Sin embargo, una vez más, conviene actuar con cautela, ya que el alfa de Jensen, de forma aislada, no proporciona una medida totalmente fiable. A pesar de que una cartera tenga una medida de Jensen positiva no deberíamos concluir tajantemente si ha batido o no al mercado sin comprobar que esta medida es estadísticamente significativa (la R^2 de los rendimientos de la cartera y del índice de referencia debe ser alta, por ejemplo, superior a 0,75).

Por tanto, si un gestor es mejor que el resto del mercado debe superar de forma sostenida las primas de rentabilidad por riesgo que se obtienen en dicho mercado. En este sentido, la medida de Jensen debe ser positiva y estadísticamente significativa para que el gestor haya obtenido una adecuada calidad de gestión.

Además, esta medida no nos dice directamente el signo de la rentabilidad de la cartera en términos absolutos, sólo caracteriza la habilidad del gestor en términos relativos. Así, supongamos que el mercado registra una fuerte caída y que el valor obtenido de la medida de Jensen es de un 2%. Esto significaría que sobre una base ajustada al riesgo la cartera analizada bate al mercado. Sin embargo, la pérdida absoluta podría ser muy importante, ya que batir al mercado en un 2% mientras éste experimenta una caída del 30%, lleva sin duda a registrar pérdidas de una importancia significativa.

Como ejemplo vamos a interpretar los ratios de *performance* de la tabla 6 sabiendo que el tipo de interés libre de riesgo es el 0,53% y que la rentabilidad del índice de referencia ha sido del 6,43%.

Rentabilidad-Riesgo		Medidas de Performance			
Rentabil.	Volatil.	Sharpe	Beta	Treynor	Alfa de Jensen
4,55 %	3,24 %	1,24	0,76	5,28 %	-0,46 %

Tabla 6. Ejemplos de ratios de *performance*

La cartera consigue una rentabilidad superior a la del activo libre de riesgo (y de ahí que el Sharpe sea positivo). Además, parece que el gestor ha sabido conseguir rentabilidad a partir del mayor riesgo asumido en su cartera (Sharpe superior a 1). Es una cartera defensiva frente al *benchmark* (su beta es inferior a 1) pero teniendo en cuenta su beta, tendría que haber conseguido más rentabilidad, en concreto, un 5,01% (4,55% + 0,46%), frente al 4,55% conseguido y el 6,43% de su categoría. Es decir, se entiende que haya tenido menos rentabilidad dado que es una cartera más defensiva, pero para el riesgo que tiene, debería haber conseguido más.

Ejemplo. En el gráfico 8 se comparan dos carteras recurriendo a la línea del mercado de valores. Es decir, el riesgo se mide a través de la beta (eje X). Como es sabido, el índice de referencia o *benchmark* tiene una beta igual a 1 y obtiene la rentabilidad $E(R_m)$. La cartera I ha conseguido una menor rentabilidad (R_{CI}), por lo que su «alfa convencional», esto es, la diferencia de rentabilidad respecto al *benchmark*, es negativa ($R_{CI} - E(R_m)$). Ahora bien, si tenemos en cuenta la beta de la cartera (β_{CI}) la rentabilidad del índice de referencia con la que tenemos que comparar es $E(R_m)^*$. Es decir, inferior y, de ahí, que el alfa de Jensen sea positivo. En el caso de la cartera II, su rentabilidad (R_{CII}) es superior a la del mercado, por lo que podemos decir que ha conseguido alfa. Ahora bien, lo que se podría interpretar como una muestra de calidad del gestor, en realidad esconde un mayor riesgo. Así, dada la beta de la cartera (β_{CII}), la rentabilidad con la que hay que comparar no es $E(R_m)$ sino $E(R_m)^{**}$. Dado que ésta es superior a R_{CII} podemos decir que la cartera II presenta un alfa de Jensen negativo. Como se observa en el gráfico 7, el alfa de Jensen es la distancia entre la rentabilidad de la cartera y la línea del mercado de valores del índice de referencia para el valor de la beta de la cartera.

273

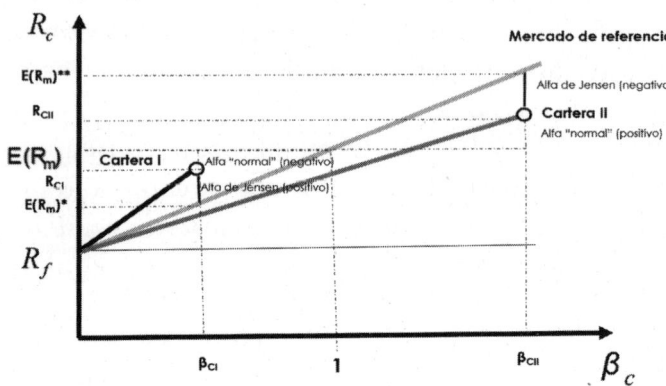

Gráfico 8. Línea del mercado de valores de dos carteras

En la tabla 7 se han incorporado tanto el alfa de Jensen como la rentabilidad que deberían haber conseguido las carteras de la tabla 6 según el CAPM.

	I	II	III	IV	V	VI	VII	BMK	Libre de riesgo
Rentabilidad	8,4%	4,8%	0,3%	-0,5%	2,0%	6,2%	8,3%	5,0%	2,0%
Volatilidad	19,4%	10,2%	2,5%	2,1%	5,2%	4,8%	2,1%	15,0%	
Beta	1,90	1,30	0,25	0,05	0,70	0,65	0,30	1,00	
Tracking error	5,3%	1,2%	4,3%	7,3%	5,4%	8,0%	5,0%		
Sharpe	0,33	0,27	-0,67	-1,17	0,00	0,88	3,00	0,20	
Treynor	0,03	0,02	-0,07	-0,50	0,00	0,06	0,21		
Alfa de Jensen	0,70%	-1,10%	-2,45%	-2,65%	-2,10%	2,25%	5,40%		
Rentabilidad fondo CAPM (LMV)	7,70%	5,90%	2,75%	2,15%	4,10%	3,95%	2,90%		

Tabla 7. Ratios de Sharpe, Treynor, alfa de Jensen y rentabilidad según el CAMP de siete carteras diferentes

7.5. *Tracking error*

Como ya hemos comentado, en la gestión de carteras frente a un *benchmark,* la misión es obtener un exceso de rentabilidad o «alfa» (que se interpreta de forma similar al alfa de Jensen, si bien éste tiene en cuenta el riesgo asumido, medido a través de la beta). El alfa es la ordenada en el origen de la línea característica (o punto en el que ésta corta el eje y o de ordenadas).

274

Existen dos grandes maneras de conseguir este exceso de rentabilidad a través de la gestión activa (es obvio que es imposible conseguirlo con una gestión pasiva):

1. *Timing*: Capacidad del gestor de anticiparse a los movimientos del mercado modificando el peso de los activos incluidos en las carteras para intentar lograr una rentabilidad superior a la del mercado (*Tactical Asset Allocation*). Por ejemplo, en una cartera global que incluya activos de renta fija y de renta variable, saber elegir el momento adecuado para comprar acciones o bonos es crucial para generar valor añadido o alfa.

2. *Security Selection* (selección de activos): Capacidad del gestor sobre qué activos individuales incluir en la cartera (por ejemplo, una buena selección de acciones en una cartera de renta variable permite generar valor añadido o alfa.

En definitiva, la única forma de batir al índice de referencia es siendo activo y hacerlo en el momento correcto. La forma de medir si se ha conseguido batir es mediante el alfa, mientras que para analizar cómo de activo se ha sido se recurre al *tracking error* o error de seguimiento (ecuación 8).

Ecuación 8. *Tracking error*

$$\text{Tracking error} = \sigma (R_c - R_m)$$

Donde:

R_c es la rentabilidad de la cartera

R_m es la rentabilidad del mercado de referencia

Es decir, el *tracking error* es la desviación típica de las diferencias de rentabilidad de la cartera y de la referencia (de ahí que también se le denomine «volatilidad del alfa»).

275

El *tracking error* mide cómo de activo ha sido el gestor, pero no si ha estado acertado en esas decisiones. Así, un alto *tracking error* implica que existe una alta diferencia entre los rendimientos de la cartera y los de su *benchmark*. Aunque, como casi todo, es cuestión de grado y, sobre todo, de qué tipo de cartera estamos hablando. Así, una cartera de renta variable «poco activa» puede tener un *tracking error* de un 5%, mientras que una cartera de renta fija poco activa suele tener entre un 1% y un 2% (los datos se suelen presentar en términos anualizados). Las diferencias de *tracking error* entre renta fija y renta variable son el reflejo de las diferencias en volatilidad (mayor en acciones que en bonos) así como de las correlaciones entre las acciones y los bonos (mayor en este segundo caso).

Un *tracking error* elevado no necesariamente significa más riesgo, sino que se ha alejado del *benchmark*. Si se ha alejado reduciendo exposición al mercado, hasta ser una cartera más defensiva, entonces está claro que el tracking error no será compatible con un mayor riesgo, sino todo lo contrario. En el caso en el que el gestor haya alejado la composición de su cartera de la del índice de referencia, pero asumiendo más riesgo, entonces sí diremos que el *tracking error* es sinónimo de más riesgo.

Sesión	Fondo	BMK	Diferencia
1	1,50%	1,45%	-0,05%
2	-0,20%	-0,25%	-0,05%
3	1,25%	1,35%	0,10%
4	1,75%	1,85%	0,10%
5	0,50%	0,45%	-0,05%
6	0,35%	0,40%	0,05%
7	-0,50%	-0,54%	-0,04%
8	-1,50%	-1,51%	-0,01%
9	-0,67%	-0,60%	0,07%
10	0,56%	0,61%	0,05%
Beta	0,98	Diaria	0,06%
		Anual	1,00%

Sesión	Fondo	BMK	Diferencia
1	1,00%	0,45%	-0,55%
2	-0,15%	-0,05%	0,10%
3	1,15%	0,75%	-0,40%
4	1,65%	0,85%	-0,80%
5	0,45%	0,05%	-0,40%
6	0,30%	0,17%	-0,13%
7	-0,40%	-0,30%	0,10%
8	-1,40%	-0,75%	0,65%
9	-0,54%	-0,30%	0,24%
10	0,45%	0,30%	-0,15%
Beta	1,79	Diaria	0,42%
		Anual	6,71%

Sesión	Fondo	BMK	Diferencia
1	1,75%	0,45%	-1,30%
2	-0,25%	-0,05%	0,20%
3	1,35%	0,75%	-0,60%
4	1,80%	0,85%	-0,95%
5	0,65%	0,05%	-0,60%
6	0,55%	0,17%	-0,38%
7	-0,70%	-0,30%	0,40%
8	-1,70%	-0,75%	0,95%
9	-0,77%	-0,30%	0,47%
10	0,66%	0,30%	-0,36%
Beta	2,25	Diaria	0,70%
		Anual	11,10%

Tabla 8. Cálculo del *tracking error*

276

En la tabla 8 se recoge el cálculo del *tracking error* de tres carteras que tienen el mismo índice de referencia (BMK). Se puede observar que a medida que aumenta la beta, aumenta el «error de seguimiento». Aunque sería mejor decir «a medida que la beta se aleja de uno», para que también fuera aplicable a los resultados de la tabla 9, en la que se puede comprobar que las carteras tienen mayor *tracking error* a medida que la beta es menor.

Sesión	Fondo	BMK	Diferencia
1	1,50%	1,45%	-0,05%
2	-0,20%	-0,25%	-0,05%
3	1,25%	1,35%	0,10%
4	1,75%	1,85%	0,10%
5	0,50%	0,45%	-0,05%
6	0,35%	0,40%	0,05%
7	-0,50%	-0,54%	-0,04%
8	-1,50%	-1,51%	-0,01%
9	-0,67%	-0,60%	0,07%
10	0,56%	0,61%	0,05%
Beta	0,98	Diaria	0,06%
		Anual	1,00%

Sesión	Fondo	BMK	Diferencia
1	0,40%	0,45%	0,05%
2	0,10%	-0,05%	-0,15%
3	0,55%	0,75%	0,20%
4	0,40%	0,85%	0,45%
5	-0,20%	0,05%	0,25%
6	0,05%	0,17%	0,12%
7	-0,15%	-0,30%	-0,15%
8	-0,50%	-0,75%	-0,25%
9	-0,05%	-0,30%	-0,25%
10	0,15%	0,30%	0,15%
Beta	0,59	Diaria	0,23%
		Anual	3,71%

Sesión	Fondo	BMK	Diferencia
1	0,20%	0,45%	0,25%
2	0,02%	-0,05%	-0,07%
3	0,15%	0,75%	0,60%
4	0,20%	0,85%	0,65%
5	-0,10%	0,05%	0,15%
6	0,01%	0,17%	0,16%
7	-0,12%	-0,30%	-0,18%
8	-0,50%	-0,75%	-0,25%
9	-0,01%	-0,30%	-0,29%
10	0,05%	0,30%	0,25%
Beta	0,36	Diaria	0,33%
		Anual	5,21%

Tabla 9. Cálculo del *tracking error*

7.6. Ratio de información

El ratio de información mide la relación entre el diferencial de rentabilidad de una cartera sobre su *benchmark* y el riesgo asumido en la gestión activa, al separarse en mayor o menor medida del índice de referencia (ecuación 9).

Ecuación 9. Ratio de información

$$\text{Ratio de Información} = \frac{R_c - R_M}{\text{Tracking error}}$$

Una alternativa a la ecuación 9 es tomar, en lugar de la rentabilidad del *benchmark*, la que debería haber tenido la cartera en función de su beta. Así, se multiplica ésta por la rentabilidad del mercado de referencia. Es decir, según esta versión (ecuación 10), se considera que si el gestor se ha alejado del *benchmark* (medido a través del *tracking error*) cualquier exceso (o déficit) de rentabilidad, se debe ajustar al ricsgo sistemático asumido.

Ecuación 10. Ratio de información

$$\text{Ratio de Información} = \frac{R_c - \beta_c R_M}{\text{Tracking error}}$$

En la tabla 10 se añade el ratio de información al resto de ratios estudiados hasta el momento (se ha utilizado la ecuación 10).

	I	II	III	IV	V	VI	VII	BMK	Libre de riesgo
Rentabilidad	8,4%	4,8%	0,3%	-0,5%	2,0%	6,2%	8,3%	5,0%	2,0%
Volatilidad	19,4%	10,2%	2,5%	2,1%	5,2%	4,8%	2,1%	15,0%	
Beta	1,90	1,30	0,25	0,05	0,70	0,65	0,30	1,00	
Tracking error	5,3%	1,2%	4,3%	7,3%	5,4%	8,0%	5,0%		
Sharpe	0,33	0,27	-0,67	-1,17	0,00	0,88	3,00	0,20	
Treynor	0,03	0,02	-0,07	-0,50	0,00	0,06	0,21		
Alfa de Jensen	0,70%	-1,10%	-2,45%	-2,65%	-2,10%	2,25%	5,40%		
Rentabilidad fondo CAPM (LMV)	7,70%	5,90%	2,75%	2,15%	4,10%	3,95%	2,90%		
Ratio de información	-0,21	-1,42	-0,22	-0,10	-0,28	0,37	1,36		

Tabla 10. Cálculo de ratios de *performance*

7.7. M² de Modigliani

Franco Modigliani (1918-2003) es conocido como uno de los mejores economistas del siglo XX (galardonado con el Nobel en 1985). Entre sus aportaciones más destacadas se pueden citar el teorema de Modigliani-Miller, sobre la estructura de financiación de una empresa, o la hipótesis del «ciclo de vida», sobre los patrones de consumo y ahorro. Pero a Modigliani le pasa como a Keynes: son menos conocidas sus aportaciones en el terreno de la gestión de carteras. En 1997 propuso, junto a su nieta Leah Modigliani, el ratio M^2 [10].

Este ratio mide la rentabilidad que habría tenido una cartera si hubiera tenido la volatilidad de otra (normalmente, la de su categoría). Es decir, homogeneiza las diferencias en el nivel de riesgo para poder comparar las rentabilidades. Así, cuanto mayor es el índice de Modigliani, mejor ha sido la gestión de la cartera.

El ratio M^2 se obtiene sustituyendo en la función de rentabilidad / riesgo de la cartera su desviación típica por la de la categoría. Para el cálculo se supone que aquellos fondos que han tenido un riesgo inferior al del mercado de referencia toman prestado al tipo del activo libre de riesgo hasta alcanzar el mismo nivel de riesgo que el mercado. Por su parte, se supone que las carteras que han tenido un riesgo superior invierten en el activo libre de riesgo en la cantidad necesaria para tener un nivel de riesgo igual que la del total del mercado (o el del *benchmark*). De este modo, estamos suponiendo que existe una relación lineal entre la rentabilidad y el riesgo de los fondos. La fórmula se recoge en la ecuación 11.

Ecuación 11. M^2 de Modigliani

$$M^2 = \frac{\sigma_m}{\sigma_c} R_c + (1 - \frac{\sigma_m}{\sigma_c}) R_f$$

Donde:

R_c es la rentabilidad de la cartera
R_f es la rentabilidad del activo libre de riesgo
σ_c es la volatilidad de la cartera
σ_m es la volatilidad del mercado.

En la tabla 11 aparecen los resultados de cinco carteras.

---

10 «Risk – Adjusted Performance», Journal of Portfolio Management, invierno 1997, págs. 45-54.

Cartera	Rentabilidad	Desviación típica
A	10,5%	18,3%
B	6,3%	14,0%
C	9,3%	12,0%
D	5,4%	5,3%
E	6,3%	3,0%
Categoría	8,3%	15,3%
Libre de riesgo	4,0%	0%

Tabla 11. Rentabilidad y riesgo de 5 carteras, de la categoría y del tipo de interés libre de riesgo

Aplicando la ecuación 11, en la tabla 12 se pueden observar el ratio M^2.

Activo	M2
A	9,4%
B	6,5%
C	10,8%
D	8,0%
E	15,7%
Categoría	8,3%

Tabla 12. Ratio M^2

El índice M^2 nos indica la rentabilidad que obtendría cada cartera si tuviera una desviación típica de 15,3%, es decir, la que corresponde a su categoría (el M^2 de la categoría coincide con su rentabilidad: 8,3%). De esta forma, podemos concluir que en términos de M^2, la cartera E es la mayor calidad, ya que es la remunera el riesgo asumido de forma más que proporcional. Estos resultados están en línea con lo que nos indica el ratio de Sharpe, demostrándose la relación positiva entre ellos dos.

Activo	M2	Sharpe	Rentabilidad
A	9,4%	0,36	10,5%
B	6,5%	0,16	6,3%
C	10,8%	0,44	9,3%
D	8,0%	0,26	5,4%
E	15,7%	0,77	6,3%
Categoría	8,3%	0,28	8,3%

Tabla 13. M^2 y Sharpe

De forma gráfica, se puede comprobar que la función rentabilidad / riesgo de la cartera E tiene más pendiente que la del resto, es decir, tiene un mayor Sharpe. El resultado de cada cartera está representado por un círculo (gráfico 9).

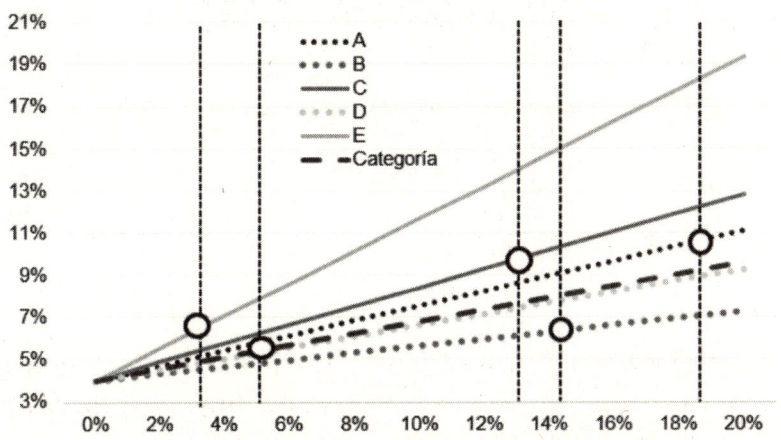

Gráfico 9. Rentabilidad / riesgo de las cinco carteras y del índice de referencia

¿Qué hace el ratio M^2? Desplazar todos los círculos a lo largo de su función rentabilidad/riesgo hasta la vertical del *benchmark* (gráfico 10), lo que permite su comparación (en este caso, visual). La cartera más rentable (la A, con un 10,5%) no es la que presenta la mejor proporción con el riesgo asumido (su Sharpe no es elevado). En términos de rentabilidad/ riesgo, la mejor cartera es la A (su M^2 es del 15,7%).

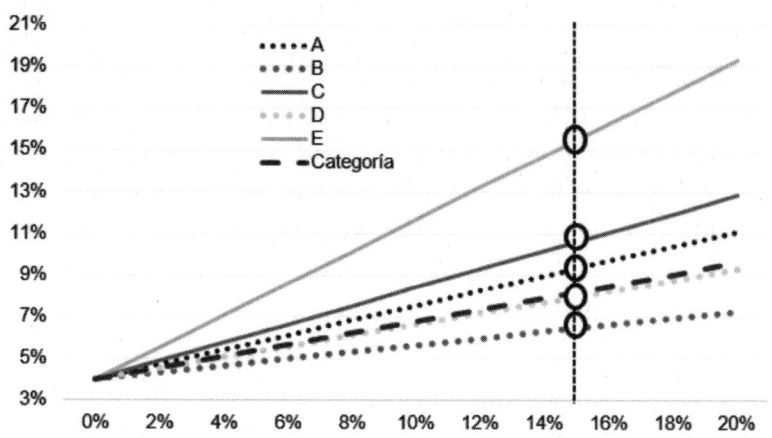

Gráfico 10. M^2 de las cinco carteras y del índice de referencia

En conclusión, el M^2 es una forma elegante de expresar la rentabilidad / riesgo que permite comprobar de forma directa que cartera muestra un mejor binomio.

7.8. Drawdown

El *drawdown* mide la pérdida máxima que ha sufrido una cartera. Es decir, es la caída entre un máximo y un mínimo (un «pico» y un «valle») del valor de la cartera sin tener en consideración un período temporal. Es decir, el *drawdown* puede producirse, por ejemplo, en una semana, en dos meses o en cinco años. Es, por lo tanto, una medida de riesgo que, como tal, se utiliza en el denominador de varios ratios de *performance*, como luego veremos. En este punto, es relevante señalar que el *drawdown* puede ser superior al VaR anual (capítulo 5) dado que puede haber eventos de mercado en un periodo de tiempo corto (1 mes) que generen una caída en la cartera cuya caída supere al VaR, para luego recuperarse. Es decir, una cartera con un VaR anual al 95% del 7% puede experimentar una cesión de máximo a mínimo del 12% en 3 meses, pero luego recuperarlo de forma rápida (por ejemplo, en 5 meses), de tal forma que un horizonte temporal de un año la pérdida se limite, por ejemplo, al 3% o, incluso, se anule. En otro sentido, puede que el *drawdown* supere al VaR porque la caída puede prolongarse en el tiempo y sufrirse durante, por ejemplo, 3 años (se entiende entonces que la pérdida acumulada supere al VaR anual). Por último, conviene recordar que el VaR se calcula con un determinado nivel de confianza (95% y 99% es lo más habitual) por lo que la pérdida máxima puede superar esa cota.

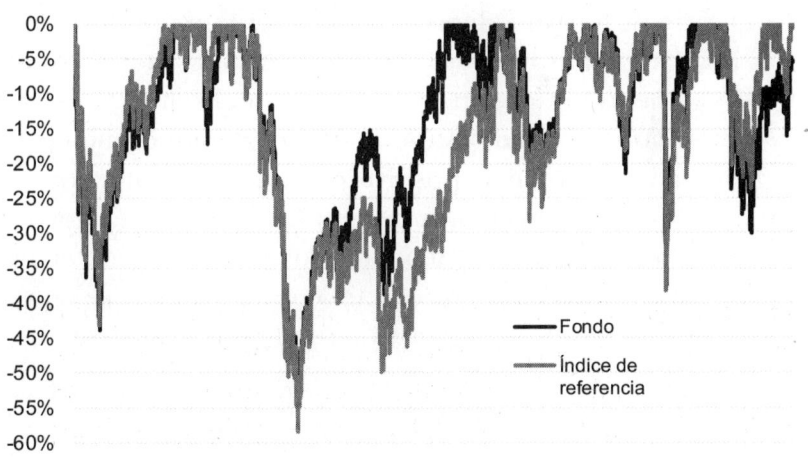

Gráfico 11. *Drawdown* de una cartera y de su índice de referencia

7.9. Ratio de Sortino

El ratio de Sortino fue desarrollado por Frank A. Sortino para diferenciar entre la volatilidad «buena» y «mala», es decir, recurre al *downsiderisk* o semidesviación típica negativa (ver capítulo 5). Además, en lugar de comparar la rentabilidad de la cartera con la del activo libre de riesgo, se utiliza un umbral de rentabilidad o rentabilidad mínima exigida. Se calcula según la ecuación 12

Ecuación 12. Ratio de Sortino

$$S = \frac{R_c - R_e}{DR_c}$$

Donde:
R_c es la rentabilidad de la cartera
R_e es la rentabilidad mínima exigida a la cartera
DR_c es el *downside risk* de la cartera

El ratio de Sortino, dado que incorpora una rentabilidad mínima exigida es muy utilizado para evaluar la gestión de los *hedge funds* de los fondos de retorno absoluto y, en general, en productos de gestión alternativa que busquen conseguir una rentabilidad positiva en todos los entornos. Es precisamente esta exigencia de rentabilidad la que provoca que su uso sea menos frecuente en carteras de gestión activa más «convencionales» cuyo objetivo es batir al índice de referencia y no tanto conseguir una rentabilidad absoluta.

Supongamos que un activo tiene un retorno del 20%, cuando su retorno requerido es del 10%, y tienen un *downsiderisk* del 7%. En este supuesto el ratio de Sortino es de 1,33. Cuanto mayor sea el ratio de Sortino implica que, para una misma rentabilidad, el gestor ha conseguido tener una menor «volatilidad negativa» (*downsiderisk*).

En la tabla 14 se recogen varios ejemplos de cálculo, en los que la rentabilidad mínima exigida para el ratio de Sortino se supone que es 0%.

	I	II	III	IV	VI	VII	VIII	BMK	Libre de riesgo
Rentabilidad	8,4%	4,8%	0,3%	-0,5%	2,0%	6,2%	8,3%	5,0%	2,0%
Volatilidad	19,4%	10,2%	2,5%	2,1%	5,2%	4,8%	2,1%	15,0%	
Beta	1,90	1,30	0,25	0,05	0,70	0,65	0,30	1,00	
Tracking error	5,3%	1,2%	4,3%	7,3%	5,4%	8,0%	5,0%		
Sharpe	0,33	0,27	-0,67	-1,17	0,00	0,88	3,00	0,20	
Treynor	0,03	0,02	-0,07	-0,50	0,00	0,06	0,21		
Alfa de Jensen	0,70%	-1,10%	-2,45%	-2,65%	-2,10%	2,25%	5,40%		
Ratio de información	-0,21	-1,42	-0,22	-0,10	-0,28	0,37	1,36		
Rentabilidad fondo CAPM (CML)	7,70%	5,90%	2,75%	2,15%	4,10%	3,95%	2,90%		
Downside risk	15,60%	12,30%	2,40%	3,10%	2,30%	6,30%	1,80%	12,80%	
Sortino (Rt = 0%)	0,54	0,39	0,13	-0,16	0,87	0,98	4,61	0,39	

Tabla 14. Cálculo de ratios de *performance*

7.10. Ratio de Sterling

El ratio de Sterling mide el exceso de rentabilidad de una cartera frente al activo libre de riesgo relativizándolo con *drawdown* promedio que es, por tanto, la unidad de riesgo. Así pues, se calcula de forma muy similar al de Sharpe, pero en el denominador se utiliza el *drawdown* medio en lugar de la volatilidad.

Ecuación 13. Ratio de Sterling

$$S = \frac{R_c - R_f}{DD_c}$$

Donde:

R_c es la rentabilidad de la cartera

R_f es la rentabilidad del activo libre de riesgo

DD_c es el *drawdown* medio de la cartera (en valor absoluto)

7.11. Ratio de Calmar

El ratio de Calmar compara la rentabilidad acumulada con el máximo *drawdown*. El ratio de Calmar, penaliza, por tanto, las carteras que presentan grandes caídas de máximo a mínimo.

Ecuación 14. Ratio de Calmar

$$C = \frac{R_c}{DD_{max,c}}$$

Donde:

R_c es la rentabilidad acumulada de la cartera

$DD_{max,c}$ es el máximo *drawdown* de la cartera (en valor absoluto)

En la tabla 15 se recoge el cálculo del ratio de Sterling y de Calmar (así como de otros ratios más) de una cartera gestionada en los últimos 20 años.

Parámetro	Fondo	BMK
Rentabilidad acumulada	135,0%	213,0%
TAE	4,37%	5,86%
Volatilidad	8,99%	9,15%
Rentabilidad libre riesgo	2,50%	2,50%
Sharpe	0,21	0,37
Treynor	0,021	0,034
Beta	0,9	
Alfa de Jensen	-1,67%	
Tracking error	6,50%	
Ratio de información	- 0,142	
M2	4,40%	
Máximo *drawdown*	-35,78%	-50,23%
Calmar	3,773	4,240
Drawdown medio	-12,23%	-21,09%
Sterling	0,153	0,160

Tabla 15. Ratios de *performance*

Recuadro 1.
Rentabilidad del activo libre de riesgo

Una de las piezas claves en los ratios de performance es comparar la rentabilidad de la cartera con la del activo libre de riesgo. Existen diversos métodos para calcular el retorno que se hubiera obtenido invirtiendo en el «libre de riesgo» o R_f, mucho de los cuales no son del todo correctos. Así, por ejemplo, hay quien toma la TIR del bono a 10 años en el momento actual, sin tener en cuenta que estamos tratando de medir lo que ha sucedido en el pasado (por ejemplo, en los últimos 5 años). Pero tampoco es correcto recurrir a la media aritmética de la TIR de ese bono en los últimos 5 años. Ese promedio no tiene porqué medir la rentabilidad que se hubiera obtenido invirtiendo.

Para tener una medida correcta se deben tomar índices de renta fija que precisamente lo que miden es cuál ha sido la evolución del valor de mercado de un bono (o de una cesta de bonos) con un vencimiento a 10 años (o similar).

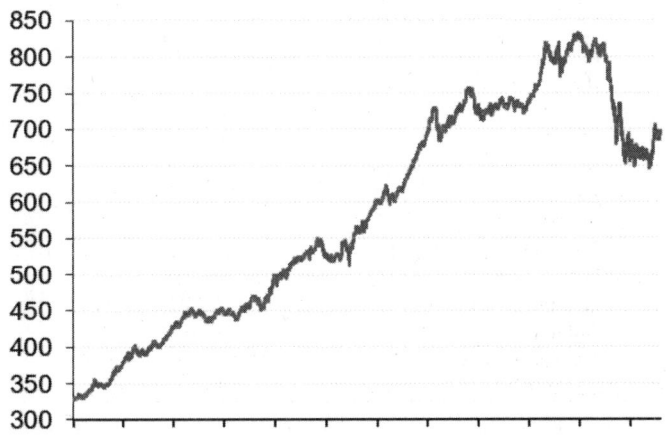

Gráfico 12. Evolución de un índice de deuda pública

287

Pero también aquí podemos discrepar de que esta sea la verdadera unidad de medida del activo libre de riesgo ya que es cierto que puede ser libre de riesgo de crédito (en caso de que se haya tomado un índice de bonos públicos de alta calificación crediticia) pero está claro que no es un activo libre de riesgo de mercado ante la eleva volatilidad que presenta. En el gráfico 12 se representa la evolución de un índice de deuda pública. Se puede observar que hay momentos del tiempo en el que se experimentan importantes pérdidas.

Por ello, es mucho mejor tomar un índice de activos monetarios, como pueden ser las Letras emitidas por los Tesoros. En este caso, su evolución sufrirá una muy reducida volatilidad y, de ahí, que podamos considerar que es el auténtico activo libre de riesgo. En el gráfico 13 se muestra un ejemplo. Se constata su reducida volatilidad, y cómo su pendiente se va modificando a medida que cambia el tipo de interés de los activos en los que «invierte». Este tipo, a su vez, está condicionado por la política monetaria.

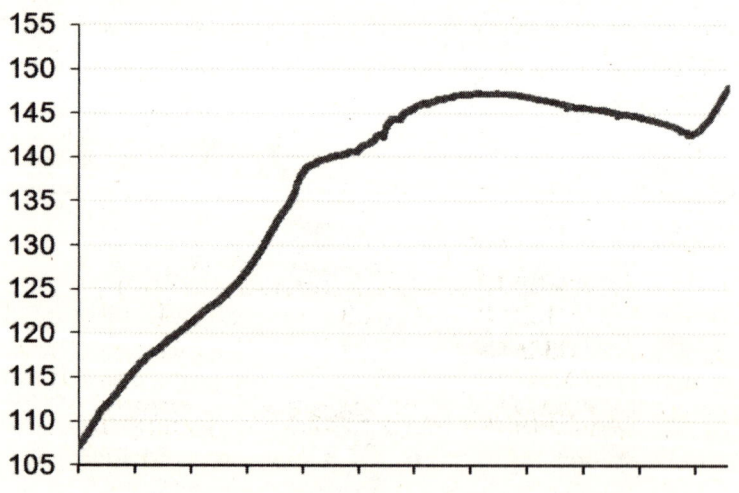

Gráfico 13. Evolución de un índice de activos monetarios

Una vez que ya hemos elegido el índice representativo del activo libre de riesgo (insistimos en que nuestra propuesta es uno de activos monetarios), para calcular la rentabilidad recurrimos a la ecuación 2 del capítulo 3, siendo el «capital inicial» y el «capital final» el valor del índice en las dos fechas entre las que se quiere calcular la rentabilidad.

$$\text{Rentabilidad} = \frac{\text{Capital final} - \text{capital inicial}}{\text{Capital inicial}} = \frac{\text{Capital final}}{\text{Capital inicial}} - 1$$

Una vez obtenida la rentabilidad acumulada, el siguiente paso es calcular la rentabilidad anualizada, que es como se suele expresar tanto la rentabilidad como la volatilidad de la cartera o activo financiero cuyo ratio de *performance* se quiere calcular. La ecuación también la expusimos en el capítulo 3 (la ecuación 3).

$$\text{Rentabilidad anualizada} = (1 + \text{rentabilidad})^{\frac{1}{\text{Plazo}}} - 1$$

Los resultados se recogen en la tabla 16, en la que se puede observar que la rentabilidad acumulada es del 38,2% y del 112,1% (monetario y renta fija, respectivamente) en el horizonte temporal que hemos querido analizar (23,2 años) por lo que la rentabilidad anualizada será del 1,4% y del 3,3%. Como ya hemos comentado, nuestra recomendación es tomar ese 1,4%.

	Monetario	Deuda pública
01/01/2001	107,03	327,44
12/03/2024	147,94	694,42

	EZBS	RF EUR
Plazo	23,21	23,21
Acumulada	38,2%	112,1%
TAE	1,4%	3,3%

Tabla 16. Rentabilidad del activo libre de riesgo

Recuadro 2.
Selección de una cartera

Supón que te dan a elegir entre las tres carteras o fondos del gráfico 14. ¿Cuál prefieres y por qué? La respuesta correcta es «depende». Y es así porque si lo que buscas es minimizar el riesgo, debes elegir la cartera 1 (es la que tiene una menor volatilidad). Pero si lo que pretendes es maximizar la rentabilidad, entonces optarás por la cartera 3. ¿Cuándo elegirás la cartera 2? Cuando lo que quieras es maximizar el binomio rentabilidad / riesgo, ya que es la cartera que presenta un mayor ratio de Sharpe (la cartera 2 es la que tiene una línea característica con mayor pendiente).

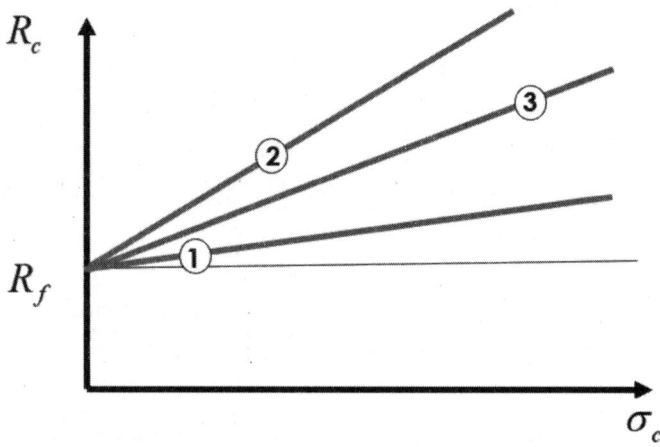

Gráfico 14. Línea del mercado de capitales de tres carteras

Por cierto, ¿cualquiera de las tres carteras, dado que tiene un ratio de Sharpe positivo, baten al índice de referencia? No, o no necesariamente. Lo que sabemos es que tienen una rentabilidad mayor que la del activo libre de riesgo (de ahí el ratio de Sharpe positivo) pero no podemos saber si han batido al *benchmark*. Para ello necesitaríamos saber su línea característica. Si suponemos que el punto 2 se corresponde con el índice de referencia, entonces la cartera 3 ha obtenido más rentabilidad, pero con un más que proporcional superior riesgo (peor ratio de Sharpe), mientras que la cartera 1 ha sido más defensiva que la referencia y ha obtenido un más que proporcional menor rendimiento (su Sharpe es menor). Diríamos que en términos de rentabilidad / riesgo las dos carteras lo han hecho peor (aunque una haya sido más rentable y la otra menos volátil).

Recuadro 3.
Interpretación de un ratio de Sharpe negativo

Un ratio de Sharpe positivo significa que el gestor ha conseguido batir al activo riesgo de riesgo, pero no sabemos si lo ha hecho mejor o peor que otros gestores y/o que el índice de referencia (como hemos visto en el recuadro anterior). Por eso, es importante comparar el ratio de Sharpe con el de otros gestores similares o con el del *benchmark*.

Un ratio de Sharpe negativo implica que se ha conseguido menos rentabilidad que el activo libre de riesgo (atención, porque no necesariamente se han sufrido pérdidas). Por ejemplo, si el mercado de referencia cae un 10% (con una volatilidad del 6%) y nuestra cartera solo cae en un 3% y con una volatilidad menor, el ratio Sharpe será negativo, dado que hemos perdido. Es decir, hemos gestionado bien, pero lo hemos hecho peor que el activo libre de riesgo (de ahí que el Sharpe es negativo).

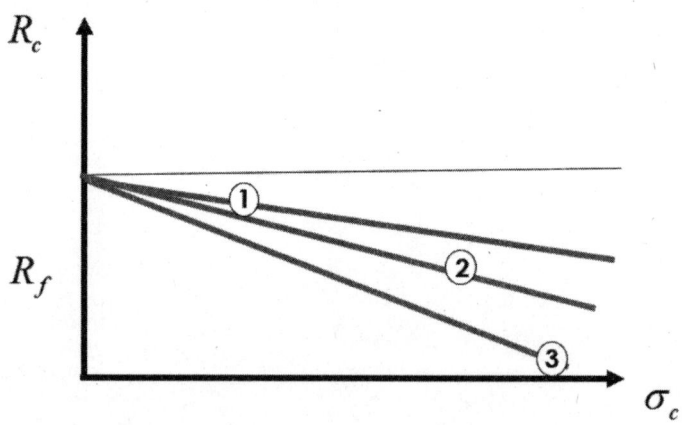

Gráfico 15. Línea del mercado de capitales de tres carteras

Recuerda que el ratio de Sharpe solo compara con el activo libre de riesgo y si será positivo si lo hemos batido y negativo si no lo hemos batido, pero no nos dirá cuál ha sido la calidad de gestión respecto a nuestro *benchmark*. En este caso, las tres carteras del gráfico, con Sharpe negativo, han ganado menos que el activo libre de riesgo. No sabemos si han perdido, como tampoco si lo han hecho mejor o peor que la referencia. A pesar de el ratio de Sharpe es un indicador muy utilizado en la gestión de carteras, se debe ser consciente de las limitaciones que presenta, lo que hace recomendable su interpretación junto con otros de los comentados en este capítulo.

Recuadro 4.
Tracking error, alfa y alfa de Jensen

Un gestor activo es aquel que opta por tener una composición de su cartera que es diferente del índice de referencia que intenta batir. La vía para medir cómo de activo es se realiza mediante el denominado *tracking error*, de tal forma que si es 0% (o muy cercano a 0%), el gestor es pasivo. Una vez que se comprueba que la cartera tiene un determinado error de seguimiento, se pueden dar dos casos: que la cartera sea menos o más arriesgada que el *benchmark*. Es decir, la beta puede ser inferior o superior a uno. A partir de cada uno de los dos casos, el gestor podrá conseguir una mayor o menor rentabilidad, es decir, alfa positivo o negativo, respectivamente. Pero es necesario ajustar ese exceso de rentabilidad al riesgo de la cartera, medido este, precisamente, a través de la beta. Es decir, es necesario calcular el alfa de Jensen, que puede ser positivo o negativo aun consiguiendo una menor o mayor rentabilidad, respectivamente, que el mercado.

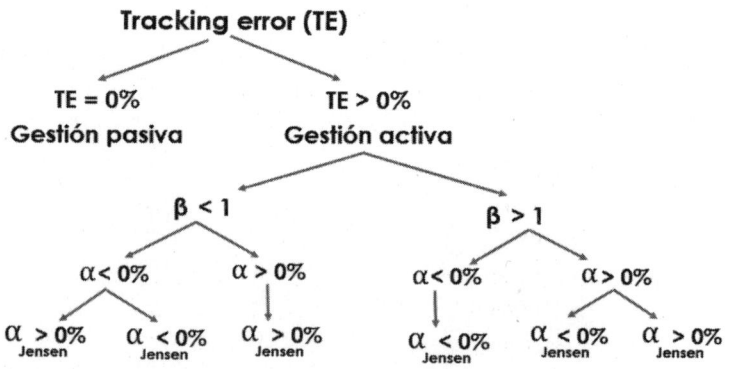

Esquema 1. *Tracking error*, alfa y alfa de Jensen

Recuadro 5.
Ejemplo de ratios de *performance*

Acabamos el capítulo con un ejemplo de cálculo de ratios de *performance*. Supongamos una cartera que presenta una rentabilidad anualizada del 4,5%, frente al 2,0% del activo libre de riesgo. Si la volatilidad del fondo es un 3,5%, su *downside-risk* del 4%, su *drawdown* del 6%, su beta de 1,25 y su *tracking error* del 5%, y sabiendo que el mercado de referencia se ha revalorizado un 3,75%, calcule el ratio de Sharpe y el de Treynor, el alfa de Jensen, el ratio de información, el ratio de Sortino (como umbral de rentabilidad se utiliza la rentabilidad del activo libre de riesgo), de Sterling y de Calmar. Los datos de partida se recogen en la tabla 17 y los resultados en la tabla 18.

Rentabilidad	4,50%
Libre de riesgo	2,00%
Volatilidad	3,50%
Downsiderisk	4,00%
Drawdown medio	6,00%
Drawdown máximo	10,50%
Beta	1,25
TE	5,00%
BMK	3,75%

Tabla 17. Datos de partida

Sharpe	0,71
Treynor	0,02
CAPM	4,19%
Alfa Jensen	0,31%
R. Información	-3,75%
R. Sortino	0,63
R. Sterling	0,42
R. Calmar	0,75

Tabla 18. Ratios de *performance*

Ratio de Sharpe

$$S = \frac{R_C - R_f}{\sigma_C}$$

$$S = \frac{4,5\% - 2,0\%}{3,5\%} = 0,71$$

Ratio de Treynor

$$T = \frac{R_c - R_f}{\beta_c}$$

$$T = \frac{4,5\% - 2,0\%}{1,25} = 0,02$$

Rentabilidad de la cartera según el CAPM

$$R_c = R_f + \beta_c(R_m - R_f)$$
$$R_c = 2\% + 1,25 \times (3,75\% - 2,0\%) = 4,19\%$$

Alfa de Jensen

$$\alpha = (R_c - R_f) - \beta_c(R_m - R_f)$$
$$Alfa = (4,5\% - 2,0\%) - 1,25 \times (3,75\% - 2,0\%) = 0,31\%$$

Ratio de información

$$\text{Ratio de Información} = \frac{R_c - \beta_c R_M}{Tracking\ error}$$

$$T = \frac{4,5\% - 1,25 \times 3,75\%}{5\%} = -3,75\%$$

Ratio de Sortino

$$S = \frac{R_c - R_e}{DR_c}$$

$$S = \frac{4,5\% - 2,0\%}{4\%} = 0,63$$

Ratio de Sterling

$$S = \frac{R_c - R_f}{DD_c}$$

$$S = \frac{4,5\% - 2,0\%}{6\%} = 0,42$$

Ratio de Calmar

$$C = \frac{R_c}{DD_{max,c}}$$

$$S = \frac{4,5\%}{10,5\%} = 0,43$$

Comprobamos que este fondo ha conseguido una rentabilidad superior a la del activo libre de riesgo (4,5% vs 2,0%) y de ahí que el ratio de Sharpe sea positivo. Si tenemos en cuenta que asciende a 0,71, podemos considerar que el gestor ha sido capaz de remunerar de forma más que razonable cada unidad de riesgo asumido (es así siempre que esté por encima de 0,5). El riesgo ha sido, según la volatilidad, del 3,50%, sin que podamos saber si es superior o inferior al del índice de referencia (ese dato no nos lo dan). Sí sabemos que la beta del fondo es 1,25 por lo que podemos considerar que ha tenido más de riesgo que la referencia, si bien, para poder afirmarlo con rotundidad, necesitaríamos saber la R^2 de la línea característica (este dato tampoco lo aportan). Aceptando que la R^2 es lo suficientemente alta (por encima de 0,75), podemos decir que el gestor ha asumido más riesgo, lo que seguramente esté detrás de su capacidad de generar alfa, en concreto, 0,75%. Ahora bien, cuando ajustamos este exceso de rentabilidad por el mayor riesgo, observamos que la calidad de gestión es algo menor: el alfa de Jensen es del 0,31%. De hecho, teniendo en cuenta la rentabilidad del activo libre de riesgo y la beta de la cartera, la rentabilidad que tendría que haber obtenido según el CAPM es del 4,19%. El gestor ha sido activo, como demuestra el *tracking error* del 5,0%, así como la beta del 1,25 y el alfa (si se es pasivo es imposible conseguir alfa). El ratio de información es negativo (en el numerador hemos usado la rentabilidad de la referencia por la beta de la cartera). Para valorar el ratio de Sortino, Sterling y Calmar (así como el de Sharpe) deberíamos compararlos con los del *benchmark* o con los de fondos similares.

8.
INTRODUCCIÓN A LA
GESTIÓN DE CARTERAS

Introducción

Gestionar carteras consiste en comprar, mantener y vender activos financieros con la intención de cumplir el o los objetivos marcados, que puede ser, por ejemplo, la obtención de una determinada rentabilidad, no superar un nivel de riesgo o conseguir mejor o la misma evolución que un índice de referencia o *benchmark* o que otra u otras carteras. Estudiar con la profundidad que requiere las diferentes técnicas de gestión excede el contenido de este manual, pero sí consideramos adecuado hacer una primera introducción sobre los aspectos más relevantes. Esa es la intención de este capítulo que, reiteramos, debe ser visto como una breve introducción a la gestión de carteras. Los conceptos, cálculos e interpretación de los resultados están ya estudiados en los capítulos anteriores, por lo que este puede servir como una suerte de «caso práctico» de los estudiado hasta ahora.

8.1. Concepto de gestión de carteras

La gestión de carteras es el proceso en el que se toman las decisiones de inversión y, en caso, de desinversión en activos financieros. Requiere la vigilancia de las posiciones, tanto de forma individual como agregada (es decir, no sólo cada una de ellas sino teniendo en cuenta la correlación con el resto). Pero no sólo se debe atender a la revalorización sino, también, a los riesgos que se generan. Por último, es requisito recomendable contar con información y criterio sobre factores que afectan a la evolución de los precios de los activos, así como su riesgo y la relación entre ellos.

Por lo tanto, gestionar carteras es un proceso continuo que exige actuaciones cuya frecuencia dependerá de los objetivos marcados, de si se están consiguiendo o no, de los riesgos que se esté dispuesto a asumir, así como potenciales cambios en la visión sobre la economía y los mercados financieros que tenga el gestor. Todo ello si se es un gestor activo, porque un gestor pasivo se caracteriza, de forma simplificada, por no hacer cambios en la composición de su cartera, que se comportará de forma similar al mercado al que está referenciada (es decir, tendrá un muy reducido *tracking error*). Un gestor alternativo buscará conseguir rentabilidades positivas en todos los contextos de mercado y, además, con una reducida volatilidad.

Cada gestor de carteras tiene un estilo y una estrategia no sólo por sus propias características y opinión sobre la economía y previsible evolución del mercado, sino también por el perfil del cliente al que le gestiona la cartera. Así, puede recibir un mandato y una política de inversión que restrinja su libertad de elección. Por ejemplo, puede que la exposición a renta variable esté limitada a un determinado porcentaje, o que se impida la compra de activos de renta fija de ciertos emisores, o que se establezcan parámetros sobre el riesgo total que puede asumir (es decir, gestionará con un control de la volatilidad). No cabe de duda de que el horizonte temporal de la inversión (tres meses, un año, cinco años o dos décadas, por ejemplo) también marcará las decisiones que se tomen en la gestión de la cartera.

En conclusión, no se puede acotar la definición de gestión de carteras, pudiendo convivir procesos que se caracterizan «por no hacer nada» durante un periodo muy prolongado de tiempo y escaso riesgo, con otros que son muy activos, con horizontes temporales reducidos y elevado riesgo. Se pueden encontrar carteras con una clase de activo, que contrastan con otras muy diversificadas. Por otro lado, unas carteras pueden tener un enfoque regional o sectorial, mientras que otras estarán especializadas en un activo, en un sector, en un país o en un estilo de inversión.

		Tipo de gestión		
		Activa	Pasiva	Alternativa
Riesgo	Alto			
	Medio			
	Bajo			
	Índice de referencia			
	Tracking error			
	Objetivo de rentabilidad			
	Horizonte temporal			
	Número de activos			

Nota: cada gestor deberá rellenar las cuadrículas que le apliquen.

Tabla 1. Elementos básicos de la gestión de carteras

8.2. Fases de la gestión de carteras

La gestión de carteras tiene, al menos, dos fases bien diferenciadas. La primera o «fase inicial» es en la que se debe definir cuál va a ser la filosofía de inversión, los objetivos, sus límites (exposición por activo, nivel de riesgo, etc.), el universo de activos financieros en el que se pueden invertir, etc. y, si existe, cuál es el horizonte de inversión. El resultado de esta fase inicial suele ser una hoja de ruta que guíe al gestor, pero también al inversor. En términos técnicos, suele concretarse en el establecimiento de un índice de referencia o *benchmark*, que es habitual que contemple márgenes de actuación entre los que el gestor se puede mover y que debe estar en línea con el perfil de riesgo del inversor o del dueño o responsable del patrimonio.

Para esta fase se suele recurrir al análisis histórico (o backtesting), es decir, cuál habría sido la evolución en el pasado de una cartera como la que se propone como referencia estratégica.

No suele ser habitual modificar la política de inversión, pero en ocasiones, tras un período de gestión (tres años, por ejemplo) puede ser recomendable revisarla, por si fuera necesario realizar algún cambio (por ejemplo, incorporara la posibilidad de invertir en países emergentes o limitar a grado de inversión el mínimo rating permitido en renta fija privada).

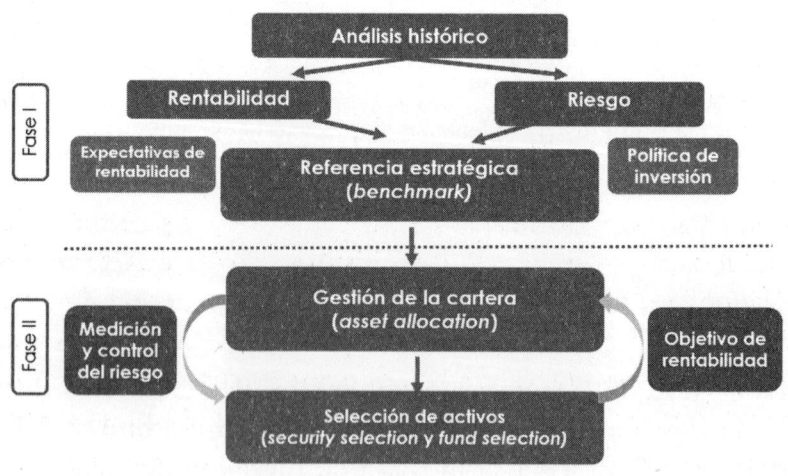

Esquema 1. Proceso de gestión de cartera y sus dos fases

La segunda fase de la gestión de carteras consiste en la compra, venta y mantenimiento de activos financieros atendiendo a variables como la evolución de los mercados, la situación económica, la rentabilidad y riesgo de la cartera, así como a aspectos más operativos como el posible aumento o reducción del tamaño de la cartera, el cobro de cupones y dividendos, el vencimiento de bonos que deben reinvertirse o decisiones propias de la gestión de carteras (ampliaciones de capital, operaciones corporativas, etc.).

Dentro de esta segunda fase (hay quien la considera una tercera) situamos las decisiones que se debe tomar respecto a la selección concreta de las acciones y bonos (security selection) así como de otros fondos y ETF (fund selection) que compondrán la cartera.

8.3. Determinación del índice de referencia o *benchmark*

Para realizar una correcta gestión de carteras el primer paso que se debe dar (dentro de la fase inicial antes comentada) es establecer un índice de referencia. A partir de él, y en función de las expectativas para la evolución de los mercados financieros, se toman decisiones de modificación del peso de cada activo (asset allocation).

Para la determinación del índice de referencia (que una vez fijado debería mantenerse durante años, sólo siendo posibles ligeras modificaciones en casos muy justificados) se puede recurrir a la evolución histórica. Somos conscientes de que «rentabilidades pasadas no implican rentabilidades futuras» o, como se suele decir, que analizar retornos anteriores es como «conducir mirando el espejo retrovisor», pero recurrir al pasado puede aportar elementos de análisis. Y los aporta, desde luego, en términos de riesgo. Porque «volatilidades históricas sí son buenas predictores de volatilidades

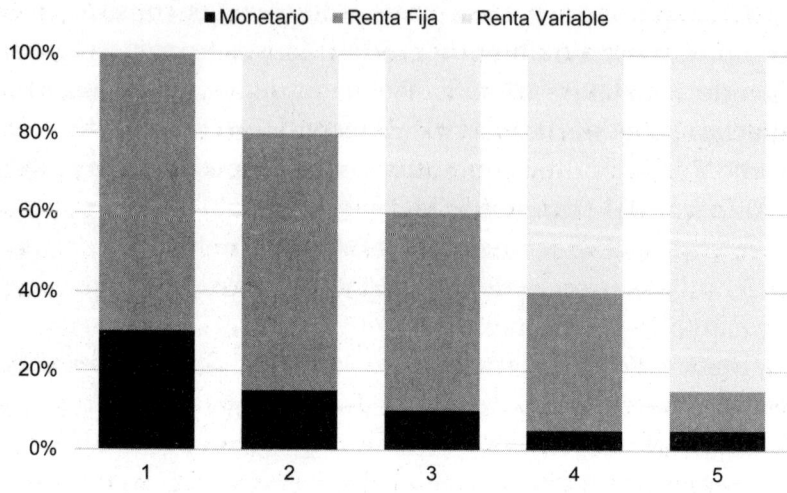

■ Monetario ■ Renta Fija ■ Renta Variable

Gráfico 1. Pesos por activos de los cinco índices de referencia

	1	2	3	4	5
Monetario	30,0%	15,0%	10,0%	5,0%	5,0%
Monetario	**30,0%**	**15,0%**	**10,0%**	**5,0%**	**5,0%**
DP cp	15,0%	10,0%			
DP lp	20,0%	15,0%	10,0%	5,0%	
RF IG cp	15,0%	10,0%	10,0%		
RF IG lp	20,0%	10,0%	10,0%	10,0%	
RF HY		15,0%	10,0%	10,0%	5,0%
RF EM		5,0%	10,0%	10,0%	5,0%
Renta Fija	**70,0%**	**65,0%**	**50,0%**	**35,0%**	**10,0%**
RV Europa		10,0%	17,5%	25,0%	32,5%
RV EEUU		10,0%	17,5%	25,0%	32,5%
RV Japón			2,5%	5,0%	10,0%
RV Emergente			2,5%	5,0%	10,0%
Renta Variable	**0,0%**	**20,0%**	**40,0%**	**60,0%**	**85,0%**
Total	**100,0%**	**100,0%**	**100,0%**	**100,0%**	**100,0%**

DP: Deuda pública; CP: Corto plazo; LP: Largo
plazo; RF: Renta fija; RV: Renta variable.

Tabla 2. Pesos por activos de los cinco índices de referencia

futuras», al menos en promedio y si las ventanas de cálculo son lo suficientemente largas. Además, los episodios de correcciones (*drawdown*) son otro «banco de pruebas» útil a la hora de explicar al inversor el tipo de cartera que le recomendamos en función de su horizonte de inversión, aversión al riesgo, conocimientos y experiencia. Por último, también el VaR paramétrico e histórico, así como el VaR en base a simulaciones de Montecarlo pueden aportar información útil para determinar el *benchmark*.

Indicador		1	2	3	4	5
Rent. Acumulada 1999		96,6%	180,0%	249,5%	307,3%	327,1%
Rentabilidad anualizada		2,73%	4,19%	5,11%	5,76%	5,96%
Rentabilidad últ. 12 meses		5,75%	10,03%	13,28%	16,45%	19,11%
Volatilidad histórica		1,88%	5,02%	8,26%	11,65%	15,36%
Volatilidad últ. 12 meses		2,60%	4,78%	7,24%	9,53%	11,65%
Máx. volatilidad 12 meses		4,86%	14,55%	24,66%	34,96%	46,10%
Sharpe		-0,01	0,28	0,29	0,26	0,21
Sharpe 12 meses		3,10	2,58	2,15	1,97	1,84
Prob. Pérdida mensual		31,3%	32,0%	32,0%	34,7%	36,0%
Pérdida media mensual		-0,41%	-0,82%	-1,36%	-1,82%	-2,53%
Mejor mes		2,55%	3,86%	6,72%	9,59%	12,69%
		dic.-11	nov.-20	nov.-20	nov.-20	nov.-20
Peor mes		-2,88%	-7,05%	-9,76%	-12,40%	-14,76%
		sep.-22	mar.-20	mar.-20	mar.-20	oct.-08
Prob. pérdida 12m		12,6%	23,6%	27,2%	30,3%	31,9%
Pérdida media 12m		-2,4%	-4,2%	-6,8%	-9,7%	-12,8%
Máxima rentabilidad 12m		9,6%	29,0%	40,3%	53,4%	63,2%
Mínima rentabilidad 12m		-8,3%	-16,1%	-26,7%	-36,3%	-44,7%
Prob. pérdida 18m		9,1%	18,8%	21,0%	25,0%	29,6%
Pérdida media 18m		-3,0%	-3,7%	-6,1%	-8,2%	-10,1%
Prob. pérdida 24m		9,5%	16,7%	20,3%	22,3%	22,4%
Pérdida media 24m		-2,4%	-2,6%	-4,3%	-6,9%	-10,5%
Prob. pérdida 3a		8,3%	8,7%	11,6%	19,1%	23,5%
Pérdida media 3a		-1,7%	-0,9%	-2,7%	-4,3%	-6,6%
Prob. pérdida 5a		8,4%	0,0%	0,3%	2,9%	16,1%
Pérdida media 5a		-0,6%	n.a.	-0,4%	-0,6%	-1,7%
Máximo draw down		-9,1%	-13,3%	-18,4%	-24,7%	-36,6%
		oct.-22	sep.-22	mar.-20	mar.-09	mar.-09
VaR Histórico						
	95%	-3,13%	-8,36%	-11,35%	-13,86%	-16,56%
	99%	-7,07%	-13,50%	-22,53%	-31,47%	-39,30%
VaR Paramétrico						
	95%	-3,09%	-8,26%	-13,58%	-19,17%	-25,27%
	99%	-4,37%	-11,68%	-19,21%	-27,11%	-35,74%

Tabla 3. Indicadores de rentabilidad y riesgo de los índices de referencia

A modo de ejemplo, en el gráfico 1 se representan cinco índices de referencia, cuya principal diferencia entre ellos es el peso en renta variable, que oscila entre el 0% del más defensivo hasta el 85% del más arriesgado.

En la tabla 2 se aporta más información sobre la composición de estos *benchmark*.

Y en la tabla 3 se recogen los indicadores de rentabilidad y riesgo de los cinco perfiles. Están calculados con los datos diarios desde el 1 de enero de 1999 hasta el 31 de diciembre de 2023, lo que supone una muestra los suficientemente larga (contempla varias recesiones, así como procesos de euforia en los mercados) como para que sea representativa de las diferencias entre los cinco. Los índices utilizados para su cálculo son índices de Bank of America Merril Lynch para el caso de la renta fija, así como Eurostoxx, S&P 500, Nikkei y MSCI Emerging *total return*.

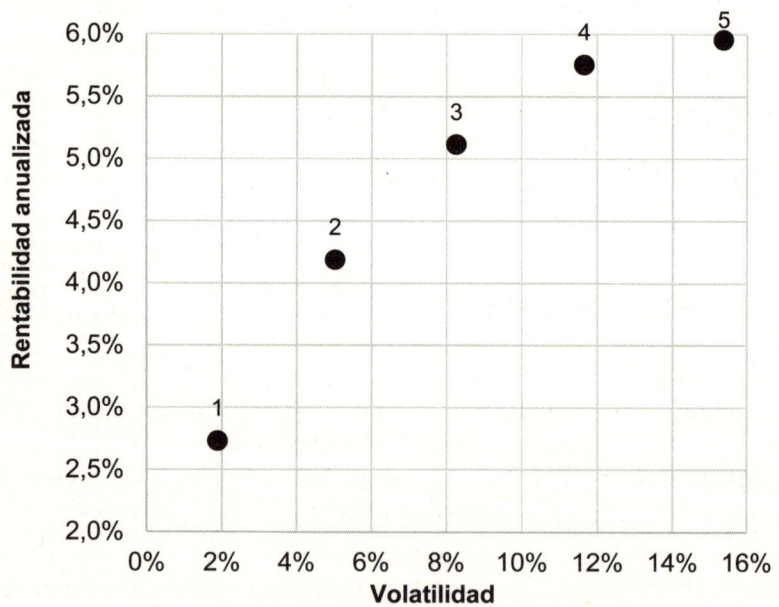

Gráfico 2. Binomio rentabilidad / riesgo histórico
de los cinco índices de referencia

La rentabilidad histórica anualizada de los perfiles de riesgo analizados oscila entre el 2,7% del más conservador y el 6,0% del más arriesgado, mientras que la volatilidad histórica se sitúa en un rango de entre el 1,9% y el 15,4%. En el gráfico 2 se observa que se cumple la tradicional relación creciente pero asintótica entre rentabilidad y riesgo.

Y en el gráfico 3 se constata que la volatilidad es volátil. Y si lo contrastamos con la evolución de los distintos índices de referencia (gráfico 4) comprobamos que, además de volátil, presenta simetría especular (es decir, la volatilidad tiende a subir cuando caen las cotizaciones y viceversa).

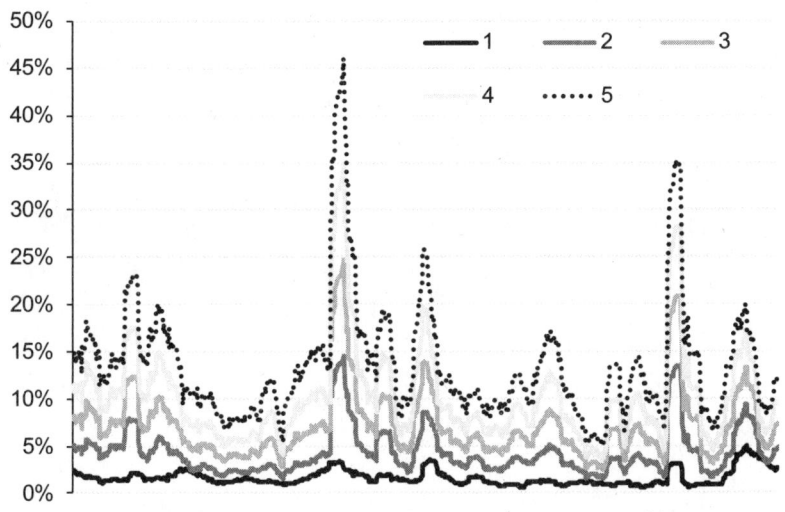

Gráfico 3. Evolución de la volatilidad (ventana muestral de 6 meses)

En términos de máximas pérdidas también se aprecia divergencia entre los perfiles: el máximo *drawdown* es del 9,1% para el perfil más conservador, del 13,3% para el segundo, del 18,4% para el tercero, del 24,7% para el cuarto y alcanza el 36,6% en el caso del más arriesgado.

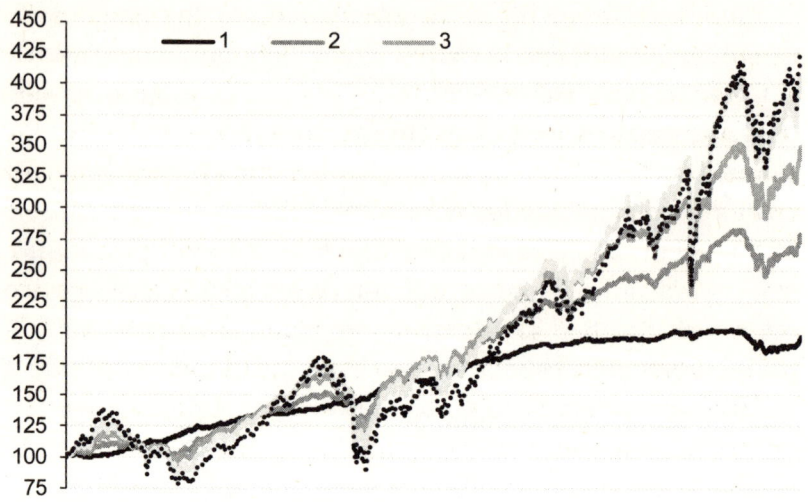

Gráfico 4. Evolución de los cinco índices

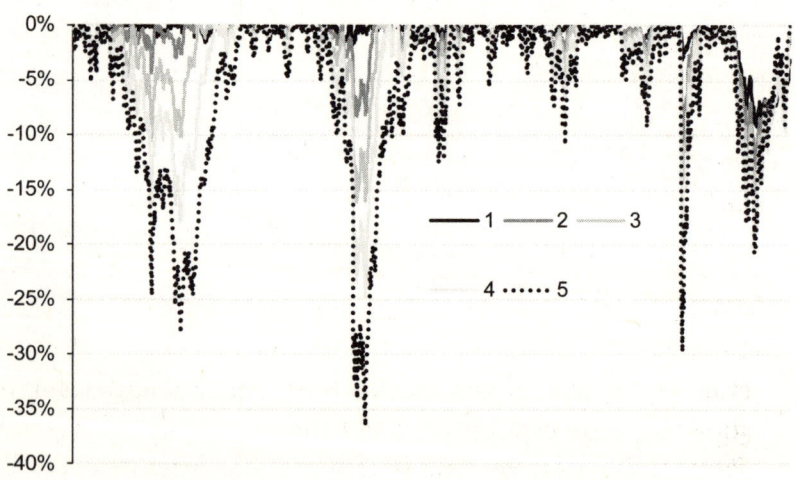

Gráfico 5. *Drawdown* de los índices de referencia

Hemos señalado en la introducción que este capítulo pretende ser introductorio. Así, la determinación del índice de referencia exige más cálculos, así como un proceso mucho más profundo. Ahora bien, entendemos que se ha puesto de manifiesto lo útil que puede ser recurrir al análisis histórico para determinar qué hubiera pasado con la cartera en caso de haber decidido uno de los cinco perfiles propuestos. Es obvio que podrían haber sido más de cinco, así como otros con una composición diferentes. Además, estos habrían sido los resultados si se hubiera mantenido una gestión pasiva sin comisiones. La idea sería adoptar una gestión activa que generase un alfa que permitiera no solo pagar las comisiones sino, de forma adicional, conseguir un extra de rentabilidad. Un último comentario: en el análisis histórico suponemos que se produce un rebalanceo semanal, de tal forma que se venden aquellos activos que muestran un mejor comportamiento relativo y se compran los que muestran uno peor para que al comienzo de cada semana los pesos sean los que aparecen en la tabla 2. Este método se denomina constant mix y se diferencia del buy and hold que consistiría en no hacer cambios en la cartera y, con ello, los pesos de cada activo se podrían ir alejando de los iniciales, generando así un error de seguimiento.

Más allá de estos aspectos técnicos que, insistimos, merecen un estudio en más profundidad, en muchas ocasiones, a la hora de elegir un índice de referencia no solo se da importancia a la evolución histórica, sino que la pregunta clave es ¿qué se puede esperar para el futuro?

Para responder, se deben tener expectativas de rentabilidad para cada componente de la cartera y, a partir del peso de cada uno de ellos, determinar la expectativa para el conjunto de la cartera. Eso es lo que se hace en el gráfico 6 en el que se puede observar que, frente a la rentabilidad histórica, la esperada es superior para el perfil 1 y 2, pero inferior para el perfil 4 y 5 (pasado el tiempo se comprobará si la rentabilidad a posteriori ha sido esa, ha sido superior o inferior). Cuanto mayor sea el horizonte temporal de inversión, mejor estimador de la rentabilidad futura serán estas expectativas. De forma similar, la volatilidad media de los distintos perfiles será también más parecidas a las utilizadas en el gráfico 6 (recordamos que son históricas).

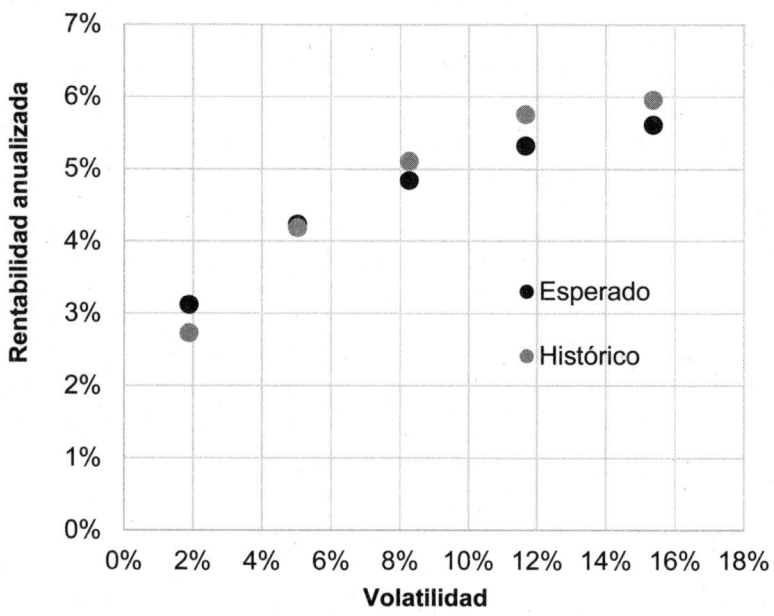

Gráfico 6. Binomio rentabilidad / riesgo histórico y expectativas de rentabilidad

8.4. *Asset allocation* estratégico vs táctico

Una vez que hemos definido índice de referencia, pasamos a la fase de gestión propiamente dicha en la que determinaremos la asignación de activos (asset allocation). Como es sabido, si la cartera se gestiona de forma pasiva, la composición por activos será muy similar (idéntica) a la del *benchmark*. Pero si se puede tener margen de actuación, mediante el asset allocation se tratará, bien de maximizar el binomio rentabilidad-riesgo, bien de maximizar la rentabilidad, bien mantener el riesgo por debajo de un determinado nivel o una combinación de estos u otros objetivos. Existe un consenso de que la composición por activos es una de las decisiones más importantes de un inversor, más incluso que la selección de títulos concretos (acciones, bonos, etc.).

Activo	Referencia	Rango	Actual	Posición
Liquidez	5%	0% - 50%	5%	Neutral
Renta fija	60%	20% - 80%	70%	Sobreponderado
Deuda Pública	40%	30% - 80%	55%	Sobreponderado
Renta Fija Privada	20%	0% - 50%	15%	Infraponderado
Renta Variable	25%	5% - 40%	20%	Infraponderado
Alternativos	10%	0% - 20%	5%	Infraponderado
Divisa	15%	0% - 25%	10%	Infraponderado

Tabla 4. Índice de referencia, rangos de inversión y posicionamiento

El asset allocation se basa en la idea en que cada periodo un activo diferente que consigue mejores resultados. Como es difícil predecir a priori qué activo será el que se comporte mejor, la estrategia que parece más lógica es la de mantener diversos porcentajes de una cartera en diferentes tipos de activos, esto, es diversificar. Además, el gestor tendrá que infraponderar (asignar menos peso que en la referencia) aquellos activos que considere que van a mostrar un peor comportamiento relativo, al tiempo que asignar más peso («sobreponderar») a los que espera que evolucionarán de forma más favorable. Para aquellos para los que no tenga un criterio claro adoptará una posición neutral, es decir, un peso similar al del *benchmark*.

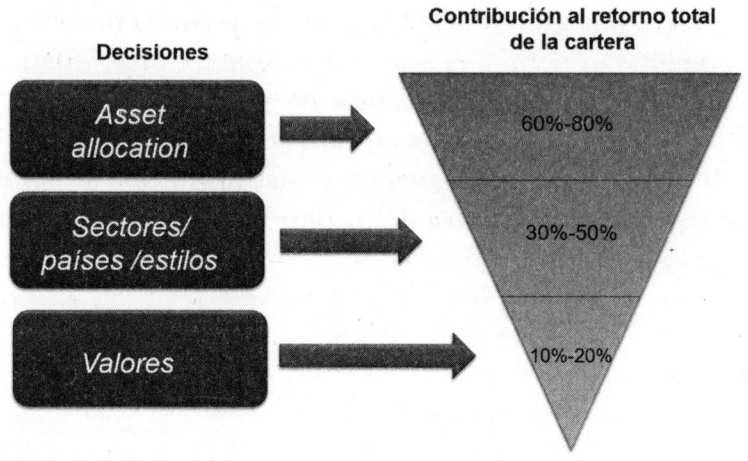

Esquema 2. Fuentes de rentabilidad de una cartera

8.5. Atribución de resultados

La evaluación de resultados consiste en el análisis de las fuentes de rentabilidad de la cartera. Es decir, conocer cuánto ha aportado cada uno de los componentes, tanto en términos absolutos como relativos.

El análisis se puede hacer con diferente profundidad. Podemos conformarnos con saber la rentabilidad que han generado las grandes categorías de activos (liquidez, renta fija, renta variable y alternativos, por ejemplo) o llegar a saber lo que ha aportado cada uno de los activos en los que se invierte.

Pero no solo es útil saber cómo se descompone la rentabilidad en términos absolutos, sino también en términos relativos respecto al índice de referencia. Esta información, como es el obvio, solo es el relevante en el caso de la gestión activa (y es más importante cuanto mayor sea el *tracking error*).

La evaluación de resultados es un proceso continuo que se repetirá con la frecuencia que se determine y que debe estar en función del *tracking error* permitido en la cartera. Así, cuando mayor sea, más frecuente debe ser el análisis. Ahora bien, conviene recordar que una revisión muy frecuente puede que no permita una visión clara de las estrategias seguidas en la gestión.

Existen tres grandes metodologías para calcular la atribución de resultados: directa, econométrica y las basadas en la composición de la cartera. Nos centramos en el método directo ya que es el más frecuente.

El método directo descompone el exceso de rentabilidad en efecto asignación y efecto selección.

- Efecto asignación (*asset allocation*): Recoge la parte del exceso de rentabilidad que se debe a la capacidad del gestor de poder modificar la composición de la cartera para poder anticipase a los cambios en el mercado. Es decir, si, por ejemplo, en una cartera global se ha decidido tener más o menos exposición que la referencia en renta variable o en renta fija, o si la cobertura del riesgo divisa ha sido acertada. O, por poner otro ejemplo, si la sobreponderación del mercado bursátil de EEUU en detrimento del europeo ha sido un error (o un acierto).

- Efecto selección (*security selection*): Recoge la capacidad del gestor para escoger activos que consigan batir al *benchmark*. Por ejemplo, frente al acierto de sobreponderar renta variable europea el gestor ha podido fallar al seleccionar la empresa ABC en lugar de XYZ. O ha fallado infraponderando EEUU (ya que este mercado lo

313

ha hecho mejor que el resto) pero ha acertado teniendo más exposición a la tecnológica MMM que la referencia. A cambio, ha infraponderado otras acciones cuyo comportamiento ha sido peor; es decir, ha fallado en el *asset allocation* pero ha acertado en el *security selection*.

IV	II
Cartera	***Benchmark* + Efecto asignación**
$R_{cT} = \sum W_c \times R_c$	$\sum W_c \times R_i$
III	I
***Benchmark* + Efecto selección**	***Benchmark***
$\sum W_i \times R_c$	$R_{iT} = \sum W_i \times R_i$

Esquema 3. Atribución de resultados

En el esquema 3 se describen los cálculos necesarios para conocer qué parte del rendimiento de la cartera proviene de las decisiones de asset allocation y qué parte del security selection.

Donde:

R_{cT} es la rentabilidad conseguida por la cartera.

R_{iT} es la rentabilidad conseguida por el índice de referencia.

W_c son los pesos de cada grupo de activos que componen la cartera.

W_i son los pesos de cada grupo de activos que componen el índice de referencia.

R_c es el rendimiento que ha obtenido cada grupo de activos que componen la cartera.

R_i es el rendimiento que ha obtenido cada grupo de activos que componen el índice de referencia.

Grupo de activos: es un conjunto de valores con características similares. Por ejemplo, en una cartera de renta variable, un grupo de activos sería un sector en concreto (por ejemplo, bancos o eléctricas). En una cartera mixta un grupo de activos podría ser renta fija, activos monetarios o renta variable.

Sabemos que la diferencia entre la rentabilidad de la cartera (cuadrante IV) y la del *benchmark* (cuadrante I) es el alfa generado por el gestor, que se podrá descomponer entre sus decisiones de asset allocation (diferencia entre II y I) y sus decisiones de selección de activos (III – I), es decir, entre el efecto asignación y el efecto selección.

Veamos un ejemplo. Una cartera que invierte en tres clases de activos (liquidez, renta fija y renta variable) ha obtenido una rentabilidad del 4,85%, mientras que su índice de referencia ha conseguido un 4,25%. La composición del *benchmark* es 10% liquidez, 30% renta fija y 60% renta variable, mientras que el gestor ha optado por tener un 15% en liquidez, un 15% en renta fija y un 70% en renta variable. Es decir, ha sobreponderado la liquidez y la renta variable y ha infraponderado la renta fija. Si tenemos en cuenta que la liquidez ha generado un 0,50%, la renta fija un 2,0% y la renta variable un 6,0%, podemos pensar que las decisiones de asset allocation han podido ser acertadas (al menos en renta variable). Además, sabemos que, por la selección de activos, la parte invertida en liquidez ha generado una rentabilidad del 0,50% (es decir, la misma que en la referencia) mientras que la renta fija ha obtenido un 1,5% y la renta variable un 6,5% (es decir, la selección de activos en renta fija ha sido incorrecta pero correcta en el caso de la renta variable). La cartera ha obtenido una rentabilidad del 4,85%, es decir, un alfa del 0,60% o 60 puntos básicos. Vamos a calcular la atribución de resultados según el método directo.

Rentabilidad del *benchmark* (cuadrante I):

$R_{iT} = \sum W_i \times R_i = 0,1 \times 0,005 + 0,3 \times 0,02 + 0,6 \times 0,06 = 0,0425 = 4,25\%$

Rentabilidad de la cartera (cuadrante IV):

$R_{cT} = \sum W_c \times R_c = 0,15 \times 0,005 + 0,15 \times 0,015 + 0,7 \times 0,065 = 0,0485 = 4,85\%$

Benchmark + Efecto asignación (cuadrante II)

$\sum W_c \times R_i = 0,15 \times 0,005 + 0,15 \times 0,02 + 0,7 \times 0,06 = 0,0458 = 4,58\%$

Benchmark + Efecto asignación (cuadrante III)

$\sum W_i \times R_c = 0,10 \times 0,005 + 0,30 \times 0,015 + 0,60 \times 0,065 = 0,0440 = 4,40\%$

Cartera (IV)	Peso	Rentabilidad
Liquidez	15%	0,50%
Renta Fija	15%	1,50%
Renta Variable	70%	6,50%
		4,850%

Benchmark + Asignación (II)	Peso	Rentabilidad
Liquidez	15%	0,50%
Renta Fija	15%	2,00%
Renta Variable	70%	6,00%
		4,575%

Benchmark + Selección (III)	Peso	Rentabilidad
Liquidez	10%	0,50%
Renta Fija	30%	1,50%
Renta Variable	60%	6,50%
		4,400%

Benchmark (I)	Peso	Rentabilidad
Liquidez	10%	0,50%
Renta Fija	30%	2,00%
Renta Variable	60%	6,00%
		4,250%

Tabla 5. Atribución de resultados

A partir de estos resultados, podemos calcular que el efecto asignación ha sido positivo y por importe de 0,325% (4,575% - 4,25%) y que el efecto selección también ha sido positivo y por un importe de 0,275% (4,85% - 4,575%). Recuerda que el efecto selección se calcula como diferencia entre la rentabilidad de la cartera y la que tendría el índice de referencia en caso de tener las ponderaciones de la cartera. Y que el efecto asignación se calcula como la diferencia entre la rentabilidad de la cartera en caso de que las rentabilidades de sus componentes fueran los del *benchmark* y la rentabilidad de éste.

	Asignación	Selección	Total
Renta Variable	60,0	35,0	95,0
Renta Fija	-30,0	-7,5	-37,5
Liquidez	2,5	0,0	2,5
	32,5	27,5	60,0

Tabla 6. Atribución de resultados (en pb)

Recuadro 1.
Política de inversión

Supongamos que una determinada política de inversión contempla lo siguiente:

«La exposición a renta variable puede fluctuar entre el 0,0% y el 30,0%, siendo la posición neutral del 20%. Toda la inversión se realizará en acciones cotizadas en mercados del Área euro. El resto de la cartera se invertirá en renta fija, salvo un 10% que se puede destinar a activos alternativos. En caso de optarse por una inversión inferior a esta cota del 10% en esta tipología de activos, el importe restante se destinará a liquidez. Toda la renta fija (en la que puede invertir de forma directa o indirecta a través de otros fondos de inversión) debe estar denominada en euros. La volatilidad de la cartera no podrá superar el 6% en una ventana muestral de 12 meses».

Queda claro que el porcentaje máximo de la cartera que podrá estar invertido en renta variable es del 30%, salvo que por el entorno en los mercados financieros de elevada volatilidad se deba tener una exposición menor (en caso de que la volatilidad de la cartera se eleve por encima del 6%). Además, el gestor no tiene la posibilidad de adquirir acciones de otros mercados distintos a los de los países que conforman el Área euro, así como tampoco en otros fondos de inversión. Es decir, deberá realizar una correcta selección de acciones (stock picking). El gestor tiene cierta capacidad para ser activo ya que el peso de la renta variable del 30% es un máximo, así como el 0,0% es un mínimo. Lo habitual es que el gestor exponga un 20% de la cartera a renta variable, elevándolo al 30% cuando considere que las circunstancias del mercado aconsejan aumentar el riesgo. En el sentido contrario, cuando observe riesgo de cesiones en las cotizaciones de las acciones, optará por reducir la exposición a renta variable, pudiendo situarla en el 0,0%. Todo ello condicionado al límite de volatilidad ya comentado. El gestor deberá decidir qué peso de la cartera invierte en activos alternativos, con un máximo del 10%. El objetivo de esta parte de la cartera será conseguir una mayor diversificación que, en media, permita reducir la volatilidad. Pero esa es otra decisión que tendrá que tomar, es decir, qué peso va a asignar a gestión alternativa y en qué productos y estrategias concretas. Por último, parece que el grueso de la cartera será la renta fija, donde la política de inversión no impone muchas limitaciones (más allá de la volatilidad del 6% para el conjunto de la cartera). El gestor tendrá que decidir en qué bonos invierte, es decir qué riesgo de mercado (duración) y de crédito (calidad crediticia o rating) asume. No podrá invertir en renta fija denominada en una moneda diferente al euro, porque así se lo impide la política de inversión.

Recuadro 2.
Carteras eficientes y frontera eficiente

Se dice que una cartera es eficiente cuando ofrece la máxima rentabilidad para un determinado nivel de riesgo. O, de forma alternativa, es eficiente aquella cartera que, para un determinado nivel de rentabilidad, es la que presenta el menor riesgo. Si nos dan a elegir entre las carteras del gráfico 7, parece obvio que elegiremos la 3. La cartera 1 presenta la misma rentabilidad esperada, pero con mayor riesgo, mientras que la cartera 2, que tiene el mismo riesgo que la 3, tiene menos rentabilidad. Por último, parece claro que se descarta la cartera 4 porque tiene más riesgo y menos rentabilidad que la cartera 3, que es la eficiente.

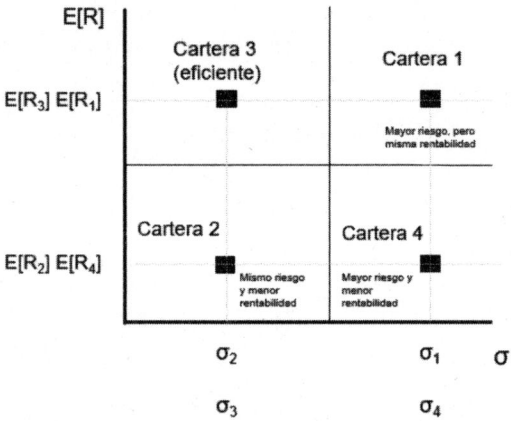

Gráfico 7. Carteras eficientes

A partir de las diversas carteras eficientes en las que se puede invertir se define la frontera eficiente. Como se comprueba en el gráfico 7, para determinados niveles de riesgo (σ_1, σ_2 y σ_3) se pueden encontrar diferentes carteras, pero

320

solo una es eficiente, la de mayor rentabilidad (la A, la B y la C). La cartera con menor riesgo recibe el nombre de «cartera de mínima varianza» (MVP del inglés *Minimum Variance Portfolio*).

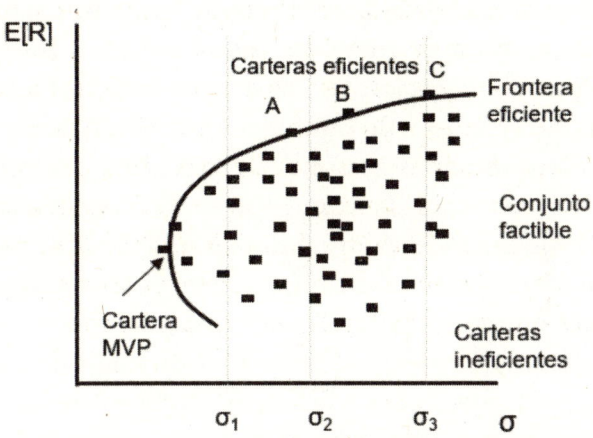

Gráfico 8. Frontera eficiente

Recuadro 3.
Binomio rentabilidad / riesgo

Una de las relaciones más importantes en los mercados financieros y, por lo tanto, en la gestión de carteras, es la que existe entre la rentabilidad y el riesgo. Así, la única forma de conseguir una mayor rentabilidad, al menos a largo plazo, es mediante la asunción de un mayor riesgo, bien sea de mercado, de crédito o de liquidez. Ahora bien, esta relación positiva, denominada «binomio rentabilidad / riesgo» no es lineal o, al menos, no siempre y no de la forma en la que lo expresan modelos de valoración como el CAPM. Así, a medida que se incrementa el riesgo de mercado, medido con la volatilidad, aumenta la rentabilidad, pero cada vez por una menor cuantía. Es decir, la relación entre la rentabilidad y el riesgo es positiva, pero asintótica. O, dicho de otro modo, a medida que se incrementa el riesgo, se reduce el ratio de Sharpe. ¿Qué debe hacer entonces un gestor? La respuesta es «depende»: si busca maximizar la rentabilidad, tiene sentido incrementar el riesgo, pero en muchas ocasiones, en mejor optimizar el binomio rentabilidad / riesgo. En cualquier caso, y siguiendo el gráfico 8, lo que se debería hacer siempre es elegir carteras situadas en la frontera eficiente y nunca por debajo de ella.

9.
PSICOLOGÍA FINANCIERA

Introducción

A lo largo de los ocho capítulos anteriores hemos estudiado alguna de las principales ecuaciones que configuran los fundamentos financieros para la gestión de carteras. Queremos terminar este libro con un enfoque diferente. Frente a la «racionalidad» de las matemáticas, pasamos a estudiar la «emocionalidad» de nuestro cerebro. Éste, con sus casi 100.000 millones de neuronas es una de las máquinas más complejas que existen. Su desarrollo (su forma actual tiene del orden de 400.000 años) ha sido una de las claves de nuestra evolución diferencial respecto al resto de especies. Nos ha permitido, entre otras muchas cosas, alargar la vida, construir catedrales y rascacielos o llegar a la Luna. Pero, por encima de todo, el cerebro humano nos ha permitido sobrevivir como especie priorizando la reducción del consumo de energía y la supervivencia. El Homo sapiens sobrevivió por pensar rápido y por ponerse en lo peor.

Pero esta ventaja se puede convertir en un inconveniente para ciertas tareas. Entre ellas, la gestión de las inversiones en los mercados financieros. Porque el cerebro es un mal aliado a la hora de gestionar carteras. No es tan útil (sería una «resaca evolutiva») para un invento humano como los mercados financieros que, aunque su origen se remonta a hace 1.000 años, en su forma más moderna de funcionamiento tiene del orden de un siglo y medio. El cerebro puede ser un inconveniente para la inversión en activos financieros. Sobre todo, en los momentos de pánico y de turbulencias en los mercados. Porque es entonces cuando se activan las alarmas, cuando aparece nuestro instinto de supervivencia que nos lleva a huir de los mercados. Y esta estrategia (huir) no siempre es la mejor a la hora de gestionar inversiones. El cerebro humano está permanentemente intentando evitar la pérdida, para lo cual produce una asimetría en la toma de decisiones. Tomamos decisiones motivados por el miedo a la pérdida, lo cual nos lleva a vender en los momentos peores para ello, es decir, cuando los precios ya han caído. Y lo mismo podemos decir en los momentos de euforia: seguimos al rebaño, sin plantearnos si es adecuado o no. Para gestionar carteras es necesario pensar con claridad, con reposo. Por eso es necesario estudiar *Behavioral Finance* o psicología financiera

Pero el cerebro también juega una mala pasada a los economistas, que tratan de modelizar la economía para anticipar su evolución futura. Y para ello se han desarrollado modelos cuantitativos más o menos complejos que se basan en que es posible anticipar el comportamiento de los agentes. Pero para que sea cierto son necesarias una serie de supuestos, entre ellos, que los humanos somos racionales. Este tipo de simplificaciones permiten que los modelos sean elegantes y «fáciles» de entender. Pero, en ocasiones, incorrectos. Aquí es donde entra en juego *Behavioral Economics*. Los humanos, a diferencia de lo supone la teoría económica clásica, no decidimos de forma racional, y mucho menos cuando existe un cierto grado de incertidumbre o la decisión implica una probabilidad de pérdida. Atribuimos a una pérdida un peso mucho mayor –algo más del doble– que el que damos a una ganancia de igual cuantía. Y tendemos a sobrestimar las probabilidades de ocurrencia cuando éstas sean reducidas y a infraestimarlas cuando son altas.

Tenemos inercia, presentamos altibajos emocionales, cometemos errores, nos dejamos llevar por las tentaciones, por el exceso de optimismo o de pesimismo, por la pereza, por los prejuicios y por cómo nos presentan las opciones... en definitiva, por el sistema automático de toma de decisiones o «Sistema 1» según Kahneman (premio Nobel de Economía de 2002) y Tversky. Tomamos «atajos mentales» o heurísticos en el proceso de toma de decisiones que, a la hora de gestionar inversiones, son erróneos. En conclusión, no somos Homo *economicus*. Somos animales emocionales e irracionales que se comportan de manera emocional e irracional conforme a patrones predecibles.

9.1. Teoría de las perspectivas, teoría prospectiva o teoría de las alternativas

Son varias las figuras a las que les debemos las primeras etapas de la economía del comportamiento. El primero, Adam Smith en su libro «Teoría de los Sentimientos Morales» (1759). Más reconocimiento tiene John Maynard Keynes con el concepto «estado anímico» o «impulsos viscerales» (*animals spirits*) recogido en su «Teoría General de la ocupación, el interés y el dinero» (1936), posiblemente porque él mismo los sufrió y los aprovechó en su actividad como gestor de carteras. Mención adicional merece Herbert Simon, Nobel de Economía en 1978, con el reconocimiento de que nuestra racionalidad es limitada.

Pero fueron los psicólogos Amos Tversky y Daniel Kahneman quienes en 1979 marcaron un hito con su «Teoría de las perspectivas» o «Teoría de las alternativas[11]». Antes de en-

---

[11] Desde este link puede descargar el estudio: https://www.uzh.ch/cmsssl/suz/dam/jcr:00000000-64a0-5b1c-0000-00003b7ec704/10.05-kahneman-tversky-79.pdf

Smith, A. "Teoria de los Sentimientos Morales".1759.

Keynes, J. M. "Teoría general de la ocupación, el interés y el dinero". Animal spirits. 1936.

Simon, H. "Racionalidad limitada" .1957 (Nobel en 1978).

Tversky, A. y Kahneman, D. "Teoría de las perspectivas", "Efecto anclaje" y "Efecto marco". 1979. Ceguera inducida por la teoría. (Nobel en 2002).

Schiller, R. "Exuberancia irracional" 1980 y 2000 (Nobel en 2013).

Thaler, R. "Anomalías", "Factores supuestamente irrelevantes", "Efecto dotación" y "Falta de autocontrol" 1987 (Nobel en 2017).

Esquema 1. Algunas figuras relevantes de la economía conductual

trar en ella, necesitamos comprender la teoría de la utilidad esperada definida por Bernoulli en 1738. Según esta teoría, en un entorno de incertidumbre los individuos toman decisiones a partir de la utilidad, escogiendo la alternativa que tenga una mayor utilidad. ¿Y cómo se mide? A partir de la esperanza matemática, cuya fórmula ya vimos en el capítulo 3.

Pongamos un ejemplo. Tienes que elegir entre dos cajas. En la primera, la probabilidad de que te toque un premio de 1.000 EUR es del 70%, mientras que en la segunda esta probabilidad cae al 50%. Parece obvio que la primera caja tiene una utilidad superior a la de la segunda.

Si ahora te indico que el premio de la segunda es de 2.000 EUR en lugar de 1.000 EUR, pero se mantiene la probabilidad del 50%, ¿cuál eliges? Ahora optas por la segunda ya que su utilidad (su esperanza matemática) es de 1.000 EUR

(2.000 x 50%), que es superior a los 700 EUR (1.000 EUR x 70%) de la primera.

Entendidos el concepto de utilidad, así como una de las formas de calcularlo vía esperanza matemática y la teoría de la utilidad esperada (elegimos la opción con una mayor utilidad) podemos pasar a explicar lo que descubrieron Tversky y Kahneman a través de un experimento.

Dieron a elegir entre dos juegos. En el primero (esquema 2) se tiene un 100% de probabilidad de perder 7.500 EUR, es decir, su esperanza matemática es -7.500 EUR. En el segundo se pueden producir dos escenarios: con un 75% de probabilidad se perderán 10.000 EUR y con un 25% de probabilidad no se perderá nada. ¿Cuál de los dos elegirías? Parece lógico que para tomar esta decisión se calcule la utilidad del segundo y se compare con la del primero. Para ello se multiplica probabilidades por resultado (0,75 x -10.000 + 0,25 x 0) y se suman: -7.500 EUR. Es decir, en los dos juegos la esperanza matemática es una pérdida de 7.500 EUR. En términos de utilidad son equivalentes. Sin embargo, las respuestas de los participantes a Tversy y Kahneman revelaron que la mayoría prefería la opción 2

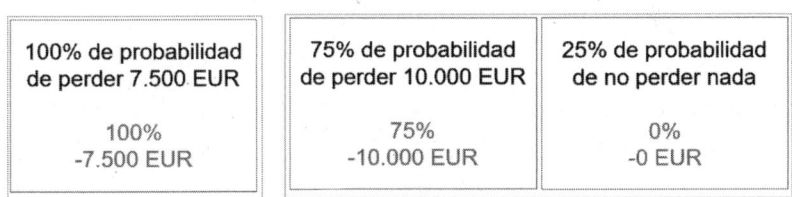

100% de probabilidad de perder 7.500 EUR	75% de probabilidad de perder 10.000 EUR	25% de probabilidad de no perder nada
100% -7.500 EUR	75% -10.000 EUR	0% -0 EUR

Esquema 2. Juego 1

El segundo juego se diferencia del primero en que se debe elegir entre un beneficio seguro (100% de probabilidad de ganar 3.000 EUR) y la alternativa de ganar más, con una probabilidad relativamente alta (75%), a cambio de poder no ganar nada (ver esquema 3). Comprobamos que, de nuevo, según la teoría de la utilidad esperada las dos alternativas son equivalentes (esperanza matemática de 3.000 EUR). Sin embargo, al experimento de los dos psicólogos las respuestas mayoritarias fueron la opción 1. Es decir, hay asimetría en la toma de decisiones. Se prefiere la opción arriesgada en el primer caso (cuando se puede llegar a evitar la pérdida), pero la defensiva en el segundo (cuando hay un beneficio garantizado).

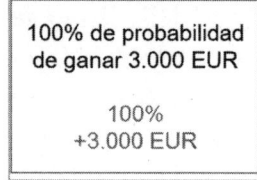
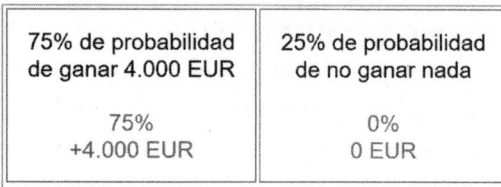

100% de probabilidad de ganar 3.000 EUR	75% de probabilidad de ganar 4.000 EUR	25% de probabilidad de no ganar nada
100% +3.000 EUR	75% +4.000 EUR	0% 0 EUR

Esquema 3. Juego 2

Debido a cómo percibimos los humanos el riesgo en un escenario de incertidumbre, si en las opciones planteadas se sufren pérdidas, la mayoría de las personas eligen la alternativa que permite una reducción. Este comportamiento se explica por el sesgo de aversión a las pérdidas (*loss aversion bias*). Esta asimetría del riesgo indica que, aun cuando las personas son adversas al riesgo en las ganancias, son tomadoras de riesgo en las pérdidas. A los humanos nos gustan mucho las ganancias (siguiendo el gráfico 1, una ganancia de X genera una utilidad de Y), pero detestamos aún más las pérdidas (una pérdida de X genera una utilidad negativa de Y', que es superior a Y). Por eso, la función de utilidad del gráfico 1 tiene forma de S asimétrica (tiene más pendiente en la zona de las pérdidas que en la de las ganancias).

En definitiva, la teoría de las perspectivas muestra cómo las personas administran la relación riesgo / rentabilidad al tomar decisiones. Según esta teoría, los seres humanos no somos racionales en nuestra toma de decisiones y éstas no dependen, por tanto, de la utilidad esperada (esperanza matemática). Los humanos decidimos tratando de evitar las pérdidas o de garantizar los beneficios, dado que las primeras tienen un impacto superior a las segundas (como ya hemos comentado, del orden de 2,5 veces superior). En un entorno de incertidumbre, mostramos asimetría en la toma de decisiones. Es decir, casi nadie acepta una "apuesta justa", con utilidad esperada 0. En apuestas a cara o cruz, la posible ganancia tiene que ser al menos 2,5 veces la posible pérdida.

Como señala el propio Kahneman (en «Pensar deprisa, pensar despacio»): «En la teoría de Bernoulli solamente necesitamos conocer el estado de nuestro patrimonio para determinar su utilidad, pero en la teoría de las perspectivas necesitamos conocer también el estado de referencia. La teoría de las perspectivas es más compleja que la teoría de la utilidad».

El cerebro humano está permanentemente intentando evitar la pérdida, para lo cual produce una asimetría en la

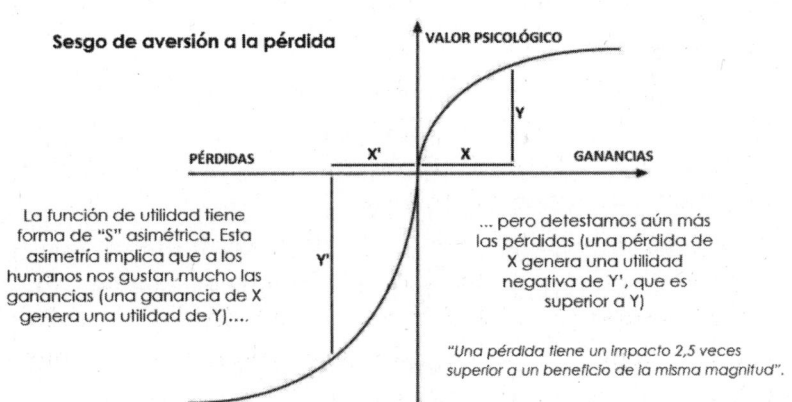

Gráfico 1. Valor psicológico de los beneficios y de las pérdidas
Fuente: Kahneman y Tversky y elaboración propia

toma de decisiones dependiendo de si éstas implican la posibilidad de pérdida o de ganancia. Manifestamos una inclinación natural a minimizar riesgos cuando la elección se presenta en términos de ganancia y a tomar riesgos cuando escogemos entre opciones que implican pérdidas. Cuando priman las ganancias, «más vale pájaro en mano que ciento volando» y apostamos por las ganancias seguras. Ante la perspectiva de perder, preferimos jugar y tratar de aprovechar cualquier oportunidad para impedirlo: «de perdidos al río».

Como indica Richard Thaler (otro Nobel de Economía, ver esquema 1) en «Todo lo que he aprendido sobre psicología económica», «con su teoría de las perspectivas, Kahneman y Tversky se propusieron ofrecer una alternativa a la teoría de la utilidad esperada de Bernoulli que no tuviese la pretensión de ser una guía útil para elecciones racionales, sino que, por el contrario, ofreciese una buena predicción de las decisiones reales que toma la gente real. Se trata de una teoría sobre el comportamiento de los Humanos».

9.2. No somos Homo *economicus*

Con la teoría de las perspectivas hemos comprobado que los seres humanos, cuando tomamos decisiones en entorno de incertidumbre, no nos comportamos de forma racional. No somos Homo *economicus* o Econs, según el término acuñado por Thaler sino Homo *mistakus* (John Mauldin). Tenemos, como ya hemos comentado, siguiendo a Herbert Simon una racionalidad limitada.

Tenemos inercia, presentamos altibajos emocionales, cometemos errores, nos dejamos llevar por las tentaciones, por el exceso de optimismo o de pesimismo, por la pereza, por los prejuicios y por cómo nos presentan las opciones. Tenemos aversión al riesgo, preferimos evitar las pérdidas, aunque la probabilidad de ocurrencia sea baja. Por cierto, tendemos a sobrestimar las probabilidades de ocurrencia cuando éstas sean reducidas y a infraestimarlas cuando son altas. Así es imposible optimizar; como mucho, podemos confiar en tomar decisiones satisfactorias.

Vamos a profundizar en la capacidad del ser humano de estimar probabilidades. Siguiendo a Kahneman, podemos decir que «somos muy optimistas sobre la capacidad de la estadística intuitiva». Esto se refleja en el gráfico 2. Si fuéramos capaces de estimar bien probabilidades, nos moveríamos por la línea negra, esto es, asignaríamos una probabilidad de ocurrencia (eje x) igual a la real (eje y). Sin embargo, en los casos en los que la probabilidad es baja tendemos a considerar una mayor probabilidad. Así, por un ejemplo, para un fenómeno con una probabilidad real de ocurrencia del 10% le asignamos una del orden del 30%. En sentido contrario, a medida que la probabilidad del suceso se eleva (por el ejemplo, al 80%), la asignamos una menor (del orden del 60%). A los sucesos muy poco probables le asignamos una probabilidad superior y a los altamente probables, una menor.

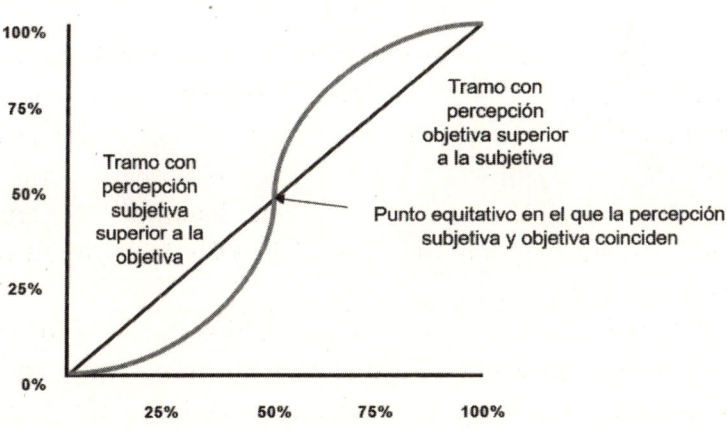

Gráfico 2. Probabilidad real (eje y) vs percibida (eje x) de que algo ocurra

331

Falacia del jugador

Sigamos poniendo en evidencia los fallos de nuestro cerebro a la hora de estimar probabilidades. ¿Cuál es la probabilidad de que al tirar una moneda salga cara? Fácil: un 50%. ¿Y cuál es la probabilidad de que tirando dos veces una moneda salgan dos caras de forma consecutiva? En este caso hay que multiplicar 0,5 x 0,5. El resultado es 25%. Es decir, en media, una de cada cuatro veces que tiremos dos monedas al aire (o bien una moneda y después otra) saldrán dos caras (otra vez saldrán dos cruces y en el 50% restante de los casos, esto es, en dos, saldrán cara y cruz). Y si tiramos siete veces la moneda, ¿qué probabilidad hay de que salgan siete caras? Correcto: 0,781%. Pues bien, imaginemos que hemos tirado la moneda seis veces y en las seis ha salido cara (ver esquema 4), ¿cuál es la probabilidad de que vuelva a salir cara? «No lo sé exactamente, pero bajísima» se suele contestar. Parece casi imposible que salgan cara siete veces seguidas (hemos visto que la probabilidad es del 0,781%) por lo que, tras seis caras, parece que la probabilidad de que salga otra cara es muy baja... ¡pues no! La probabilidad es de un 50%.

Si en las seis veces que hemos tirado una moneda ha salido cara, ¿cuál es la probabilidad de que en la séptima tirada salga otra vez cara?

Esquema 4. Lanzamiento de siete monedas

Estamos ante la denominada falacia del jugador (Gambler´s fallacy) por la que se cree, erróneamente, que los sucesos pasados afectan a los del futuros, cuando éstos son independientes. El ejemplo más claro es un juego de azar, como el que hemos puesto: da igual el número de veces que haya salido cara antes de cada lanzamiento, ya que la probabilidad de que salga cara es del 50% (idéntica a que salga cruz).

Al parecer, en 1913 en Montecarlo la ruleta se detuvo 26 veces seguidas en el negro. Los jugadores perdieron miles de dólares a medida que las apuestas al rojo se multiplicaban. Por eso a esta falacia también se la denomina falacia de Montecarlo.

En resumen: la probabilidad de que salgan 7 caras seguidas es del 0,781% y la probabilidad de que tras 6 caras salga otra cara es del 50%. Si tras 6 caras seguidas piensa que es menos probable que salga una cara, está usted cayendo en la falacia del jugador. Recuerde que se cae en ella cuando no se es consciente de que los sucesos son independientes.

Las dudas surgen en los mercados financieros, ante el debate sobre la independencia de los sucesos, es decir, si la rentabilidad pasada condiciona la rentabilidad futura. Así, tras una caída diaria, semanal, mensual o anual de un índice bursátil, ¿cambian las probabilidades de una nueva caída? Si el mercado sigue un «camino aleatorio» (*random walk*), entonces pensar que tras una caída viene una subida implica sufrir la falacia del jugador. Sin embargo, quien piense que los mercados tienen memoria implica que los sucesos (las rentabilidades) no son independientes por lo que pueden tener sentido estrategias como momentum o contrarian.

El precio de la pelota y el bate

Estamos comprobando que nuestro cerebro no es tan bueno como pensábamos o que, al menos, presenta debilidades y fallos (luego lo llamaremos atajos o heurísticos). Hagamos otra prueba. Sabemos que el precio conjunto de un bate y de una pelota de béisbol es 1,10 euros y que el bate cuesta

1 euro más que la pelota. ¿Cuánto cuestan el bate y la pelota? La respuesta rápida e intuitiva es que el bate cuesta un euro y la pelota 10 céntimos, sumando así los 1,10 euros. El problema es que, si así fuera, la diferencia de precio entre ambos objetos sería de 90 céntimos. Error, por lo tanto. Si lo pensamos mejor, nos damos cuenta de que la pelota cuesta 5 céntimos y el bate 1 euro y 5 céntimos. No se preocupe, este es el error que comentemos los humanos cuando nos enfrentamos por primera vez a este acertijo[12]

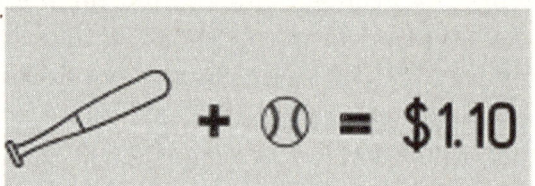

Sistema 1 y Sistema 2

Regresamos a Daniel Kahneman quien en «Pensar rápido, pensar despacio» explica las diferencias entre los dos modos de pensamiento que, según él, tenemos los humanos: sistema 1 y sistema 2.

El primero es rápido, instintivo, emocional y subconsciente (el que nos lleva a responder que la probabilidad de que salga una séptima cara es prácticamente nula o que el bate cuesta 1 euro). El sistema 2 es lento, deliberativo, lógico y consciente, lo que provoca que sea lento (ahora se entiende muy bien el título del libro).

El sistema 1 es el responsable de procesos automáticos que tienen lugar en segundo plano de forma inconsciente y que implican menos esfuerzo, es decir, no requieren mucha actividad mental. También se basa en experiencias pasadas

---

[12] O 2, 3, 4 o más veces: depende de la memoria que tengamos.

y en las relaciones que se han creado a partir de las mismas. Y, por último, también se alimenta de las emociones. Es la forma rápida de pensar, un mecanismo que procesa nuestro entorno y busca nuestra protección (por ejemplo, huir al sentir un peligro). Su finalidad es que podamos sobrevivir (es la parte más primitiva del desarrollo de nuestro cerebro de homo sapiens). El sistema 1 nos permite, por ejemplo, ver que un objeto es mayor que otro, localizar la fuente de un sonido, completar la frase «Guerra y ...», mostrar disgusto al ver una imagen espantosa, conducir un coche en una carretera vacía, etc. El problema del sistema 1 son los errores que comentamos a nivel cognitivo al emitir un juicio demasiado rápido.

El sistema 2 se corresponde con nuestra capacidad de pensar de forma más reflexiva y, por tanto, más lenta y segura. Se corresponde con nuestra capacidad de pensamiento crítico y reflexivo y es al que recurrimos, por ejemplo, para resolver problemas, concentrarnos, hacer cálculos, etc. Como señala Chriss Voss en «Rompe la barrera del no», si confiamos en las teorías de Kahneman, abordar una negociación basándose en los conceptos del Sistema 2 sin tener las herramientas para leer, comprender y manipular el subyacente Sistema 1 es como intentar hacer una tortilla sin saber cómo cascar un huevo». Es decir, es básico conocer las debilidades de nuestro sistema rápido que, en muchas ocasiones, sobre todo gestionando carteras, nos pueden generar importantes pérdidas o dejar de conseguir rentabilidades positivas.

Efecto marco

Sigamos poniendo a prueba su cerebro. Ahora, tienes que entrar en una habitación y lo debes hacer eligiendo una de las dos puertas del esquema 5. Además, la decisión tiene que ser rápida ya que te está persiguiendo un peligro y tienes que huir.

Esquema 5. Puertas para acceder a la habitación

Lo habitual es que se elija la puerta con el letrero verde. Y es así porque tenemos asignado el verde a «pasar» y a «no peligro» y el rojo a «stop» y «peligro». Además, se elige la verde porque aparece la palabra «sobrevivir», mientras que se rechaza la roja porque pone «morir». Pero, piénsalo: las dos puertas dicen exactamente lo mismo y debería ser indiferente elegir cualquiera de los dos. Se ha puesto de manifiesto cómo funciona el sistema 1 y cómo influye en la toma de decisiones el marco en el que se presentan las opciones. Es obvio que poner una calavera en la puerta de la izquierda, también condiciona la decisión: el «efecto marco», otra aportación de Kahneman y Tversky (esquema 1). Recuerda: «Las habilidades cognitivas que hemos heredado por selección natural no logran la máxima precisión, sino aumentar al máximo las probabilidades de supervivencia».

9.3. ¿Cómo decidimos?

Sin querer profundizar en los mecanismos psicológicos implicados en la toma de decisiones, es conveniente contar con algunos conceptos básicos. Desde un punto de vista neurológico, se debe saber que las decisiones racionales y emocionales tienen su origen en regiones cerebrales distintas.

Las decisiones racionales son las más complejas y se basan en las áreas cerebrales que son evolutivamente más desarrolladas, como la corteza prefrontal. Las decisiones emocionales tienen su origen preferentemente en otras áreas más antiguas y relacionadas con la supervivencia, como la ínsula, la amígdala o el núcleo accumbens.

Así pues, en el cerebro se pueden distinguir las estructuras del sistema de recompensa cerebral (la región cerebral del «sí») y las del sistema de aversión a la pérdida (la región del «no»). El primero, compuesto por, entre otros, el núcleo accumbens y la corteza prefrontal, nos llevan hacia el sí (se activa cuando nuestro cerebro interpreta una recompensa). La dopamina es el neuorotransmisor que permite o incentiva su funcionamiento.

El segundo (sistema de aversión a la pérdida), no tiene una definición anatómica tan detallada, aunque se conocen varias estructuras que participan, como la amígdala cerebral y la ínsula, bloquea la decisión y nos lleva al no. Las estructuras del sistema de aversión a la pérdida tienen la característica de reaccionar de forma mucho más rápida que las del sistema de recompensa cerebral, por lo que suelen producir respuestas mucho más rápidas. El ser humano ha sobrevivido por pensar deprisa: ante la más mínima duda, es un peligro y lo que hay que hacer es huir. Sufre un «secuestro amigdaliano». Pero no sólo eso, sino que parece que la amígdala está en permanente vigilancia, en permanente búsqueda de potenciales peligros para que, cuando los encuentra, se sienta satisfecho con la sensación de «trabajo bien hecho» al haber encontrado la amenaza y haber advertido de ello a las partes del cerebro que motivan la acción y llevan a escapar.

Sistema de aversión a la pérdida (SAP)	Sistema de recompensa cerebral (SRC)
Región del NO	Región del SI
Ínsula	Corteza prefontral
Amígdala cerebral	Núcleo accumbens
Te doy uno, luego, tal vez, otro	Te doy dos y luego, tal vez, te quite uno
Punto S	

Esquema 6. ¿Cómo decidimos?

Mediante un estímulo primario («efecto goggle»), que sabemos que atrae, se activa el sistema de recompensa cerebral, en concreto, el núcleo accumbens, de manera que cuando le presentamos un estímulo secundario será más fácil desplazar el equilibrio entre el sistema de recompensa cerebral y el sistema de aversión a la pérdida hacia el primero, y el sujeto estará manipulado de un modo inconsciente hacia una toma de decisión positiva que no tiene por qué ser la que más le conviene. ¿Y qué es el «punto S»? La activación simultánea de la corteza prefrontal y del núcleo accumbens mientras se mantiene inhibida la amígdala cerebral.

La explicación neurológica de la Teoría de las Perspectivas de Tversky y Kahneman es que tenemos un sistema de aversión a las pérdidas que no nos deja tomar las mejores decisiones (el Homo *sapiens* tiene una irracional aversión a la pérdida). La explicación neurológica del «efecto halo» es la activación del núcleo accumbens y el *momentum* (uno de los componentes del *Factor Investing*) sería un claro ejemplo de efecto rebaño que aumenta nuestro sistema de recompensa cerebral a través de las neuronas en espejo y que bloquea la activación de centros cerebrales implicados en el procesamiento del dolor y en el desarrollo de emociones negativas, como la amígdala y la ínsula. «Para nuestro cerebro es mucho más sencillo imitar comportamientos que crearlos».

Una última idea: una de las formas más fáciles de aprender es la activación repetida del sistema de recompensa cerebral. El sistema de aversión a la pérdida no está tan relacionado con el aprendizaje. De ahí que para fomentar el aprendizaje sea mejor dar recompensas que sancionar, sea mejor activar el sistema de recompensa que el de aversión a la pérdida.

9.4. Heurísticos (atajos mentales) y sesgos

En el proceso de toma de decisiones, los individuos recurrimos a heurísticos o atajos mentales que permiten que el proceso sea rápido, si bien, como ya hemos comentado, puede que no satisfactorio.

La heurística funciona como un conjunto de reglas o principios que guían la toma de decisiones, explicando ciertos fenómenos en el proceso de toma de decisiones. Así, las personas utilizan estos juicios y principios para resolver problemas complejos en escenarios con información incompleta. La heurística ayuda a reducir la compleja tarea de valorar alternativas, es cierto, pero pueden llevar a sesgos. Estos errores no sólo se comenten de manera habitual a la hora de tomar decisiones, sino que siempre se comenten los mismos tipos errores.

Se pueden distinguir dos tipos de sesgos: sesgos emocionales y sesgos cognitivos.

- Los **sesgos emocionales**: se pueden materializar en una subestimación del nivel de riesgo asumido por el inversor.
- Los **sesgos cognitivos** llevan a las personas a tomar decisiones diferentes, a pesar de contar con la misma información, cuando se presenta de otra manera o desde otro punto de vista.

Sesgos conductuales: errores que comentemos en la toma de decisiones.

Pueden ser de dos tipos:

- *emocionales (cuando subestimamos el nivel de riesgo)*
- *cognitivos (cuando tomamos decisiones diferentes en función del cómo se presenten o del contexto en el que se toman)*

Esquema 7. Sesgos conductuales

A continuación, se explican algunos de ellos, que consideramos están más vinculados con los mercados financieros y la gestión de carteras.

9.4.1. Sesgo de exceso de confianza

Se fundamenta en la tendencia que tenemos a sobreestimar nuestras capacidades, habilidades y conocimientos. Creemos que sabemos más de lo que en realidad sabemos, al tiempo que tenemos una especial dificultad para descubrir nuestras carencias y lagunas de conocimiento[13]. Percibimos los éxitos pasados como respuestas a nuestras habilidades, mientras

---

[13] Atención porque no siempre es así, dado que hay gestores que en ocasiones caen en el «síndrome del impostor» es decir, todo lo contrario: minusvaloran sus conocimientos y capacidades.

que los fallos pasados como algo que ha ocurrido a pesar de ellas. El exceso de confianza es la causa de que seamos incapaces de aprender de nuestros errores y que tengamos tendencia a repetirlos.

Un ejemplo muy claro es preguntar a un inversor sobre una compra y venta de acciones que se haya saldado con beneficio y otra con pérdida y que explique los motivos. En el éxito habrá mucho «yo sabía, yo conocía, yo anticipaba» y en el fracaso «el mercado, la compañía, el contexto, los bancos centrales... «

De hecho, defender la gestión activa (la de cada uno, claro, porque la de los otros, según este sesgo, no es correcta) y tratar de acertar con el *market timing* es caer en un sesgo de exceso de confianza. Para tratar de evitar caer en él, lo más recomendable es aplicar un mecanismo de aportaciones periódicas. O, como dice Pim Van Vliet en «El pequeño libro de los altos rendimientos con bajo riesgo», «la virtud de la persistencia bate al vicio de la sobreconfianza («trade little, be patient»).

9.4.2. *Efecto inercia o sesgo del «statu quo»*

Según este sesgo emocional, las personas se sienten más cómodas manteniendo las cosas tal y como están en lugar de haciendo los cambios necesarios. Es decir, prefieren mantener el statu quo, permanecer en su «zona de confort». Este sesgo fue planteado por William Samuelson y Richard Zeckhauser en 1988 en su artículo «Status Quo Bias in Decision Making», al descubrir que muchos inversores preferían mantener activos en sus carteras, aunque no fueran adecuados, solo por el sesgo statu quo.

9.4.3. Sesgo de compromiso

En línea con el efecto inercia, los gestores de carteras pueden caer en el deseo de ser (y aparentar) ser consistente con lo que alguna vez han hecho (y dicho). Así, los gestores, en especial aquellos que han sido muy transparentes con sus posiciones (y más aún si han sido vehementes en la defensa de las mismas) en muchas ocasiones se resisten a vender, sólo por el hecho de haber defendido la compra tiempo atrás. Y esta renuncia es independiente de si tienen plusvalías o pérdidas, ya que está motivada por el deseo de ser consistente. Como es obvio, también sucede en el caso de un gestor que pública y reiteradamente ha dicho que no pensaba invertir en un determinado valor. No lo hará por más que éste suba y se ponga de manifiesto su error. Este sesgo es especialmente importante dado que en los últimos años se ha generalizado la idoneidad de ser transparente con las carteras, en claro contraste con lo que sucedía tiempo atrás cuando los gestores no comunicaban sus posiciones. Ahora se ofrece información completa sobre las carteras: ¿tiene esto alguna implicación negativa dado que lleva al gestor a caer en el sesgo de compromiso y, por ello, no vender o comprar activos cuando sería más recomendable hacerlo?

9.4.4. Sesgo de aversión a la pérdida

Ya comentado en el apartado de la Teoría de las Perspectivas, es la tendencia a considerar que las pérdidas pesan más que las ganancias y a tratar de minimizar las pérdidas por encima de maximizar los beneficios (se observa en la diferente pendiente de la curva en forma de S asimétrica: es superior en el tramo de las pérdidas). El miedo a perder supone un incentivo mayor que la posibilidad de ganar algo semejante. Los humanos apostamos por las ganancias seguras, mientras que este supuesto no se cumple cuando hablamos de pérdidas y existe una posibilidad, por pequeña que sea, de evitarlas. Atención a esto que señala Richard Thaler y que es muy aplicable: «dado que el aprendizaje requiere práctica, y que por defecto la práctica se obtiene con más frecuencia en situaciones de poco riesgo, es más probable que la gente tome las decisiones acertadas cuando hay poco riesgo que cuando hay mucho».

Un último comentario: conviene distinguir entre el sesgo de aversión a la pérdida y el efecto dinero en la casa (*house money effect*), que hace referencia a la distinta valoración que hacemos al dinero que hemos ganado. Es decir, la percepción del riesgo y el riesgo que estamos dispuestos a asumir dependen del origen del dinero. Así, supongamos que hemos hecho una inversión de 1.000 um que se han convertido en 3.000 um al vender la acción que habíamos comprado. Es altamente probable que volvamos a invertir las 1.000 u.m. "iniciales" en un producto defensivo pero que estemos dispuestos a invertir las 2.000 u.m. que hemos ganado en un producto de mucho más riesgo. Volvemos a ver otra asimetría en el riesgo, ahora también en el caso del beneficio.

9.4.5. Sesgo de confirmación y sesgo de disconformidad

Este sesgo se sufre cuando se interpreta la información recibida, o se busca nueva información, que confirmen convicciones o ideas previas. Tenemos tendencia natural a buscar más aquellas evidencias que confirmen una idea que las que la refuten. Es lo que en psicología se denomina «percepción selectiva» (muchas veces preferimos sentirnos bien a estar en lo cierto). Está relacionado con el sesgo de disconformidad, que se da cuando examinamos de manera mucho más crítica los argumentos que contradicen nuestras creencias que aquellos que las confirman. Como señala Adam Kucharski en «Las reglas del contagio», «mientras que el efecto contraproducente implica que la gente ignora los argumentos opuestos y refuerza sus creencias existentes, el sesgo de confirmación significa que tiende a ser escéptica hacia argumentos que considera débiles».

En el mundo de las inversiones es muy común caer en sendos sesgos ya que encontramos muchas más noticias, análisis, opiniones, etc. favorables sobre los activos que tenemos en cartera que sobre los que no. Y más aún cuanto más abundante y fácil de obtener es la información sobre economía, mercados, activos financieros, fondos de inversión o ETF, en especial a través de las redes sociales. La abundante información, que debería servirnos para reconsiderar nuestra opinión, para someterla a contraste, para abrirnos a cambiar de pensamiento, no sólo no sirve para eso, sino todo lo contrario: aferrarnos en nuestra creencia dado que cada vez encontramos más opiniones que están a nuestro favor... ¡y muchas que proceden de economistas o de gestores de carteras de gran prestigio!

9.4.6. Sesgo de disponibilidad

Los humanos tomamos decisiones según la facilidad con la que disponemos de la información. Damos más importancia o credibilidad a la información que es más fácilmente accesible, no porque sea más importante para la decisión, sino porque es fácil de conseguir. Así, percibimos lo familiar como más seguro y con mayores posibilidades de ocurrencia, pero sólo por sernos más conocido.

Lo familiar supone una mayor activación del sistema de recompensa cerebral que la que provocan las cosas desconocidas (que puede activar el sistema de aversión a la pérdida), por lo que tendemos a aceptarlas con más facilidad. Lo que nos es familiar nos activa el núcleo accumbens y bloquea el sistema de aversión al riesgo[14]. Lo que no es desconocido «secuestra a la amígdala» y nos lleva a decir no y huir (ver esquema 6).

En el terreno de la gestión de cartera, el mayor grado de familiaridad de las empresas que cotizan en la bolsa del país, así como la mayor divulgación en los medios de comunicación de lectura más habitual para cada inversor, generan un «sesgo doméstico» (*home bias*), esto es, una mayor presencia de acciones de su país que de otros que conoce menos. Llevado al extremo, es más probable que incorporemos acciones de compañías cuyos nombres suenen cercanos, familiares, conocidos o sencillos que aquellas otras que sean difícil de pronunciar en nuestro idioma, sean excesivamente largos o nos traigan aparejados recuerdos negativos.

9.4.7. Sesgo retrospectivo

Tras el acontecimiento de un hecho tendemos a pensar que siempre supimos que el resultado obtenido era probable, cuando no directamente una conclusión inevitable. Creemos que no es necesaria mucha explicación: cuando estalla una burbuja bursátil, todo el mundo sabía que iba a pasar. Cuando un valor experimenta una muy fuerte revalorización, también, «todo el mundo lo sabía».

9.4.8. Sesgo de la prueba social o comportamiento en manada

Se refiere a la tendencia a imitar las acciones que realizan otras personas bajo lo creencia de que se está adoptando el comportamiento correcto. Se produce en las situaciones en las que el sujeto no tiene una idea definida de cómo comportarse y se deja guiar por las conductas de otros, asu-

---

[14] Un ejemplo claro es la mayor credibilidad que damos a los refranes, sobre todo si riman.

miendo que tienen más conocimiento. ¿Entrarías a comer en un restaurante vacío o prefieres que haya ya algunas mesas con gente? Piensa que tiene una clara aplicación en los mercados financieros, en los que «la masa» se mueve muchas veces en la misma dirección, comprando lo que está subiendo en precio y vendiendo lo que está bajando. Ser un contrario (contrarian) sería justamente lo opuesto: ser capaz de vencer el denominado *herd behavior* y actuar de forma diferente. No es fácil, salvo que seas Buffett quien, como él mismo señala, vivir en Omaha, muy lejos de Wall Street, y no dejarse influir por el fervor popular y las noticias ha sido una de las claves de su rentabilidad diferencial.

9.4.9. Sesgo de autoridad

Y ya que hemos citado a uno de los inversores bursátiles con más éxito, reconocimiento y prestigio, hablemos del sesgo de autoridad, esto es, la tendencia a sobreestimar las opiniones de determinadas personas por el mero hecho de ser quienes son, sin someterlas a un enjuiciamiento previo. Es claro que este sesgo se produce en los mercados financieros, cuando un determinado gurú da una opinión sobre un determinado valor. El impacto en la evolución del precio es, en ocasiones, muy relevante (sobre todo cuando vía sesgo de la prueba social consigue que el resto de agentes le imiten). La alta rentabilidad por dividendo o rentabilidades históricas son ejemplos de sesgo de autoridad.

9.4.10. Efecto halo

En línea con el sesgo de autoridad, el efecto halo se refiere a la tendencia a enjuiciar a una persona, institución o activo financiero sobre la base de una única cualidad positiva (o negativa) que hace sombra a las demás. Es decir, atendemos a un reconocido experto sus opiniones sobre un tema del que no es experto.

9.4.11. Sesgo de inconsistencia temporal y del descuento hiperbólico

El individuo, al ponderar las consecuencias de sus actos, otorga más peso a las cercanas y tangibles que a las lejanas, que son más abstractas e inciertas. Una de las implicaciones es que no se ahorra a largo plazo. Así, es posible (¿y recomendable?) favorecer la inversión en productos de ahorro a largo plazo si se cambia el diseño de las alternativas de inversión o, incluso, si se recurre a sistemas de ahorro automático. A este tipo de «empujoncitos» es a lo que se denomina acicates (*Nudge*), que son una aplicación práctica de la economía conductual al análisis normativo que excede del contenido de este libro.

Pero veamos un ejemplo. Supongamos que te ofrecen dos alternativas y debes elegir solo una. Por un lado, 100.000 unidades monetarias que recibirías ahora. Por el otro, un millón dentro que te pagarán dentro de 10 años. No te preocupes si eliges la primera opción. Es la más natural si tenemos en cuenta las heurísticas de nuestro cerebro: estás cayendo en el sesgo de descuento hiperbólico (ya sabes, «más vale pájaro en mano que ciento volando»). Pero si has llegado hasta esta parte del libro, deberías ser capaz de calcular el coste financiero de esta preferencia por la recompensa cercana y segura. Recurriendo a la ecuación 16 del capítulo 1, podemos calcular que estamos renunciado a una rentabilidad del 26% anual. O, dicho de otro modo, que salvo que tengamos una financiación al 26% (y nos interesa amortizarla con los 100.000 EUR), o una alternativa de inversión que genere, seguro, ese 26% o que asignemos poquísimas probabilidades de cobrar el millón de euros (por un elevado riesgo de crédito), lo recomendable es no hacer caso a nuestro cerebro, al menos al sistema 1, renunciar a la recompensa a corto plazo, tener paciencia y optar por el millón dentro de 10 años.

Ecuación 1. Cálculo del tipo de interés

$$i = \left(\frac{VF}{VA}\right)^{\frac{1}{t}} - 1 = \left(\frac{1.000.000}{100.000}\right)^{\frac{1}{10}} - 1 = 25,9\%$$

9.4.12. Efecto dotación o posesión

Según este sesgo, valoramos más los bienes que ya forman parte de nuestro patrimonio que las que podrían pasar a serlo. En definitiva, valorar más (por encima del precio de mercado) lo que ya es nuestro solo por el hecho de serlo. Los expertos en marketing lo saben, y de ahí que te permitan usar sin pagar un determinado producto o servicio durante un determinado período de tiempo. Pero también, en una acción comercial de más corto alcance temporal, que te pruebes un abrigo o que toques una alfombra que estás pensando en comprar. Por este sesgo del cerebro le asignarás un mayor precio a los bienes que ya tienes. Richard Thaler (esquema 1) lo constató cuando repartió tazas entre sus alumnos: el simple hecho de que fueran ya de ellos derivó en que pidieran un mayor precio por desprenderse de ellas que el que estaban dispuestos a pagar por las tazas que habían recibido sus compañeros de experimento. Es obvio que se aplica a la gestión de carteras, cuando un gestor le asigna un mayor valor a los títulos que tiene en cartera que a los que no posee. Como resulta obvio, este sesgo también se explica a partir de la Teoría de las perspectivas y de la mayor pendiente en el tramo inicial de la "S": exigimos más dinero por vernos privado de algo que el que estaríamos dispuestos a pagar por adquirirlo.

Este sesgo se refleja también en la conocida discrepancia entre *Willingness To Pay* (WTP) –es decir, disposición a pagar para conseguir algo– y *Willingness to Accept* (WTA) –es decir, disposición a ser privado de algo.

9.4.13. Falacia del coste hundido

Todas las decisiones económicas las tomamos en función del coste de oportunidad. Y vender algo y conseguir dinero para comprar algo duele más que sacar dinero de nuestro bolsillo. Caemos en la falacia de los costes hundidos cuando seguimos invirtiendo en un proyecto de inversión aunque sabemos que va a ir mal, pero estamos condicionados por lo que ya hemos invertido. O cuando no vendemos algo que pensamos que va a caer y no lo vendemos por lo que ya hemos perdido. O cuando nos tomamos el postre porque en el precio del menú viene incluido (y si hubiera que pagar aparte por él no lo haríamos). De nuevo, para explicar un sesgo podemos recurrir a la Teoría de las perspectivas. Así, la falacia del coste hundido está vinculada al hecho de que la función tiene la forma de «S asimétrica». La forma de evitar caer en la falacia de los costes hundidos cuando se gestionan carteras es mediante los denominados «stop loss«, es decir, niveles de cotizaciones en los que, pase lo que pase, venderemos si se alcanza. Otra técnica es limitar por contrato la cantidad de dinero que se puede invertir en un proyecto, por más «llamadas de capital» que haga el promotor. Y siempre está, claro, la posibilidad de ser perfectamente y solo mirar hacia el futuro, si bien ya estamos comprobando que eso es muy difícil.

9.4.14. Efecto representatividad

Pensamos que las características de la muestra son extrapolables a la población. En consecuencia, tras varias operaciones favorables en los mercados financiero creemos que vamos a poder repetirlo (algo que, por cierto, está implícito en el cálculo de la TAE cuando la operación se ha realizado en un horizonte temporal inferior a un año, como ya vimos en el capítulo 3).

Recuadro 1.
¿Por qué imitamos?

Creer que podemos pensar siempre, o solo, por nosotros mismos implica aceptar una racionalidad en el ser humano que, como demuestra la psicología conductual, es errónea. No somos *Econs*, sino *Humans*, con errores y limitaciones, sobre todo cuando existe un alto grado de incertidumbre o la decisión implica una probabilidad de pérdida. Además, pensar exige mucha energía y conseguir calorías no era fácil hace miles de años. Es posible que si el cerebro del Homo *sapiens* no hubiera tenido la capacidad de imitar al resto (sesgo que le debemos a las neuronas en espejo) no habríamos llegado hasta aquí. Así pues, imitamos porque exige un consumo menor de energía. Pero es que, además, imitamos porque pensamos que hacemos lo correcto (es el denominado sesgo de la prueba social o comportamiento en manada —*herd behaviour*—), sobre todo cuando imitamos al líder (efecto halo). Por último, imitamos por el efecto arrastre o comportamiento gregario (*bandwagon*): porque necesitamos sentir que formamos parte de un grupo, esto es, sentirnos aceptados (el Homo *sapiens* es un ser grupal).

En definitiva, los seres humanos copiamos permanentemente las conductas de otros (la serotonina y el triptófano parecen estar relacionada con la adquisición de comportamientos en grupo), lo cual se ha relacionado con grandes beneficios para nuestra especie. Algunas de nuestras funciones sociales más importantes como seres humanos son el aprendizaje y garantizar nuestra supervivencia, lo cual está completamente relacionado con imitar las acciones de los otros. Recuerda: rodéate de personas que tengan los hábitos que tú quieres adquirir.

Recuadro 2.
¿Cuáles son los sesgos en los que caen los gestores de carteras?

Como gestor de carteras me nutro de diferentes fuentes para tomar decisiones de inversión y desinversión. Contamos con una amplia lista de analistas y gestoras que difunden sus opiniones y recomendaciones. De hecho, ahora el problema es que existe un elevado (¿excesivo?) número de ellas. La explosión de las redes sociales no ha hecho más que acrecentar el exceso de oferta que nos obliga a filtrar y seleccionar.

Tiendo a seguir y a leer a ciertos analistas y gestores. Aquellos que son más rigurosos, que han estado más acertados, que mejor explican su posicionamiento... ¿seguro que ese es el criterio de selección? ¿Acaso no sigo más a aquellos que opinan como yo?, ¿seguro que no presto más atención a los que recomiendan una posición larga o corta con la que estoy de acuerdo? Sí, lo reconozco, caigo en el sesgo de confirmación según el cual, tendemos a hacer más caso a quien opina como nosotros. Este es uno de los sesgos más comunes entre los gestores.

Pero no solo. También caemos en el sesgo de compromiso: nuestro deseo de ser (y aparentar) ser consistente con lo que alguna vez hemos hecho o dicho. Como decía Charlie Munger «lo que piensas puede cambiar lo que haces, pero quizás aún más importante, lo que haces cambiará lo que piensas». Es decir, que si he insistido mucho y durante mucho tiempo en que hay que estar largos en expectativas de inflación (porque, además, he leído varios informes que lo avalan) y corto en *value* (casualmente no presté atención a las conferencias en las que se argumentaba de forma muy sensata la idoneidad de comprar) será mucho más difícil que modifique mi opinión y mi posición.

Unos de los cambios más notables en la gestión de fondos en los últimos años ha sido el incremento de la transparencia. Los gestores no solo no ocultan sus posiciones, sino todo lo contrario, las exhiben y las justifican. Para mí, esto es muy positivo pero, ¿acaso no provoca que, precisamente por el sesgo de compromiso, seamos menos activos a la hora de modificar posiciones y/o reconocer los errores? Por ello, para evitar este sesgo son necesarios, todavía más, los *stop loss*.

Confieso que como gestor también caigo en el efecto disposición. Ya en 1985 Shefrin y Statman señalaron que «a las personas les disgusta incurrir en pérdidas mucho más de lo que disfrutan de las ganancias. En consecuencia, mantendrán acciones que hayan perdido valor y estarán ansiosos por vender acciones que hayan aumentado en valor». Se entiende por qué decimos que *Momentum* (uno de los componentes del *Factor Investing*) es una de las mejores vías para evitar caer en este sesgo.

Y también sufro el sesgo de disponibilidad según el cual, lo conocido lo percibimos como menos arriesgado, pero solo por sernos más conocido. El mayor grado de familiaridad de las empresas que cotizan en la bolsa del país, así como la mayor divulgación en los medios de comunicación que más sigues, generan un sesgo doméstico en la construcción de carteras. La mejor medicina para evitarlo está siendo las megatendencias ya que, en la práctica, su incorporación está derivando en unas carteras de renta variable con una mayor exposición hacia EEUU y mercados de países emergentes (en especial, Asia).

Una última mención a los factores supuestamente irrelevantes de Thaler. Esos que descartamos porque caemos en la ceguera inducida por teoría que señala Kahneman. Desde una teórica superioridad intelectual rechazamos, erróneamente, elementos muy básicos, pero con poder explicativo en la evolución de los precios de los activos, como, por ejemplo, el efecto calendario. No siempre nuestro cerebro es el mejor aliado para la inversión en activos cotizados, menos aún, en entornos de alta volatilidad. Reconocerlo es el primer paso. Tomar medidas para tratar de evitar caer en los sesgos, el segundo.

Como dice Adam Grant en «Piénsalo otra vez», «mi sesgo favorito es «yo no tengo sesgos»; o sea, cuando una persona cree que es mucho más objetiva que el resto. Por lo visto, las personas inteligentes tienen más probabilidades de caer en esta trampa».

Recuadro 3.
¿Decidimos de forma racional o emocional? El juego del ultimátum o experimento de «nada es justo»

Para poner de manifiesto que no decidimos de forma racional, sino emocional, se pone como ejemplo el «juego del ultimátum» o «experimento de nada es justo». En un grupo se eligen parejas de forma aleatoria y el organizador da un billete de 10 euros a uno de los dos miembros de cada pareja. El otro debe hacer una oferta por un importe redondo, es decir, 1 euro, 2 euros, 3 euros, etc. hasta 10 euros. Si quien tiene el billete acepta la oferta, recibirá ese importe, quedándose el otro la cantidad restante hasta los 10 euros. Si no llegan a un acuerdo, se debe devolver el billete al organizador y los dos participantes se quedan sin nada.

Los resultados suelen ser diferentes (1 euro contra 9, 2 contra 8, 5 contra 5, etc.) y, en muchas ocasiones, no se llega a un acuerdo, lo que demuestra que se ha aplicado un criterio emocional y diferencial en cada caso. Así, a veces se rechaza el acuerdo si lo que gana una de las partes es poco comparado con lo que gana la otra, sin entrar en consideración el beneficio en términos absolutos. Es decir, un participante rechaza una oferta de 4 euros porque, aunque vaya a recibir esa cantidad (que es más que lo que tenía al principio) considera injusto que su oponente reciba más (6 euros). Esta negativa es muy frecuente cuando la oferta es 1 euro, ya que la otra parte lo percibe como un abuso. Como dice Chriss Voss en «Rompe la barrera del no», «la mayoría de los participantes a los que les toca escuchar la propuesta la rechazan si es menor, por lo menos, a la mitad del importe del juego (los 10 euros). Ni que decir que si le ofrecen solo una cuarte parte se sienten insultados. Casi todos tienden a optar por una solución irracional y prefieren perder 1 euro porque el valor emocional negativo que tiene lo que se percibe como algo injusto se impone al valor positivo objetivo que tiene el dinero».

Recuadro 4.
La teoría de la mente y los mercados financieros

El cerebro humano tiene la capacidad de atribuir pensamientos e intenciones a otras personas, es decir, ha desarrollado la denominada «teoría de la mente». En 1936, Keynes (esquema 1) introdujo la teoría de la mente en los mercados financieros a través de su metáfora de los concursos de belleza. Un periódico de la época mostraba un centenar de caras y pedía a los lectores que remitiesen una carta eligiendo las seis que les parecían más bellas. El premio era para quien acertase las seis caras más votadas por el conjunto de los participantes en el concurso.

Keynes señaló que la estrategia racional óptima en este caso implica elegir seis caras ganadoras que no necesariamente serán las más guapas de todas de acuerdo con nuestra opinión. De modo que lo recomendable sería elegir las seis caras que cada uno cree que la mayoría de los lectores va a preferir por encima de los demás. Sin embargo, esta decisión tampoco es óptima si llevamos el modelo mental al siguiente paso. Es decir, debemos pensar lo que el resto de concursantes va a pensar que van a pensar los demás concursantes.

Es decir, el juego no resulta en una elección de las caras que realmente son más bellas de acuerdo con el criterio del público, sino en una fórmula indirecta en la que se escoge las caras que los lectores creen que tendrán mejor acogida en el público.

Keynes ya señaló entonces que las personas deciden sus inversiones basándose en observaciones de lo que otros están haciendo, o pensando hacer, con su dinero. En el caso de los mercados financieros, son muchos los que observan lo que otros están diciendo. Sin embargo, hay muchas menos personas que toman esas decisiones basándose en un análisis del modelo de negocio, de la estrategia de gestión o de la tecnología de la empresa en cuestión.

En el ámbito financiero uno podría suponer, entonces, que las personas que entran en los mercados de inversión tratan de adivinar qué es lo que están pensando los demás partícipes de la operativa de compraventa.

En consecuencia, la toma de decisiones obedece a algunos criterios que pueden ser compartidos por quienes hacen un análisis más riguroso, pero también a corrientes de opinión que quizá carecen de un criterio solvente. De modo que, a la posible falta de racionalidad de cada inversor, habrá que sumar la previsible irracionalidad de muchos otros inversores.

Si crees que se va a publicar un indicador económico que aumenta las probabilidades de una subida de tipos de interés o que los beneficios de una determinada empresa van a subir un 15%, ¿qué decisión habría que tomar en los mercados financieros? Siguiendo la teoría de la mente, la respuesta es: «depende lo que vayan a decidir el resto de participantes en el mercado». Tal vez de nada sirve que nosotros valoremos como positivos esos beneficios de la empresa si el resto de agentes no comparten esa opinión (el precio de la acción no subirá). Lo importante es que acertemos con lo que pensarán el resto de inversores. Eso es la teoría de la mente.

Termino con otro ejemplo. Supón que participas en un concurso con otras 999 personas. Gana quien se acerque más a dos tercios de la media de las contestaciones. ¿Qué número dirías? 50 podría ser una buena contestación, pero cuidado, que habría que aplicar los dos tercios. ¿Dirías, entonces, 33,333? Pero si el resto ha pensado como tú, darían esa respuesta. ¿Entonces, eliges 22,2222? ¿Dónde paramos de pensar lo que va a pensar el resto de concursantes?

Recuadro 5.
Acicates

No somos racionales, sino emocionales. Nadie es perfecto, así que ¿no sería nuestra vida un poco mejor si unas pistas nos facilitaran tomar mejores decisiones?. Un *nudge* o «acicate « es lo que proponen Thaler y Sunstein. Una pequeña, sutil e insignificante intervención que, preservando la libertad de los individuos para elegir y decidir, pueda impactar en su comportamiento. Un «nudge» tiene que ser sencillo, barato y no puede obligar ni prohibir nada. El punto débil es la sospecha de manipulación o el hecho de que más que una pista, guía o empujoncito sea un manotazo o codazo descarado.

De aplicación en múltiples campos, desde la economía a la salud, pasando por el asesoramiento financiero, la seguridad, la política o la sociología. Hay muchos ejemplos de «nudge». Una oficina diseñada como espacio abierto y diáfano, lo que facilita la interacción de los empleados pero también evita en cierto modo el sedentarismo excesivo. La pantalla de una cinta de correr que motiva a medida que vas quemando calorías o los mensajes y fotos en una cajetilla de cigarrillos que animan a no fumar. También colocar la comida sana a la vista en un buffet haciendo lo contrario con la que tiene un mayor contenido en grasas. Las renovaciones automáticas, las opciones por defecto o la necesidad de llamar para anular un servicio o suscripción son magníficos ejemplos de *nudge*. Y, lógicamente, el diseño del entorno.

AGRADECIMIENTOS

Comencé a escribir este libro en una silla del Hospital Universitario de Burgos, pegado a la cama en la que estaba mi padre. Era una de las primeras veces que lo ingresaban por los problemas de salud derivados de su cáncer. Han pasado siete años desde entonces, lo cual demuestra el largo tiempo que he dedicado a escribir estas páginas. No dejo de echarlo de menos. Lo mismo me sucede con mi madre, que se fue demasiado joven, también por un cáncer. A los dos les estoy enormemente agradecido por tanto como me dieron. A los dos se lo dedico. Me habría encantado haber compartido con ellos este libro.

Un buen número de páginas están escritas en cumpleaños de amigos de Adriana, Valeria y Gonzalo y otros encuentros similares. Soy ese padre raro que se ponía a teclear en el ordenador con «motivantes» gritos de niños y música a todo volumen de fondo. A mis tres hijos también les dedico el libro, pidiéndoles perdón por las muchas horas que no he estado con ellos. Espero que con el tiempo entiendan el tipo de cosas que hacía tantas horas trabajando y tecleando.

Todo lo escrito aquí lo he contado muchas veces en clase. Algunas, en más de cien ocasiones. Es una de las consecuencias de haber sido profesor durante 25 años, más de 400 horas al año (ya he superado las famosas 10.000 horas de vuelo, pero sigo estudiando y aprendiendo). Este libro también se lo dedico a mis alumnos, con los que tanto he crecido y, en especial, a aquellos que me han motivado e impulsado en aspectos profesionales, pero también personales. El libro lo he escrito con el deseo de que forme a mucho otros estudiantes de finanzas, mercados financieros y gestión de carteras.

Lo que explico en estas páginas lo he aplicado en Analistas Financieros Internacionales (Afi), mi otra casa. No soy capaz de expresar lo inmensamente agradecido que estoy por las horas que he trabajado con un buen número de excelentes profesionales de Afi, que son mi otra familia. Pero es obvio que tengo una especial dedicatoria para Paco Valero y Emilio Ontiveros, dos gigantes de la economía y las finanzas, que también se fueron demasiado pronto. Junto a ellos, mis otros dos grandes referentes son Ángel Berges y Daniel Manzano. Gracias infinitas a los dos por tanto como me habéis dado. En el caso de Daniel, de forma adicional por ser el revisor de todo el libro. Eso sí, yo soy el único responsable de los errores que contiene. También ha revisado el libro por completo, corrigiendo, completando y eliminando, Jorge Rodríguez, a quien quiero agradecer el esfuerzo que ha hecho. Tenemos tarea pendiente, mi querido Jorge. Manolo Conthe me ha propuesto importantes cambios sobre psicología financiera. He seguido la mayoría de ellos por lo que el capítulo 9 ha mejorado de forma clara. Ahora bien, soy consciente de que se puede profundizar en diversos aspectos. Lo haré. Gracias Manolo por tu esfuerzo y confianza.

Termino dando las gracias a Elsa por su paciencia, comprensión, sacrificio, compañía, apoyo y cariño.